리얼 코셔 예수
The Real Kosher Jesus

THE REAL KOSHER JESUS
by Michael L. Brown, PhD

Originally published in English by Frontline,
Charisma Media/Charisma House Book Group,
600 Rinehart Road, Lake Mary, Florida 32746, USA.
Copyright © 2012 by Michael L. Brown.
Copyright © 2019 in Korean by Eastwind for distribution worldwide.
All rights reserved.

이 책의 한국어판 저작권은 이스트윈드에 있습니다.
저작권법에 따라 보호를 받는 저작물이므로 무단 전재와 복제를 금합니다.

리얼 코셔 예수

마이클 L. 브라운 저 / 이상준 역

THE REAL KOSHER JESUS
by Michael L. Brown, PhD

이스트윈드 East wind

일러두기

본문에 인용된 성경 구절들은 영문판에 인용된 구절들을 한글로 번역한 것이며, 영문판에서 인용한 성경 역본들은 다음과 같다.

– 달리 언급이 없는 구절들은 New International Version에서 인용한 것이다.

– CJB라고 표기된 구절들은 Complete Jewish Bible에서 인용한 것이다.

– ESV라고 표기된 구절들은 English Standard Version에서 인용한 것이다.

– NET라고 표기된 구절들은 NET Bible에서 인용한 것이다.

– NJV라고 표기된 구절들은 New Jewish Version에서 인용한 것이다.

– NLT라고 표기된 구절들은 New Living Translation에서 인용한 것이다.

사람들은 모방이 최고의 칭찬 방식이라고 말한다. 이 기준으로 보면 나는 나의 소중한 친구이자 꾸준한 토론 상대인 마이클 브라운 박사가 나의 책『코셔 예수』(Kosher Jesus)를 따라서 쓴 그의 책『리얼 코셔 예수』(The Real Kosher Jesus)를 출간하는 것에 대하여 무척 감사해야 할 것이다. 마이클과 내가 오랜 시간 종교와 역사와 사회적 가치에 대하여 토론하면서 이 쟁점들에 대한 격렬한 충돌도 있었지만, 단지 서로를 존중하며 공개적으로 대립하는 관계를 넘어서서(이런 관계는 그가 받아들인 믿음을 버리고 그가 태어난 유대교로 돌아오기 전까지 확실히 지속될 것이다), 우리는 서로에게 깊은 애정을 갖는 친구가 되었다.

마이클은 하나님을 섬기기를 원한다. 나는 이것에 대하여 의심하지 않는다. 기독교인이 하나님을 섬기는 올바른 방법은 자신의 믿음 안에서 섬기는 것이다. 그리고 유대인이 하나님을 섬기는 올바른 방법도 자신의 믿음 안에서 섬기는 것이다. 마이클은 이 책에서 내 책『코셔 예수』에 대항하여 싸우고 있다. 나의 지적인 공격에 대한 그의 주장이 전혀 쓸모없게 되더라도 당신은 그가 그런 시도를 한 공로를 인정해 주어야 한다. 물론 나는 이것을 진지하면서도 우스갯소리로 말하는 것이다. 하나님께서 마이클 당신에게 복 주시기를 원한다. 앞으로 더 많은 토론을 기대한다.

— 랍비 쉬물리 보테크
*Kohser Jesus*의 저자

마이클 브라운은 '나사렛 예수는 진정 누구인가?'라는 매우 중요한 논쟁에 있어서 설득력 있는 대변자다.

— 리 스트로벨
뉴욕타임즈 베스트셀러
*The Case for Christ*의 저자

유대인의 관점에서 예수님을 유대인으로서 받아들일 수 있다? 이것은 모순이 아닌가? 『리얼 코셔 예수』는 성경적으로, 역사적으로, 그리고 신학적으로 유대인 예수에 대하여 매우 명확하게 설명하고 있다. 예수님에 대하여, 그리고 그와 유대교의 관계에 대하여 궁금해 하는 모든 사람들에게 이 책을 추천한다.

— 대럴 보크 박사
댈러스 신학대학 신약학 연구교수
*Blasphemy and Exaltation in Judaism*의 저자

유대인이든 이방인이든 예수님이 진정 어떤 분인가에 대하여 알기 원하는 사람이라면 뛰어나고 명석한 마이클 브라운 박사 외에는 찾아볼 필요가 없다. 무엇을 망설이는가?

— 에릭 메탁사스
뉴욕타임즈 베스트셀러
*Bonhoeffer: Pastor, Martyr, Prophet, Spy*의 저자

마이클 브라운은 변증가이자 진정한 학자로서 매우 탁월한 사람이다. 여러 반대 의견들에 대한 그의 답변은 신중하고 정직하며 깊은 연구에서 나온 것이다.

— 크레이그 키너
*The Historical Jesus of the Gospels*의 저자

진짜 율법에 맞는 예수님(the real kosher Jesus)은 일어나 주시겠습니까? 그는 위대한 유대 랍비인가? 아니면 하나님의 아들인가? 마이클 브라운 박사의 이 획기적인 책 덕분에 이제 우리는 진실을 알게 되었다.

— 시드 로스, *It's Supernatural!*의 진행자

나는 랍비 쉬물리 보테크가 『코셔 예수』라는 책을 씀으로, 나의 소중한 친구이자 동료인 마이클 브라운이 이 놀라운 새 책, 『리얼 코셔 예수』를 쓰게 된 것에 감사한다. 나는 특별히 내가 이끄는 사역인 Chosen People Ministries가 마이클과 쉬물리의 열두 번의 토론을 후원하는 특권을 누리게 된 것에 감사한다. 이것으로 인하여 토론의 열기보다 더 많은 새로운 사실들이 알려졌다. 그 토론들 중에는 최근에 뉴욕 시에서 진행했던 토론도 포함되는데, 여기서 브라운 박사의 책에 나오는 쟁점들이 다루어졌다.

브라운 박사가 공들여 자세히 설명한 것처럼, 진정한, 율법에 맞는 예수(the real, kosher Jesus)는 로마를 무너뜨리는 것이 삶의 목표인 급진적인 유대 혁명가가 아니다. 그는 참으로 혁명가이고 급진적이기도 했지만, 랍비 보테크가 말한 방법과는 달랐다. 그는 자신이 선지자들의 말, 특히 이사야 53장의 말씀을 이루는 메시아라고 했다. 브라운 박사는 예슈아가 유대인과 이방인 모두에게 죄 사함과 영생의 선물을 주기 위하여 우리의 죄를 대신하여 죽으시고 죽은 자들 가운데서 일어나기 위하여 오신 메시아라는 것을 힘있게 설명했다. 마이클은 구약과 신약의 말씀들을 가져와서 그의 주장을 펼쳤고, 현대 유대교와 랍비 유대교의 자료들을 광범위하게 사용하여 그의 주장을 뒷받침했다. 이 책은 하나님의 택하신 백성에 대하여 관심을 갖는 모든 사람들을 위한 필독서다.

— 미치 글레이저 박사
Chosen People Ministries 회장

마이클 브라운은 세계 최고의 메시아닉 변증가로서 자리 잡았다.

— 배리 R. 레벤탈
남부 복음주의 신학대학
목회 및 선교학 학장, 석좌교수

마이클 브라운의 다른 도서

60 Questions Christians Ask About Jewish Beliefs and Practices

Answering Jewish Objections to Jesus

Our Hands Are Stained With Blood: The Tragic Story
  of the "Church" and the Jewish People

Jeremiah (in the revised edition of The Expositor's Bible Commentary)

Israel's Divine Healer

Revolution in the Church: Challenging the Religious
  System With a Call for Radical Change

Revolution: The Call to Holy War

A Queer Thing Happened to America: And
  What a Long Strange Trip It's Been

Time for Holy Fire: Preparing the Way for Divine Visitation

The End of the American Gospel Enterprise

How Saved Are We?

Whatever Happened to the Power of God?

It's Time to Rock the Boat

The Revival Answer Book

Go and Sin No More

저자와의 연락은 그의 홈페이지 AskDrBrown.org나 아래 주소로 우편을 통해서 가능하다.

Michael L. Brown
P. O. Box 5546
Concord, NC 28027
USA

차례

추천사 5

머리말 13

서론 "그래서 예수는 언제 가톨릭으로 개종한거야?" 17

I. 예슈아-예수-예슈, 그는 누구인가?

1 "그의 이름과 그에 대한 기억이 완전히 잊혀지기를!" 25

2 유대인들이 예수님을 되찾으려는 것이
  그렇게 새로운 일인가? 43

3 그 누구와도 다른 랍비 63

4 지배층에 대한 위협 91

5 한 랍비의 선의로 예수님을 빼앗기다 111

6 죽임 당하신 어린 양 137

II. 율법에 맞는 예수에서 율법에 맞지 않는 기독교로?

7 바울이 이 모든 것을 바꾼 사람인가? 159

8 이스라엘의 하나님을 열방에 전한 천재 유대인 181

III. 이스라엘의 숨겨진 메시아

9	보이지 않으나 볼 수 있는 하나님의 비밀	207
10	고난 당하는 메시아의 비밀	227
11	의인의 죽음의 속죄하는 능력의 비밀	241
12	제사장 메시아의 비밀	255
13	모세보다 위대한 선지자의 비밀	263
14	6000년의 비밀	271
15	숨겨진 지혜의 비밀	281
맺음말	단지 이방인들을 위한 빛을 넘어서	287
부록 A	신약성경은 신뢰할 수 없는 반유대주의적인 책이다?	299
부록 B	코셔 예수, 그리고 "유대인들이 예수님을 받아들일 수 없는 이유"	319

머리말

나는 40여 년 전에 내 인생에서 가장 큰 발견을 했다. 그것은 예수님이 유대인의 메시아였다는 것이다! 그 때(1971년 말) 나에게 일어난 급격한 변화와 그 이후에 내가 경험한 놀라운 일들은 하나님의 자비와 은혜에 대한 증거다.

내가 믿음을 갖게 되자 나의 아버지는 나에게 그 지역의 랍비와 의논해 보라고 하셨고 그는 얼마 안 되어 나의 좋은 친구가 되었다. 그는 나에게 정중하게 이의를 제기했고 나에게 더 많은 랍비들을 소개시켜 주기도 했다. 그들 중 일부는 매우 신앙이 깊은 사람들이었다. 그들은 모두 말하기를 나의 영성이 아무리 신실하다 하더라도 그것은 크게 잘못된 생각이라고 하면서, 내가 히브리어를 모른다고 계속해서 말했다. 그런데 내가 어떻게 그 사람들에게 그들의 믿음과 해석이 잘못되었다고 말할 수 있겠는가? 그들은 내가 태어나기 한참 전부터 히브리어를 공부했던 사람들이다!

이 일을 계기로 나는 대학에서 히브리어를 공부하기 시작했고, 가능하면 다른 랍비들과 공부하려고 했으며, 결국 뉴욕 대학교에서 셈어학 박사 학위를 받게 되었다. 나는 다른 사람의 관점에 의존하지 않고 원어로 핵심 본문들을 대하기로 했다. 그리고 내가 랍비들과 대화하는 첫날부터 나는 강한 확신을 가졌다. 그것은 만약 나의 믿음이 참된 것이라면 그 믿음은 나의 유대인 공동체가 줄 수 있는 모든 비판과 시험을 견딜 수 있다는 것이었다.

나는 오랜 기간 동안 랍비 공동체(특히 "반선교적" 랍비들)와 대학교 및 대학원의 무신론적 또는 회의론적인 교수들로부터 가능한 모든 반대 의견들을 접했다. 그러나 내가 공부하고 반대 의견들과 씨름하며 열심히 주님을 구할수록, 내가 믿는 것들이 진짜고 참되다는 것이 더욱 분명하게 느껴졌다. 나는 예수님에 대한 믿음이 지식적인 면과 경험적인 면 모두에서 가장 철저한 시험을 이겨낸다는 것을 나의 체험을 통해서 증거할 수 있다.

내가 수많은 랍비들과 교류하고 많은 학문적 연구를 한 결과, 나는 유대인들이 예수님에 대하여 제기하는 반대에 답하는(어떤 사람들은 "메시아닉 유대인[1] 변증론"이라 부르기도 하는데, 그 믿음을 변론하는 것을 말한다) 일종의 전문가가 되었다. 그리고 이로 인하여 나는 유대교의 지도자들과 많은 공개 토론을 하게 되었다. 그 중에서도 가장 자주 토론한 사람이 랍비 쉬물리 보테크(Rabbi Shmuley Boteach)이며 그 과정에서 그는 나의 소중한 친구가 되었다. 그리고 그 토론을 통해서 내가 당신이 지금 손에 들고 있는 (또는 전자책 형태로 읽고 있는) 이 책을 쓰게 되었다.

쉬물리의 새 책, 『코셔 예수』(Kosher Jesus)가 발간되기 불과 며칠 전에(즉, 2012년 1월 중순에) 나는 갑자기 나의 수십 년간의 연구와 그에 대한 의견과 실제적인 경험과 함께, 그의 책에서 제시한 새로운 이론들을 다루는 내용으로 나의 책을 써야겠다는 충동을 느꼈다. 신기한 것은 나는 이미 몇 달 전에 『코셔 예수』의 추천사를 쓰기 위하여 전자책을 받았지만 나 자신이 생각하는 진짜 코셔 예수(the real kosher Jesus)가 어떤 분인지에 대하여 쓸 생각은 전혀 없었다는 것이다(게다가 내가 연구하고 있는 다른 프로젝트들이 있었고 마감을 앞둔 글도 쓰고 있었다). 그런데 이제 그의 책에 대한 우리의 토론 일정(정확히는 뉴욕에서 3월 13일)이 두 달도 채 남지 않은 2012년 1월 셋째 주에, 나는 이것을 즉시(즉, 우리의 첫 토론에서 한 달 정도 이내에) 써서 책으로 내야겠다는 깊은 감동이 있었다.

그러나 이것이 어떻게 가능하겠는가? 책 한 권을 쓰는데 몇 달 혹은 몇 년이 걸리고, 그리고 나서 그것이 책으로 나오는데 족히 9개월 내지 12개월이 걸린다. 전문적인 책을 네 달 안에 써서 출판까지 한다는 것이 말이 되는가? 이것은 분명 불가능한 일이었다.

---

1. 예수님을 메시아로 믿는 유대인들을 말한다 - 역자 주.

그런데 성경을 읽는 사람들은 "하나님께는 모든 것이 가능하다"와 같은 구절들을 많이 읽어봤을 것이다. 나는 이것을 다시 한 번 실제적으로 경험했다. 나는 1월 19일에 이 책의 첫 부분을 쓰기 시작했고, 일주일 뒤인 1월 26일에 카리스마 미디어와 프론트라인(원서의 출판사 - 역자 주)의 스티브 스트랭에게 처음으로 연락을 했다. **내가 처음에 이 책을 써야겠다는 감동을 받은 날로부터 두 달 반도 안 되어**(즉 4월 초에) **이 책이 출간되었다.** 내가 그동안 책을 쓰기 시작한 이래로, 이런 일은 전혀 경험해 보지 못했고 나는 그 과정을 보며 충분히 겸손해졌다.

나는 테시 드보어, 데비 마리, 데보라 모스, 우들리 어거스트, 수잔 심콕스, 빌 존슨 및 여러 사람들을 포함하여, 스티브가 조직한 놀라운 일을 해낸 출판작업팀에게 깊은 감사를 표한다. 나는 스티브와 여러분 각자가 이 프로젝트의 시기적절함을 인식하고 우수한 결과물과 빠른 속도의 놀라운 조합으로 일해 준 것에 대하여 진심으로 감사하다. (물론 나도 지친 상태다!)

나는 또한 나의 사역 팀과 스탭들 및 이 중요한 프로젝트를 맹렬한 속도로 끝낼 수 있도록 이 시간 동안 나를 위하여 기도해 준 후원자들과 친구들에게 신세를 졌다. 우리는 모두 보상을 함께 나누게 될 것이다.

나는 또한 랍비 쉬물리에게 서로 커다란 차이가 있음에도 불구하고 그의 우정과 협력에 대하여, 그리고 그의 책 뒷표지에 그가 쓴 친절한 감사의 글에 대하여 감사하다(물론 그 전에 『코셔 예수』 전체에 걸쳐 나의 책들을 비판했지만 내가 무엇을 바라겠는가? 그는 정통 유대인 랍비고 나는 예수님을 믿는 헌신된 유대인이니 말이다. 이것이 우리의 우정을 더욱 특별하게 만든다).

나는 또한 『코셔 예수』의 많은 구절들을 인용하도록 허락한 이스라엘의 게펜 출판사와 예수님을 반대하는 유대인들에 대한 답변을 다룬 나의 책 다섯 권 가운데 네 권을 출판하고 이 책의 뒷부분에 나오는 몇 개의 장에서 내가 전에 쓴 글의 일부를 인용하도록 허락한 베이커 북스에도 감사를 전한다.

그리고 나는 누구보다도 36년 동안 함께 한 나의 유대인 신부이자 나의 가장 친한 친구이며 누구보다도 서로를 잘 아는 친구인 낸시에게 진심으로 나의 깊은 사랑과 감사를 표한다. 그녀는 (이미 상당히 바쁜 사역 일정 가운데) 때로는 내가 새벽 5시까지 글을 쓸 때에도 내가 책을 쓰고 편집하는데 집중할 수 있도록 해 주었다. 그녀는 하나님께서 나와 우리의 훌륭한 두 딸, 우리의 훈훈한 두 사위, 그리고 말로 표현할 수 없을 정도로 특별한 네 명의 손주들에게 주신 놀라운 선물이다. 낸시와 나는 우리를 위하여 죽으시고 우리를 어둠에서 빛으로 이끄시며(우리가 처음 만났을 때인 1974년에 우리는 모두 19세였는데 낸시는 강한 무신론자였다), 우리의 죄를 용서하시고 새 마음을 주신 주님께 우리의 모든 것과 우리가 될 수 있는 모든 것을 빚졌다. 우리는 기쁨으로 우리의 모든 소유를 주님께 드린다!

당신이 이 책에 나오는 내용을 읽으며 인생의 발견을 하기를 진심으로 기도한다. 만일 내가 당신의 영적 여정에 도움을 줄 수 있다면 AskDrBrown.org 웹사이트를 통하여 나와 나의 팀에게 연락하기를 바란다. 그리고 하나님은 그분을 열심히 구하는 자들이 그분을 찾을 것이라고 약속하신 것을 기억하라. 이제 준비되었는가?

— 마이클 브라운
2012년 2월 22일

인용과 각주에 대하여: 이 책은 학자들만을 위한 전문적이고 학술적인 책이 아니기 때문에, 나는 각주에 관련된 모든 논문을 인용하려고 하지 않았다. 왜냐하면 그렇게 할 경우 이 책이 지금보다 훨씬 더 많은 분량이 될 것이기 때문이다. 나는 자기 분야에서 크게 인정 받은 전문가들이 한 중요한 학술 연구들을 인용했고, 이 참고 자료들을 통하여 다른 관련 연구들을 볼 수 있다. 랍비 문헌을 인용할 때는 미쉬나는 m., 토세프타는 t., 바빌로니아 탈무드는 b., 예루살렘 탈무드는 y.로 일반적인 줄임말을 사용했다.

서론

"그래서 예수는 언제 가톨릭으로 개종한거야?"

내가 예수님이 유대인이셨다는 것을 처음 배운 때는 열두 살 때쯤이었다. 그때는 분명 내가 열세 살이 되기 전이었는데 왜냐하면 내가 바르 미쯔바(유대인 남성이 13세가 되면 받는 성인식 - 역자 주) 히브리어 준비 수업 전의 어느 오후에 내 친구들과 함께 이것에 대하여 이야기했던 것을 확실히 기억하기 때문이다. 그 친구들도 전에 이것에 대하여 들어 보았을까? 그것은 사실이었을까?

이 질문으로 인하여 열띤 토론이 벌어졌다. 몇몇 친구들이 똑같은 이야기를 들었고 그들은 예수가 유대인이었다고 상당히 확신했지만, 다른 친구들은 그것을 그다지 믿지 않았다. 예수가 유대인이었다고?

나는 늘 하던 대로 기발한 농담을 생각해 냈다. "그래서 예수는 언제 가톨릭으로 개종한거야? 죽은 사람들 중에서 부활한 후인가?"

나는 뉴욕의 보수적인 유대인 가정에서 태어나 롱아일랜드에서 자랐다. 사실 나는 이방인 친구들이 많이 있었지만 우리는 종교에 대하여 이야기한 적이 없었다. 내 유대인 친구들과 친척들은 예수님을 "JC"('Jesus Christ'의 첫 글자를 따서 - 역자 주)라고 부르기도 했는데 기본적으로 그는 "그들을 위한", 즉 가톨릭교인들, 기독교인들, 이방인들을 위한 사람이었다. (또 다른 히브리어 준비반의 토론에서, 우리는 가톨릭교인, 기독교인, 이방인이 모두 같은 말이라고 결론을 내렸다.)

내가 어렸을 때 나는 아버지와 함께 뉴욕의 지하철을 자주 탔는데, 어느 한 역의 벽면에 누군가가 "Jesus saves"[1]라고 낙서를 했다. 나는 그것을 자주 봤지만 그것이 무슨 뜻인지 전혀 감을 잡을 수 없었다. 예수가 save 한다고?

몇 년 후에 나는 어떤 유대인이 "예수는 저축하고, 모세는 투자한다"(Jesus Saves, Moses Invests)는 글자가 적힌 범퍼 스티커를 만들었다는 얘기를 들었다. 이에 뒤질세라, 보스톤 브루인스 하키팀의 일부 팬들은 "예수는 (숯을) 막고, 에스포지토(유명한 하키 선수)는 튀어나온 공으로 득점한다"(Jesus Saves, Esposito Scores on the Rebound)고 쓴 자기들만의 범퍼 스티커를 만들었다. 예수가 save 한다고? 이것이 무슨 뜻인가?

제프 코헨이라는 남아프리카계 유대인 친구는 스물두 살 때에 처음으로 예수님이 유대인이었다는 것을 알게 되었다. 그가 말하기를 하루는 길에서 트럭 한 대가 지나가는데 뒷면에 "예수가 구원하신다"(Jesus Saves)는 문구가 페인트로 칠해진 것을 봤다고 했다. 그 친구는 그 사람들이 페인트가 부족해서 문장을 다 쓰지 못한 것이라고 생각했다. 예수가 무엇으로부터 누구를 구한다는 말인가?

또 다른 유대인 친구인 제프리 번스타인은 예수가 그리스도 부부의 아들이라고 생각했었다(미국인들의 이름이 '이름 성'의 형식이기 때문에 '예수 그리스도'를 성은 '그리스도', 이름은 '예수'라고 이해한 것 - 역자 주)고 내게 말했다. (나는 오랫동안 이런 이야기를 많이 들었다.) 어쨌든, 제프 번스타인이 번스타인 부부의 아들이니, 예수 그리스도도 그리스도의 아들이지 않은가?[2]

---

1. 어떤 기독교인이 '예수께서 구원하신다'는 의미로 쓴 것이지만 'save'는 '구하다' 외에도 '저축하다, 모으다, 아끼다, (숯을) 막다, 저장하다' 등 다양한 의미가 있다. 이후에 나오는 'save'와 관련된 일화들은 이런 다양한 의미들을 언어유희로 사용한 것이다. 저자는 이 때 예수님의 구원을 알지 못했기 때문에 여기에 사용된 'save'의 뜻을 정확히 이해할 수 없었던 것으로 보인다 - 역자 주.

2. 나의 성에 대하여 궁금해 하는 사람들을 위하여 말하자면, 브라운(Brown)은 나의 할아버지가 100여년 전에 러시아에서 미국으로 왔을 때, 더 긴 형태의 유대식 이름을 줄인 것이다. (이민 수속을 위하여 엘리스 아일랜드[Ellis Island]에 도착한 많은 이민자들이 이

우리는 예수의 원래 이름이 (히브리어로 - 역자 주) 예슈아라는 것과, 그리스도가 메시아를 의미하는 헬라어였다는 것(즉, "예수 그리스도"는 "예슈아 메시아"였다), 그의 어머니의 이름이 마리아가 아니라 미리암이라는 것, 그의 제자들의 이름이 야콥(야곱)과 예후다(유다) 등이었다는 것, 세례 요한이 사실은 침례자 랍비 요하난이었다는 것을 거의 알지 못했다.

미리암의 아들 예슈아 메시아? 침례자 랍비 요하난? 실화인가?

솔직히 말하면 나는 어렸을 때 예수님에 대한 반감은 전혀 없었다. 그는 그냥 십자가에 달린 긴 머리의 야윈 남자이자 가톨릭 교회의 신이었을 뿐이다. 히피 운동이 생긴 초기에 나의 사촌 앤디는 머리를 어깨까지 기르고 수염도 길렀다. 우리는 그에게 "JC"라는 별명을 붙여 주었다.

내 소중한 친구이자 토론 상대인 랍비 쉬물리 보테크의 어린 시절은 꽤 달랐다. 그는 정통 유대인 가정에서 자라면서 "예수에 대한 강한 반감을 가지고 있었다." 쉬물리는 이렇게 말했다. "나에게 그 이름은 기독교인들이 2천 년 동안 유대인 공동체에 준 고통을 생각나게 한다. 그것은 박해, 강제 개종, 추방, 종교재판, 허위고소, 모독, 경제적 추방, 세금 부과, 집단 학살, 고정관념화, 강제 수용, 조직적 학살 등이다. 우리는 집 근처에서는 그 이름을 입에 담지도 않는다. 우리는 그의 이름을 히브리어의 언어 유희로 '요쉬케'(Yoshke)라고 부르거나, 어떤 아이들은 '지저스 크라이스트'(Jesus Christ) 대신 '치즈 앤 크러스트'(cheese and crust)라고 부르기도 했다."[3]

그는 계속해서 말했다. "우리는 근본적으로 예수를 사람들에게 숭배 받는 자, 이방 신으로 생각했다. 토라는 우리에게 다른 신들의 이름을 절대로 언

런 일을 겪었다.) 우리 가족 중에서 누구도 원래의 이름을 알지 못했다. 그런데 암스테르담에서 오는 비행기 안에서 내 옆에 앉았던 브루클린에 사는 초정통 유대인 랍비가 말하기를 그가 사는 유대인 블록에는 브라운이라는 성을 가진 유대인들이 많이 산다고 했다.

3. Shmuley Boteach, *Kosher Jesus* (Springfield, NJ: Gefen Books, 2012), ix, www.gefenpublishing.com.

급하지 말라고 가르치는데, 하나님 외에 다른 신은 존재하지 않기 때문이다. 우리는 또한 예수를 그를 믿는 자들과 마찬가지로 반유대주의자로 본다. 그는 자기 동족을 배반한 유대인이 아닌가? 그는 자기를 믿는 자들로 하여금 하나님과 영원한 언약을 맺은 사람들에게 셀 수 없이 많은 잔혹한 일들을 행하도록 선동하며, 자기가 한 것처럼 유대인들을 미워하라고 가르친 자가 아닌가? 그는 또 율법을 없애고 이제 토라는 거의 폐기되었다고 말한 사람이 아닌가? 그러나 사실 예수는 그런 사람이 아니었다."[4]

쉬물리는 오랜 연구 끝에 이제 이런 생각을 갖게 되었다. "우리는 기독교 성경에서 우리의 랍비들 중 한 사람이며 우리의 영원한 형제인 예수를 본다."[5] 쉬물리는 이 메시지를 전하기 위하여 열심히 노력했고, 그래서 『코셔 예수』[6]라는 중요한 책을 썼다. 쉬물리가 나에게 추천사를 써달라고 요청했기에 나는 기쁜 마음으로 그 책의 추천사를 썼지만 그와는 깊은 차이가 있음을 분명히 나타내기도 했다.

쉬물리는 『코셔 예수』의 독자들에게 "여러분은 기독교 성경을 비롯한 고대 히브리어 자료를 통해서 나사렛 예수의 진짜 이야기를 발견하게 될 것이다."[7]라고 말했다. 그리고 말하기를 "이제 이 평화의 서곡 위에 기독교인과 유대인의 관계에서 처음이자 마지막의 난제를 다룰 때다. 그것은 그들이 서로 예수를 (자기들에게 속한 사람으로 - 역자 주) 되찾으려는 것이다"[8]라고 하였다. 이것은 물론 가장 훌륭한 목표다. 쉬물리가 예슈아를 동료 유대인과 랍비로 되찾으려는 노력은 올바른 방향이며 매우 중요하고 참으로 놀라운 걸음을

---

4. 위의 책.
5. 위의 책, x.
6. '코셔'(kosher)란 음식을 유대인의 율법에 맞게 만든 것을 의미하지만, 더 넓은 의미로 '율법에 맞는'이라는 뜻으로도 사용된다. 그러므로 책 제목에 나오는 '코셔 예수'는 '율법에 맞는(율법에 기록된 것과 같은) 예수'라는 뜻으로 볼 수 있다 - 역자 주.
7. Boteach, *Kosher Jesus*.
8. 위의 책, xvii.

내딛은 것이라 할 수 있다.

그러나 그는 그 과정에서 일부 매우 심각한 실수를 했고, 신약성경의 많은 내용을 바꾸면서 결국 이 세상을 구원하거나 바꾸거나 구속할 수 없는 허구적인 예수를 만들어 냈다고 생각한다.

나는 『코셔 예수』의 출판을 계기로 이 책을 썼지만, 이것은 단순히 『코셔 예수』에 대한 대답이 아니라, 내가 40년간 (많은 훌륭한 랍비들과 학식이 깊은 교수들을 포함한) 나의 동료 유대인들과 지속적으로 나눈 대화와 수십 년의 학술적인 연구를 반영한 것이다.

이 대화는 내가 예수께서 진정 어떤 분이셨는지를 알게 된(그것은 내게 충격이었다) 1971년 말에 시작되었다. 나는 그때 락 밴드에서 드럼을 연주하고, 반항심이 가득했으며, 대마초를 피우고, LSD(환각제의 한 종류 - 역자 주)를 복용하고, 반사회 혁명의 결과물인 마약을 투약했던 고집불통의 16세 히피족이었지만, 내가 예슈아를 나의 구세주로 인정하자 나의 인생은 하룻밤 만에 바뀌었고, 나는 진정으로 회개했으며(회개는 죄에서 돌이켜 하나님께 향하는 것을 의미한다), 나의 삶을 하늘에 계신 우리 아버지께 드렸다. 나는 그 때 이후로 다시는 뒤돌아보지 않았다.

그럼 이제 수천 년을 다루고, 즐겁고 놀라운 것들을 많이 발견하며, 가끔 괴로울 때도 있지만 그 끝에는 기쁨이 있는, 그리고 이것을 통해서 당신이 예슈아라는 이름의 이 사람의 진짜 이야기를 배우게 될 이 여정에 나와 함께 동행하자. 그는 역사상 가장 유명한 유대인이며, 유대 민족의 가장 위대한 선지자이자, 지금까지의 랍비들 가운데 가장 뛰어난 랍비이고, 열방의 빛이요 이스라엘의 숨겨진 메시아다.

이제 그 여정을 시작해 보자.

I. 예슈아-예수-예슈,
그는 누구인가?

1

"그의 이름과 그에 대한 기억이 완전히 잊혀지기를!"

1938년 11월 9일 수요일 저녁, 나치 군대가 유대인들의 집과 회당들을 파괴하고 불을 지르며, 유대인 상점들의 창문을 깨고(약탈도 있었다), 많은 유대인들을 죽이거나 다치게 했다. 이렇게 홀로코스트(유대인 대학살 - 역자 주)가 시작되었다. 이것이 크리스탈나흐트(Kristallnacht), 즉 깨진 유리의 밤이다. 이것은 11월 7일에 프랑스에서 독일 외교관이 허셀 그린스판(Herschel Grynszpan)이라는 17세의 독일 유대인 난민에 의하여 살해당한 것에 대하여 잔인한 나치주의자들이 보복하려고 일으킨 사건이었다.

크리스탈나흐트는 나치들의 실험이기도 했다. 유대인들이 공격당할 때 독일인들은 어떻게 반응할 것인가? 그들은 아무것도 하지 않았다.

라인하르트 하이드리히(Reinhard Heydrich, 독일 나치 친위대에서 하인리히 힘러 다음의 부사령관)는 전형적인 나치의 방식으로 잔혹행위에 대한 자세한 보고서를 제출했는데 그 내용은 다음과 같다. "815개의 상점이 파괴되었고, 171개의 주택이 불타거나 부서졌으며… 119개의 회당이 불에 탔고, 이것과 별개로 76개의 회당이 완전히 파손되었으며… 20,000명의 유대인들이 체포되었고, 36명이 죽은 것으로 보고되었고, 중상을 입은 사람들의 수는 36명이며…"[1]

---

1. History.com, "Nov 9, 1938: 'The Night of the Broken Glass,'" This Day in History, http://www.history.com/this-day-in-history/the-night-of-broken-glass.

일부 독일의 목사들이 기뻐하는 가운데, 그 불은 11월 10일까지 계속해서 타올랐다. 그 날은 독일의 유명한 기독교 지도자인 마틴 루터의 생일이었다. 그는 1483년에 태어났으며 종교개혁의 아버지였다. 작가 대니얼 조나 골드헤이건은 이렇게 썼다.

개신교의 중요한 성직자 중 한 사람인 튀링겐의 감독 마틴 사세(Martin Sasse)는 크리스탈나흐트의 반유대적 폭력 소동이 일어나 직후에 마틴 루터가 말한 반유대적인 독설을 요약하여 책으로 냈다. 그 책의 서문에서 그는 회당들이 불탄 것과 그 날짜에 대하여 찬사를 보냈다. "1938년 11월 10일, 루터의 생일에 독일에서 회당들이 불태워졌다." 그는 독일인들이 "당대 최고의 반유대주의자이자 그의 민족 가운데 유대인들에게 경고하는 자"의 말에 귀를 기울여야 한다고 주장했다.[2]

마틴 루터가 당대 최고의 반유대주의자였다고?

루터와 히틀러의 연결고리

2차 세계대전 이후 전쟁 범죄에 대한 뉘른베르크의 재판이 진행되는 동안에, 히틀러의 최고의 심복 중 하나이자 반유대적 (신문인) 데어 슈튀르머(*Der Sturmer*)의 발행인인 율리우스 스트라이허(Julius Streicher)는 독일에서 유대인 문제를 반유대적으로 다룬 또 다른 출판물이 있냐는 질문을 받았다. 스트라이허는 제대로 대답했다.

---

2. Daniel Jonah Goldhagen, *Hitler's Willing Executioners* (New York: Vintage Books, 1997), 111.

기소자들이 마틴 루터 박사의 책을 검토했다면, 그는 분명 오늘 내가 앉은 피고석에 앉아 있었을 것이다. 『유대인들과 그들의 거짓말』(The Jews and Their Lies)이라는 책에서 마틴 루터 박사는 유대인들은 뱀의 새끼들이며 그들의 회당을 불태우고 그들을 없애야 한다고 썼다…[3]

루터는 1543년에 이 끔찍한 글을 썼다. 그러나 그보다 불과 20년 전에 그는 『저 예수 그리스도는 유대인으로 태어났다』라는 그의 소책자에서 매우 다른 어조로 말했다. 그는 그 책에서 그 때까지 가톨릭 교회가 유대인들을 가혹하게 대한 것을 경멸하며 말했다.

> 만일 유대인 사도들이 우리 이방인들이 유대인들을 대하는 방식으로 우리를 대했다면, 이방인들 가운데 기독교인은 한 사람도 없었을 것이다… 이제는 우리가 유대인들 가운데 얼마라도 개종시킬 수 있도록 그들을 형제처럼 대해야 할 것이다… 우리는 이방인이지만, 유대인들은 그리스도의 혈통이다. 우리는 외국인이고 혼인에 의하여 맺어진 친척 관계지만, 그들은 우리 주님의 육친이자 사촌이며 형제들이다.[4]

20년 후에 루터는 늙고 병들었으며, 유대인들을 "개종시키는데" 성공하지 못한 것에 실망하고, 자신의 교구 사람들 중 일부가 유대교에 관심을 보이는 것을 지켜보았다. 최악인 것은 일부 유대교 지도자들이 교회의 후원으로 수년 간 행해진 박해에 항거하여 예수님을 대적하는 수치스럽고 저속한

---

3. Jim Walker, "Martin Luther's Dirty Little Book: On the Jews and Their Lies," http://www.nobeliefs.com/luther.htm (2012년 2월 20일 접속).
4. Martin Luther, *That Jesus Christ Was Born a Jew* (1523), Council of Centers on Jewish-Christian Relations에 발췌된 내용, https://www.ccjr.us/dialogika-resources/primary-texts-from-the-history-of-the-relationship/luther-1523 (2012년 2월 20일 접속).

글을 쓴 것을 읽고 나서 앙심을 품고 맹렬히 비난하는 글을 쓴 것이다.

> 유대인 또는 유대인의 마음은 돌과 쇠처럼 단단하고 어떤 방법으로도 움직일 수 없다… 즉 그들은 지옥에 떨어지게 될 마귀의 자식들이다.[5]

루터에게 있어서 유대인들은 최악의 적이며 "마귀에 불과했다."

> 참으로 가망 없고, 악하고, 악의가 가득하며, 사악한 것이 유대인들의 존재다. 그들은 1400년 동안 있었고, 지금도 여전히 있는 골칫덩어리이자 고민거리이며 불행한 존재들이다. 그들은 그냥 마귀들에 불과하다.[6]

> 기독교인들이여, 마귀 외에는 진짜 유대인보다 더 잔인하고 더 악의에 가득하며 끔찍한 원수는 없다는 것을 알아라.[7]

그렇다면 그가 독일의 지방 관리들에게 유대인을 다루는 것에 관하여 말

---

5. Martin Luther, *Of the Ineffable Name and the Generations of Christ* [Vom Schem Hamphoras und vom Geschlecht Christi], 1543. 인용문의 첫 번째 부분은 David M. Whitford, *Luther: A Guide for the Perplexed* (London: T & T Clark, 2011), 161, note 37을 보라; 인용문의 두 번째 부분은 http://strateias.org/luther.htm 에서 편리하게 볼 수 있다. 이 책에서 가장 많이 인용된 부분은 다음의 내용일 것이다. "이곳 비텐베르크 지역의 교구 교회에는 암퇘지 한 마리가 돌로 조각되어 있다. 그리고 그 아래에는 새끼 돼지들과 유대인 아이들이 젖을 빨고 있다. 암퇘지 뒤에는 한 랍비가 그 암퇘지의 오른쪽 뒷다리를 들고, 몸을 굽혀서 그 암퇘지 아래에서 탈무드를 열심히 쳐다보고 있다. 그는 가장 어렵고 특이한 무언가를 보고 싶어하는 것처럼 보였다. 쉠 함포라스(Shem Hamphoras, 형언할 수 없는 이름, 주의 말할 수 없는, 거룩한 이름)는 여기서 온 것이 확실하다." 이 인용문은 인터넷의 다양한 곳에서 볼 수 있다.

6. Michael Brown, *Our Hands Are Stained With Blood* (Shippensburg, PA: Destiny Image, 1992), 192에서 인용. 인터넷에서도 볼 수 있다.

7. 위의 책, 52. 인터넷에서도 볼 수 있다.

한 조언은 무엇인가?

첫째, 그들의 회당이나 학교를 불태우라… 둘째, 나는 그들의 집도 허물고 무너뜨릴 것을 권한다… 대신에 그들은 집시들처럼 지붕 아래나 헛간에서 잘 수 있을 것이다… 셋째, 나는 우상숭배, 거짓말, 저주, 신성모독과 같은 내용을 가르치는 그들의 모든 기도책과 탈무드 문헌들을 그들에게서 빼앗을 것을 권한다. 넷째, 나는 그들의 랍비들이 가르치는 것을 금하고 이후에 그것을 어길 경우 목숨이나 팔다리를 잃게 될 것이라고 말할 것을 권한다. 다섯째, 나는 유대인들을 위한 공공도로의 안전 통행증을 완전히 폐기할 것을 권한다… 여섯째, 나는 그들에게 (이자를 받는) 고리대금업을 금하고, 그들에게서 모든 돈과 은과 금으로 만든 귀중품을 빼앗아서 따로 보관해 둘 것을 권한다… 일곱째, 나는 도리깨와 도끼와 괭이와 삽과 실패와 물렛가락을 젊고 튼튼한 유대인 남녀의 손에 쥐어주고 그들이 땀흘려 일하며 밥벌이를 하도록 할 것을 권한다…

루터는 이 끔찍한 "기독교의" 조언을 요약하여 이렇게 기록했다.

유대인들을 다스리는 관리들이여. 나의 조언이 마음에 들지 않는다면 더 나은 조언을 찾아서 당신들과 우리가 참을 수 없는 마귀와 같은 유대인들이라는 무거운 짐을 없애도록 하라…[8]

---

8. Martin Luther, *On the Jews and Their Lies* (1543), Martin H. Bertram, trans. (n.p.: Fortress Press and Augsburg Press, 1971), http://www.humanitas-international.org/showcase/chronography/documents/luther-jews.htm (2012년 2월 20일 접속. 현재는 접속이 되지 않는다. 대신 https://www.prchiz.pl/pliki/Luther_On_Jews.pdf 에서 볼 수 있다 - 역자 주). 여기에 내가 사용한 본문을 나열할 수 있지만, 이 책은 영어로 많이 번역되어 나왔고, 조금씩 다른 내용들이 있지만 어느 것도 루터의 전체적인 의견에 영향을 미치지 않는다. 독일어판의 원제는 *Von den Jüden und jren Lügen*이다. 인터넷이 나오기 전에는 루터의 책의 영어 번역본을 신나치주의자들의 카탈로그에서만 구할 수 있었다!

1. "그의 이름과 그에 대한 기억이 완전히 잊혀지기를!"

루터가 "아돌프 히틀러의 세례 요한"이라고 불린 것은 놀랄 일이 아니다. 히틀러가 루터가 상상하거나 허락할 만한 수준을 훨씬 넘어서기 전까지는 루터의 반유대적 기록을 부활시키고 그의 조언을 정확하게 따랐기 때문이다.[9]

모든 신학대학에서 교회사를 깊이 있게 다루는 강의들이나 마틴 루터에 관한 모든 강의들에서 그의 끔찍한 반유대적 기록들(그 중에서『유대인과 그들의 거짓말에 관하여』가 유별난 것은 아니다)에 대하여 한 마디도 언급하지 않는다는 것은 참으로 슬프고 부끄러운 일이다.[10]

존경받는 가톨릭 역사가 에드워드 플래너리 신부는 이렇게 말했다.

> 대부분의 기독교인들, 심지어 많은 교육을 받은 사람들도 역사 속에서 유대인들에게 일어난 일들과 교회가 그 일들에 관여한 책임이 있다는 것에 대하여 거의 알지 못한다… 조금 과장해서 말하면, 유대인들이 기억하는 역사의 바로 그 부분들이 기독교의(그리고 일반적인) 역사책에서는 찢겨져 나갔다.[11]

그러나 그 이야기는 루터에서 시작하지 않는다. 1961년에 홀로코스트 역사가인 라울 힐버그는 그의 기념비적인 연구를『유럽 유대인들의 멸망』이라는 책으로 발표했다. 여기에는 지금은 유명해진, 나치들이 실행한(말살 정책

---

9. 루터파 사람들은 이 기록들을 수백 년 동안 무시하거나 부인했고, 대신에 그가 1523년에 낸 친유대적 책자를 기념했다. 더 자세한 내용은 Michael L. Brown, *Answering Jewish Objections to Jesus, Vol. 1: General and Historical Objections* (Grand Rapids, MI: Baker, 2000), 133-135을 보라.

10. 나는 이 내용을 내가 가르치던 신학교의 교회사 교수들 및 학생들과 개인적으로 나누었다. 루터의 반유대적인 기록을 설명하려는(변호하려는 것이 아닌) 시도에 대해서는 Eric W. Gritsch, "Was Luther Anti-Semitic?", *Christianity Today*, July 1, 1993, http://www.ctlibrary.com/ch/1993/issue39/3938.html (2012년 2월 23일 접속)을 보라.

11. Edward H. Flannery, *The Anguish of the Jews* (Mahweh, NJ: Paulist Press, 2004), 1.

을 제외한) 모든 반유대적 정책들이 이미 교회에 의하여 수백 년 전부터 시작되었다는 것을 보여주는 도표들이 포함되어 있다.[12]

교회의 반유대적 전통

유대인들에게 강제로 노란별을 달게 하고, 그들을 게토(유대인 강제 거주 구역 - 역자 주)로 몰아넣으며, 심지어 그들이 살던 나라에서 추방하도록 하는 (이것은 그들이 당한 수모 가운데 단지 몇 개만 언급한 것이다) 유대인들을 차별하는 법들을 통과시킨 최초의 책임은 교회 지도자들에게 있다. 나치들은 단지 이전에 만든 반유대적 조치들을 다시 실행한 것 뿐이다. 그러나 그들은 전례 없는 복수심과 잔인함과 냉혹하게 계산된 살인적 증오를 가지고 그것을 행했다.

데니스 프레이저와 조셉 텔루슈킨은 다음과 같이 지적했다.

> 기독교는 홀로코스트를 만들지 않았다. 사실 나치주의는 반기독교적이었다. 그러나 기독교는 홀로코스트를 가능하게 했다. 기독교의 반유대주의가 없었다면, 홀로코스트는 상상할 수도 없는 것이었다…
>
> 히틀러와 나치들은 중세 가톨릭의 반유대적 법률 가운데 자기들을 위한 본보기를 발견하고, 그들은 마틴 루터의 증오가 가득한 반유대적 기록들을 읽고 다시 인쇄했다. 유럽에서 가톨릭교인과 개신교인의 수가 거의 같은 주요 나라들에서만 홀로코스트가 일어났다는 사실은 우리에게 교훈을 준다. (두 종교의 전통은 유대인에 대한 증오로 가득했다.) …

---

12. Raul Hilberg, *The Destruction of the European Jews*, 3rd ed. (New Haven, CT: Yale University Press, 2003), three volumes.

많은 나치들이 반기독교적이라는 것(그리고 나치주의 자체가 반기독교적이라는 것)은 사실이지만, 유대인 철학자 엘리에젤 베르코비츠가 지적한 것과 같이 그들은 모두 기독교의 자식들이었다.[13]

이것은 1500년 동안 교회가 후원하거나, 승인하거나, 또는 용인한 반유대주의의 끔찍한 최종적 결과이다. 그리고 이것은 아마도 종교 역사상 가장 큰 왜곡으로, 죽는 순간까지 유대인이셨던 예수님의 이름으로 유대인에 대한 증오가 행해졌다. 한 유대인 랍비에 의하여 만들어진 믿음이 (그리고 그를 처음 믿은 자들도 모두 유대인이었는데도) 어떻게 유대 민족을 그렇게 적대시하게 되었는가?

라울 힐버그는 그 발전 과정을 정리했다.

주후 4세기 이후에 세 가지 반유대적 정책이 있었다. 그것은 (강제) 개종, 추방, 말살이었다. 두 번째 것은 첫 번째 것의 대안으로 보이며, 세 번째 것은 두 번째의 대안으로 생겼다… 기독교 선교사들은 실제로 너희는 유대인으로서 사람들 속에서 살 권리가 없다고 말했다. 그 뒤를 이어 세속적인 지도자들도 너희는 우리들 가운데 살 권리가 없다고 선포했다. 마지막에는 나치들이 너희는 살 권리가 없다고 결정했다…

그 후에 독일의 나치들은 과거를 버리지 않았다. 그들은 그 위에 더하였다. 그들은 새로운 것을 개발하지 않았다. 그들은 그것을 완성시켰다.[14]

어떻게 이런 일이 있을 수 있는가?

---

13. Dennis Prager and Joseph Telushkin, *Why the Jews? The Reason for Antisemitism* (New York: Simon & Schuster, 1983), 104.
14. Hilberg, *The Destruction of the European Jews*, 7-8.

우리 가족이 매릴랜드에 살고 있을 때에 나는 우리 집에서 몇 마일 떨어진 유대인 서점에 자주 갔다. 나는 그 서점의 주인인 E 씨와 그의 아들 므나헴과 무척 사이가 좋았는데 그들은 모두 정통 유대인이었다. 어느 날 내가 책을 몇 권 보려고 들르자 므나헴이 흥분하며 내게로 다가왔다. "내가 유대교 역사 속의 거짓 메시아들에 대한 새 책을 발견해서 두 권을 샀는데, 하나는 네 것이고 다른 하나는 내 아버지 것이야."

나는 므나헴에게 나를 위해 그 책을 사 준 것에 대하여 감사하며 그 책이 내 취향이라고 말했다. 그리고 나는 즉시 목차를 훑어보았다(그 책은 히브리어로 쓰여 있었다). 나는 웃으면서 1장을 가리켜 말했다. "이건 확실히 동의할 수 없어!" 그렇다. 1장은 예수님에 관한 것이었다. 저자는 그를 최고의 거짓 메시아로 보았으며 장 제목에 이름을 언급하지도 않았다. 그는 그냥 "그 사람"(히브리어로 '오토 하이쉬')이라고만 했다. 그 책을 쓴 이스라엘 정통 유대인 저자는 열정적으로 자신의 의견을 표출했다.

> 그 기독교의 거짓 메시아는 유대인들에게 구속을 가져오기는 커녕, 우리에게 모욕과 추방, 탄압적인 규제와 (우리의) 거룩한 책들이 불타게 하고, 황폐와 파괴를 가져왔다. 병든 세상에 사랑과 긍휼을 불어넣겠다고 공언한 기독교는 그 고상한 미사여구와 정반대 방향으로 항로를 수정했다. 수백 만의 우리 형제들의 피의 목소리가 땅에서부터 우리에게 부르짖고 있다. "기독교는 사랑의 종교가 아니라 깊이를 알 수 없는 증오의 종교다! 옛날부터 지금까지의 모든 역사가 이 종교가 전체적으로 잘못되었다는 것을 보여주는 하나의 연속적인 증거다."[15]

---

15. Benjamin Shlomo Hamburger, *False Messiahs and Their Opposers* [히브리어판] (B'nai Brak, Israel: Mechon Moreshet Ashkenaz, 1989), 19. 마지막에 인용한 내용은 이스라엘의 정통 랍비인 Rav Shimon Walbah의 말을 내가 번역한 것이다.

1. "그의 이름과 그에 대한 기억이 완전히 잊혀지기를!"   33

이 말은 확실히 어느 정도 과장되었지만 저자를 충분히 이해할 수 있다. 그가 "기독교"에 대하여 알고 있는 모든 것들이 기독교가 완전히 변질되었고 그들의 믿음이 반유대적이라는 것을 보여주고 있다. 이런 정서를 갖고 있는 유대인은 이 사람만이 아니다. 종교 유대인들이 예수라는 이름을 말할 때, 그들은 '예슈'(Yeshu)라고 말한다. 이것은 "그의 이름과 그에 대한 기억이 잊혀지기를!"(히브리어로 '이마흐 셰모 베지크로')이라는 뜻의 히브리어 표현의 이니셜이다.[16] 많은 종교적 유대인들이 그 이름을 말할 때 그에 대한 저주를 함께 말한다. 예수님의 이름을 저주하다니?

잠깐. 예수님은 유대인이었을 뿐만 아니라 그분은 역사의 기록에서 "랍비"라고 불린 최초의 인물이었다. 오직 한 사람 예외가 있다면 그분의 사촌이며 세례 요한으로 더 잘 알려진 침례자 랍비 요하난이 있을 수 있다.[17] 생각해 보라. 예슈아는 나사렛 출신의 랍비이고, 그의 사촌 랍비 요하난은 자기 동족 유대인들이 테슈바(회개)를 행하고 (오늘날 종교적 유대인들이 미크베[유대인들이 정결례를 행하는 욕조 - 역자 주]에서 하듯이) 침례를 받도록 그들을 불렀다. 이것이 "기독교"의 시작이란 말인가?

---

16. Herbert W. Basser는 "*Avon Gilyon (Document of Sin, b. Shabb. 116a) or Euvanggeleon (Good News),*" 93, in Zev Garber, ed., *The Jewish Jesus: Revelation, Reflection, Reclamation* (West Lafayette, IN: Purdue University Press, 2011)에서 이렇게 말했다. "예외가 있겠지만 대부분의 유대인들은 그의 이름을 언급할 수 없었고, 오늘날 많은 유대인들도 마찬가지다. 완곡한 표현이 사용되기는 했지만… 일반적으로 저주를 덧붙였다. 마이모니데스가 기독교를 싫어하는 것이 이슬람에 대한 혐오만큼은 아니었지만, 그는 예수의 이름을 언급할 때 그의 뼈가 썩으리라는 저주 없이는 그 이름을 말할 수 없었다"(마이모니데스가 예멘에 보낸 편지를 인용한 것).

17. 요한복음에서 예슈아를 "랍비"라고 부르는 것은 요하난(요한)을 같은 칭호로 부르는 것보다 먼저 나온다(요 1:38, 49; 3:2, 26을 보라). 그러나 요한의 사역에서 예수님의 사역이 소개되었기 때문에, 아마도 요한이 그 존경을 담은 호칭을 몇 달 더 일찍 받았을 것이다. 1세기에 "랍비"라는 용어의 용례에 대해서는 3장을 보라.

예수님의 유대성

예슈아는 회당에서 가르치고, 토라 두루마리를 읽으며, 그의 처음 제자들(그들은 모두 유대인이었다)을 동족 유대인들에게로 파송하셨다. 그는 "이방인들 가운데로 가지 말고 사마리아인의 고을에도 들어가지 말고 이스라엘 집의 잃어버린 양들에게로 가라"(마 10:5-6, 선지자들은 이스라엘 자손을 잃어버린 또는 흩어진 양들로 자주 묘사했다)고 하셨다.[18]

다른 경우에 주님은 이방 여인에게 이렇게 말씀하셨다. "나는 오직 이스라엘 집의 잃어버린 양들에게로만 보내심을 받았다"(마 15:24, ESV 성경, 그렇지만 주님은 여인에게 자비를 베푸셔서 그 딸을 치유하셨다).

또 다른 경우에 주님은 사마리아 여인에게[19] 이렇게 말씀하셨다. "너희 백성은 너희가 경배하는 것을 알지 못하나, 우리는 우리가 아는 것을 경배한다. 이는 구원이 유대인에게서 나기 때문이다"(요 4:22, CJB 성경).[20] 그렇다. 이것은 신약에서 직접 발견할 수 있는 예수님의 말씀들이다. "구원은 유대인에게서 난다." 그런데 어떤 유대인들은 그의 이름을 입에 담지도 않고, 어떤 유대인들은 그의 이름을 저주하기까지 하다니, 이것이 도대체 무슨 일인가?

예수님을 믿는 사람들은 주님이 십자가에 못 박히신 후에, 그가 죽은 자들 가운데서 부활하셔서 그의 제자들('탈미딤', 히브리어로 제자들, 믿는 자들)에게 모든 민족 가운데서 제자를 삼으라는 명령을 주셨다고 믿고 있다. 그러나

---

18. 타나크에서 이스라엘 사람들을 흩어진 양 떼로 묘사한 것의 예로 렘 23:1-5; 겔 34:1-16; 슥 10:2-3을 보라.

19. 사마리아인들은 자기들이 진정한 이스라엘인들이라 여기며 오직 토라만을 믿는다. 랍비 문헌은 그들을 혼혈인으로 보는 경우가 많다. John J. Collins and Daniel C. Harlow, eds., *The Eerdmans Dictionary of Early Judaism* (Grand Rapids, MI: Eerdmans, 2011), 1186-1188에 나오는 "Samaritanism"을 보라.

20. 이 주제에 대하여 가톨릭을 믿는 유대인 저자가 쓴 책으로 Roy H. Schoeman, *Salvation Is From the Jews* (San Francisco: Ignatius Press, 2003)가 있다.

우선순위는 그대로 유지된다. 예루살렘에서 시작해서, 그 다음은 유대로, 사마리아로, 그 후에 땅 끝까지 가는 것이다(행 1:8을 보라). 누가복음 24장 47절에 나오듯이 "그의 이름으로 회개와 죄 사함이 예루살렘에서 시작하여 모든 족속에게 전파될 것이다."

이것이 정확히 그의 제자들이 한 일이었다. 오래 전 히브리인들의 예언대로, 메시아가 오셔서 죽으시고 죽은 자들 가운데서 부활하셨다는 복음을 선포하고, 그의 이름으로 죄 사함이 주어졌다. 베드로(히브리어로 시몬 게바)가 샤부옷(여러 주[Weeks], 오순절)의 절기에 예루살렘 성전에서 그의 동족 유대인들에게 선포하여 말했다. "너희는 선지자들의 상속자요 하나님이 너희 조상들과 맺으신 언약의 상속자들이다. 그가 아브라함에게 말씀하시기를 '땅 위의 모든 족속이 네 씨를 통하여 복을 받을 것이다' 하셨다. 하나님이 그의 종을 세우셨을 때에, 그를 먼저 너희에게 보내어 너희 각 사람을 악한 길에서 돌이켜 복을 주려고 하셨다"(행 3:25-26). 그렇다. 하나님은 메시아를 먼저 유대 민족에게 보내셨다!

재미있는 것은, 여러 해가 지나고 이방인들이 처음으로 예슈아의 제자가 되었을 때에, 그분의 신실한 제자들 사이에 논쟁이 생겼다. 이 이방인들이 주님을 따르려면 먼저 유대인이 되어야 하는가? 남자들은 할례를 행해야 하고, 남녀 모두 토라를 지켜야 하는가? (행 15장을 보라.) 그들은 "너희는 유대인이 되어 예수를 따를 수 있겠는가?"라는 질문보다 이 커다란 논쟁을 다뤄야 했다. 이와 대조적으로, 이방인들이 예슈아의 제자가 되기 전까지는 오직 유대인들만이 그의 제자들이었다.

예슈아의 죽음과 부활 이후 거의 30년이 지날 때까지, 예루살렘에 있었던 주님의 유대인 제자들은 여전히 토라에 열심이었고 온전히 자기 민족에게 전념하고 있었다. 그들의 지도자들은 이렇게 말했다. "형제여, 그대들이 보는 것처럼 유대인 중에 믿는 사람이 수만 명이고 그들이 모두 율법에 열심이다"(행 21:20).

이것과 완전히 대조적으로, 중세 시대에 가톨릭으로 개종한 유대인들은 자기 민족과의 모든 관계를 끊고, 샤밧(안식일 - 역자 주)이나 어떤 절기나 기념일도 지키지 않으며, 아들들에게 할례를 행하지 않고, 심지어 억지로 돼지고기를 좋아한다고 맹세해야 하는 경우도 자주 있었다.[21] 다시 한 번 묻는다. 도대체 무슨 일이 일어난 것인가?

바울의 유대성

바울이 모든 것을 바꾸어 버린 것인가? 절대 그렇지 않다. (이것은 7장에서 더 자세히 다룰 것이다.) 그는 로마에 있는 믿는 이방인들에게 편지를 써서 메시아에 관한 좋은 소식의 메시지(복음)는 "믿음을 지키는 모든 자에게 구원을 주시는 하나님의 강력한 방법으로, 특히 유대인에게, 그러나 이방인에게도 동일하게 (주시는 것이다)"(롬 1:16, CJB 성경, 또는 "먼저는 유대인에게요 그리고 이방인에게로다")라고 전했다. 그리고 그는 로마의 믿는 자들이 유대인이 더 이상 어떤 영적 중요성도 없다고 생각하지 않도록 이렇게 썼다. "그러면 유대인의 나은 점이 무엇이며 할례의 이로움은 무엇인가? 모든 면에서 많다! 우선은 그들이 하나님의 말씀을 맡았다"(롬 3:1-2).

바울의 자기 동족 이스라엘에 대한 사랑에 대하여 말하자면, 그는 그들이 메시아가 오셨을 때에 그분을 알아보지 못했다는 것을 확실히 알고 있었기에 그들로 인하여 슬퍼했다. 그는 비통한 심정으로 이렇게 기록했다.

---

21. 충격적인 예들을 Brown, *Our Hands Are Stained With Blood*, 95-97에서 볼 수 있다. 이것은 James Parkes, *The Conflict of the Church and the Synagogue* (New York: Atheneum, 1969), 394-399의 내용을 발췌한 것이다.

나는 메시아께 속한 한 사람으로서 진실을 말하고 거짓을 말하지 않으며, 루아흐 하코데쉬(성령)의 다스림으로 내 양심이 증언한다. 나의 근심이 심히 크고, 내 마음에 고통이 너무나 끊이지 않아서, 만일 나의 형제들, 나의 혈육인 이스라엘 백성에게 도움이 된다면, 나는 내 자신이 하나님의 저주를 받고 메시아로부터 끊어지기를 바랄 수도 있다! 그들은 하나님의 자녀로 지으심을 받았고, 쉐키나(하나님의 임재)가 그들과 함께 하시며, 언약들이 그들의 것이요, 또한 토라와 성전 예배와 약속들이 주어졌다. 족장들도 그들의 것이요, 육신의 자손으로 말하면 메시아가 그들에게서 나셨으니, 그분은 만물 위에 계신다. 아도나이(주)께서 영원히 찬송을 받으실 것이다! 아멘.

— 로마서 9:1-5, CJB 성경

나중에 그는 로마의 믿는 자들에게 설명하기를, 많은 유대 백성이 메시아 예수의 메시지를 거부했음에도 불구하고, "택하심으로 보면 그들은 족장들로 인하여 사랑을 받았으니 이는 하나님의 선물과 그분의 부르심은 바꿀 수 없는 것이기 때문이다"(롬 11:28-29, CJB 성경). 하나님께서 이스라엘 모든 족속의 하나님이 되실 그 날이 올 것이라고 예레미야가 예언한 것처럼, 바울도 "온 이스라엘이 구원을 받을 것이다. 기록되기를 '구원자가 시온에서 오실 것이다. 그가 야곱에게서 믿음이 없음을 돌이킬 것이다. 이것이 내가 그들의 죄를 없앨 때에 그들과 맺는 나의 언약이라' 하였다"(롬 11:26-27)라는 말씀이 이루어질 그 날이 올 것이라고 선포하였다.[22]

그러면 바울이 아니면 누가 이런 것들을 바꾸었는가? 사실 그 변화는 수백 년에 걸쳐 점진적으로 일어났는데, 그것은 예수님을 믿는 이방인들이 바

---

22. 바울이 타나크의 히브리어 본문에서 인용하는 자료들에 대한 논의에 대해서는 Michael L. Brown, *Answering Jewish Objections to Jesus, Vol. 4: New Testament Objections* (Grand Rapids, MI: Baker, 2010), 16-17을 보라.

울의 경고를 귀담아듣지 않았을 때에 시작되었다. 그는 로마인들에게 이스라엘을 향한 그들의 태도를 구체적으로 가리켜 "교만하지 말고 오히려 두려워하라"(롬 11:20)고 썼다. (25절에 나온 그의 말을 다른 말로 하면) "나는 너희가 자만하지 않기를 원한다."

그는 하나님께서 그 이방인 신자들을 위하여 그들의 유대인 형들과 누나들(메시아의 민족!)과 함께 상에서 먹을 자리를 마련해 주셨다는 것을 그들이 잊지 않기를 원했다. 그렇지 않았다면 그들은 이제 자기들이 새로운 이스라엘이고 하나님과 옛 이스라엘과의 관계는 끝났다고 생각하게 되었을지도 모른다. 바울은 이런 생각을 강하게 꾸짖었다. "내가 다시 묻는다. 그들(이스라엘 백성)이 회복될 수 없을 정도로 넘어지도록 실족하였느냐? 전혀 그렇지 않다!"(롬 11:11). 그는 하나님이 택하신 민족에게 하신 약속들이 결국은 이루어질 것이라고 단호하게 말했다(롬 11:11-16).

유대인들의 예수 운동에서 이방인들의 교회로

그 이후에 일어난 일들은 이러하다. 처음에 예수 운동은 전적으로 유대인들에 의하여 이루어졌고, 그들은 (바리새파나 사두개파 혹은 에세네파와 같은) 유대교의 또 다른 분파로 여겨졌으나, 수백 년에 걸쳐서, 북아메리카가 미국으로 존재한 것보다 더 오랜 기간 동안에, 점점 더 많은 이방인들이 그 운동 속으로 들어오게 되어 유대인 신자들은 진퇴양난에 빠지게 되었다.

이방 교회는 더 이상 그들을 이해하지 못했고, 자기들의 유대적 뿌리를 망각했으며(바울이 경고한 것과 같다!) 그들에게 "너희가 우리의 일원이 되기 원한다면, 너희는 너희의 유대성을 버려야 한다"고 말했다. (그렇다. 예슈아께서 죽으시고 수백 년이 지나서도 예슈아를 믿는 유대인들 가운데 토라에 열심인 사람들이 있었다.) 나머지 유대 공동체들은 그들에게 "너희가 우리의 일원이 되기

원한다면, 너희는 예수를 버려야 한다"고 했다. 그래서 약 300년에서 400년 후에(어떤 이들은 600년에서 700년이라고 한다), 이 유대인 신자들은 완전히 교회로 흡수되었다.[23]

그러나 이것은 이야기의 일부일 뿐이다. 이 때(즉, 4세기)에 이르러 교회는 원래의 유대적 뿌리에서 너무나 분리되어서 베드로(예슈아의 유대인 탈미드인 시몬 게바)를 최초의 주교로 바꿔버리고, 교인들이 일곱째 날 안식일을 지키는 것을 금하였으며(그것을 일요일로 바꾸고), (초기에 믿는 자들이 유월절 기간에 메시아의 죽음과 부활을 기념한 것처럼 하지 않고) 유월절 대신에 부활절을 지켰다.

감사하게도 그동안 큰 변화가 일어나서 오늘날 이스라엘을 방문하면 예슈아를 메시아로 믿는 유대인들을 무려 만 명이나 볼 수 있고, 그 땅 전역에서 샤밧(안식일)에 함께 모여 예배하고 기도하는 많은 메시아닉 유대인 모임들을 발견할 수 있을 것이다.

그리고 홀로코스트 동안 유대인들을 구하기 위하여 목숨을 걸었던 "의로운 이방인들"의 발자취를 따라가 보면,[24] 미국에는 수천 명의 기독교인들이 상징적으로 노란 별을 달고 모이는 집회들이 있었다. 그 노란 별은 홀로코스트 기간에(그리고 그 이전에도) 유대인임을 나타내는 표시였다. 그들은 또 다

---

23. John G. Gager, "Did Jewish Christians See the Rise of Islam," in Adam H. Becker and Annette Yoshiko Reed, eds., *The Ways That Never Parted: Jews and Christians in Late Antiquity and the Early Middle Ages* (Minneapolis: Fortress Press, 2007), 361-372을 보라. 이 책에 있는 다른 여러 글도 상당히 관련이 있다. Matt Jackson-McCabe, ed., *Jewish Christianity Reconsidered: Rethinking Ancient Groups and Texts* (Minneapolis: Fortress Press, 2007)도 참고하라. 지금까지 교회사에서 믿는 유대인들에 관한 가장 포괄적인 연구에 대해서는 (계획된 시리즈 중 일부인) Oskar Skarsaune and Reidar Hvalvik, *Jewish Believers in Jesus: The Early Centuries* (Peabody, MA: Hendrickson Publishers, 2007)를 보라.

24. 찬양받는 유대 역사가인 Martin Gilbert의 걸작 *The Righteous: The Unsung Heroes of the Holocaust* (New York: Henry Holt and Company, 2003), xvi에서 그는 이렇게 말했다. "만약 의인으로 인정받은 각 사람들에 대하여 한 페이지씩 기록을 한다면, 그들 모두의 이야기를 하기 위해서 이 책의 분량으로 50권 정도가 필요할 것이다."

른 끔찍한 참사가 일어난다면 유대인들을 구하기 위하여 자신의 목숨까지 내놓겠다고 공개적으로 약속했다. 복음주의적 기독교인들이 이스라엘의 가장 친한 친구들이 되었다는 것은 잘 알려진 일이며 이스라엘 국회도 그들을 인정했다. 사실, 내가 이 소중한 사람들에게 "기독교 반유대주의"의 참상에 대하여 말한다면 그들은 전에 그런 사실을 들어본 적이 없기 때문에 완전히 충격에 빠질 것이다.[25]

이제 2012년에 "미국에서 가장 유명한 랍비"로 알려진 내 친구 쉬물리 보테크는 유대인들이 스스로 예수를 되찾도록 권하는 책을 쓰고 지금이 그 적절한 시기라고 했다. 나는 이 말에 전적으로 동의한다!

그런데 재미있는 것은 유대인들이 지난 100년 동안, 심지어 그보다 더 오래 전부터 예수-예슈아를 자기들에게 속한 사람으로 되찾으려 했었다는 것이다. 그럼 이제 아이들이 보물찾기를 하는 신나는 기분으로 우리의 여정을 계속해서 나아가자. 우리가 발견해야 할 정말로 좋은 보물들이 있다.

---

25. 나는 실제로 여러 나라를 돌아다니며 "기독교의 반유대주의"라는 주제로 강의를 하면서, 그것이 백인 기독교인들이 일으킨 일이었고, 아시아와 아프리카 및 다른 대륙의 믿는 자들은 그 일에 대하여 전혀 모른다는 것을 크게 깨닫게 되었다. 이것을 보여주는 예로, Our Hands Are Stained With Blood의 중국어판 번역자는 이 책을 번역하다가 "통곡하고 울면서" 나에게 편지를 썼다. 내가 이 메시지를 전한 미국의 복음주의 기독교인들 중 대다수 역시 그것을 듣고 완전히 충격에 빠졌으며, 그들에게 "기독교의 반유대주의"라는 개념이 너무나 낯설게 느껴졌다는 것에 대해서 유대인 독자들은 흥미롭게 생각할 수도 있을 것이다. 직접적이지는 않지만 관련된 내용에 대해서는 Philip Jenkins, *The Lost History of Christianity: The Thousand-Year Golden Age of the Church in the Middle East, Africa, and Asia—and How It Died* (New York: Harper One, 2008)를 보라.

2

유대인들이 예수님을 되찾으려는 것이 그렇게 새로운 일인가?

랍비 쉬물리 보테크의 『코셔 예수』의 출판이 언론의 주목을 받고(마땅히 그럴 만하다), 그것이 종교 유대인들의 세계에서 상당한 논란을 일으켰지만(당연한 일이다), 랍비나 유대인 학자가 예수님을 자기들에게 속한 사람으로 되찾으려는 것은 전혀 새로운 일이 아니다. 실제로 내가 사무실에 앉아서 벽장을 가득 메운 책들을 훑어보면, 기독교 학자들이 유대적 배경에서 예수님을 연구한 책들이 많을 뿐만 아니라, 과거와 현재의 유대인 학자들이 비슷한 주제로 쓴 책들을 상당수 발견할 수 있다.[1]

이 유대인 랍비들, 교수들, 철학자들은 전반적으로 예수님을 높이 평가하는 것에 대하여 강하게 비판했다. 그러나 일반적으로 그들은 예수님을 거부하기보다는 그분을 되찾는 것에 더 관심이 있다. 이것은 상당히 의미있는 일이다. 왜냐하면 예수님의 생애로부터 약 500년 이내에 기록된, 예수–예슈아를 언급한 것으로 보이는 초기 랍비들의 자료는 그분을 타락한 죄인, 지옥에 떨어져야 할 사기꾼으로 말하고 있기 때문이다.[2] 이것이 수백 년 동안 많은 종교적 유대인들이 예수님을 바라본 관점이었다.

그러나 최근 200년 사이에 중요한 변화가 일어나기 시작했다. 매튜 호프만은 그의 책 『반역자에서 랍비로: 예수 되찾기와 현대 유대교 문화의 발전』

---

1. 일부를 제외하고, 이 책들은 전부 내 개인 서재에 있다. 언급한 책들의 목록은 전체가 아니라 대표적인 것들이다.
2. 이 증거들에 대한 신뢰할 만한 연구에 대해서는 Peter Schäfer, *Jesus in the Talmud* (Princeton, NJ: Princeton University Press, 2007)를 보라.

에서 다음과 같이 말했다.

> 18세기 말부터 현대화와 계몽(하스칼라)과 개혁을 지지했던 유대인들이 점점 예수님에 대한 호의적 평가에 찬성하며, 전통적으로 유대인들이 그에 대하여 갖고 있던 부정적인 관점을 거부하기 시작했다. 현대 유대교 역사에서 이 복잡하고 흥미로운 경향은 학자들 사이에서 유대인들의 예수 되찾기로 알려지게 되었다.[3]

비록 이런 움직임이 주로 기독교와 관련하여 유대인들의 마음 속에서 홀로코스트의 공포로 인하여 멈추긴 했지만, 최근 수십 년간 유대인들의 예수 되찾기가 재개되었다.

1984년에 풀러 신학대학(Fuller Theological Seminary)의 교수이자 최고의 신약학자인 도널드 해그너는 1980년대 초반까지 유대교의 예수에 관한 연구를 정리하여 『유대인들의 예수 되찾기』라는 책을 냈다.[4] 이때부터 유대인들의 예수에 관한 연구의 문이 활짝 열려서, 우리의 눈 앞에 커다란 문화 및 종교적 변화가 일어났다. 다른 종교와의 대화에 깊이 참여하고 있는 가톨릭의 지도자인 존 파울리코우스키 교수는 2008년에 다음과 같은 말을 했다.

> 확실히 일부 유대교 사회에서 "예수에 관한 질문"이 다시 그들의 의제로 돌아왔으며, 이런 현상은 10년 전보다도 더 두드러졌다. 그런데 현재 유대인들의 예수에 대한 새로운 탐구는 기독교 학자들과의 협력을 통하여 19세기 후반이나 20세기 초반보다 훨씬 더 많이 이루어지고 있다. 이것이 어느 방향으

---

3. Matthew Hoffman, *From Rebel to Rabbi: Reclaiming Jesus and the Making of Modern Jewish Culture* (Stanford, CA: Stanford University Press, 2007), 1.

4. Donald Hagner, *The Jewish Reclamation of Jesus: An Analysis and Critique of Modern Jewish Study of Jesus* (Grand Rapids, MI: Zondervan Academic Books, 1984).

로 흘러갈지는 아직 알 수 없다.⁵

이 변화는 너무나 극적인 것이어서 로스앤젤레스 밸리 대학(Los Angeles Valley College)의 유대교 연구 및 철학 분야의 명예 교수이며 학과장인 제브 가버는 2011년에 『유대인 예수: 새로운 사실과 반영 및 되찾기』라는 제목의 문집을 냈다.⁶ 이 책의 마지막에 수록된 글은 샤울 마기드(Shaul Magid)가 쓴 "20세기 후반 미국 유대인들의 새로운 예수 되찾기: 유대인 예수에 대한 재평가 및 재고"(The New Jewish Reclamation of Jesus in Late Twentieth-Century American: Realigning and Rethinking Jesus the Jew)였다.⁷

시간을 거슬러 올라가서 다른 유대인 저자들이 말하고자 했던 것이 무엇인지 살펴보자. 예수님의 민족인 유대인들이 주님을 되찾으려고 하는 것이 확실하다.

내가 책장에서 처음 발견한 책은 1922년에 요셉 클라우스너가 쓴 고전인 『나사렛 예수: 그의 생애와 시대와 가르침』이다. 어떤 사람들은 이 책을 "지금까지 나온 예수의 전기와 역사 중 최고의 작품"으로 일컬었다.⁸ 클라우스너는 예수님의 가르침과 철학의 핵심적인 부분에 대하여 이렇게 썼다. "예수는 유대인이었고 죽는 순간까지 유대인이었다. 그의 한 가지 뜻은 그의 백성에게 메시아의 오심이라는 개념을 심고, 회개와 선행으로 그 '마지막'을 앞당

---

5. John T. Pawlikowski, "Modern Jewish Views of Jesus," *Jewish-Christian Relations*, January 2, 2008, http://www.jcrelations.net/Modern+Jewish+Views+of+Jesus.3195.0.html?L=3 (2012년 2월 21일 접속).

6. Zev Garber, ed., *The Jewish Jesus: Revelation, Reflection, Reclamation* (West Lafayette, IN: Purdue University Press, 2011).

7. 위의 책, 358-382.

8. Joseph Klausner, *Jesus of Nazareth: His Life, Times, and Teaching* (repr.; New York: Bloch Publishing, 1997), 뒷표지. 클라우스너의 책이 나오고 3년 후인 1925년에, Harry A. Wolfson은 "How the Jews Will Reclaim Jesus"라는 글을 썼는데 그것은 주로 *Menorah Journal* (1962), 25-31에 발행되어 알려졌다.

기는 것이었다… 보편적 인류애의 관점에서 보면 그는 참으로 '이방을 향한 빛'이다."9

1920년에 히브리 대학교에서 재임하기 시작했으며 선구적인 교수였던 클라우스너는 예수님에 관한 책을 현대 히브리어의 초기 형태로 썼다. 즉 그는 그의 동족 유대인들을 위하여 그 책을 쓴 것이다. 내가 가진 책은 블로흐 출판사(Bloch Publishing)에서 출판한 것으로 예시바 대학교(Yeshiva University)의 유대교 역사학 명예 교수인 시드니 호닉(Sydney B. Hoenig)이 쓴 머리말이 있었다. (블로흐 출판사는 기독교 출판사가 아니고, 예시바 대학교는 기독교 신학대학이 아니다.)10

히브리 대학교에서 옥스퍼드 대학교로

히브리 대학교에서 다음 세대의 또 다른 뛰어난 교수인 데이빗 플루서는 신약성경의 유대적 배경과 함께 유대인 예수에 대하여 수십 년 동안 연구했다. 그의 글을 모아서 만든 700쪽 분량의 『유대교, 그리고 기독교의 기원』은 히브리 대학교의 출판사인 마그네스 출판사에서 인쇄되었다.11 플루서는 『예수』라는 책도 썼는데(여러 언어로 번역되었다), 지금은 『갈릴리 출신의 현인: 예수의 천재성의 재발견』이라는 제목의 최신판으로 출간되었다.12 세계에서

9. 위의 책, 363, 368, 374, 413, 이 순서로 Good News for Israel에 인용되었다, http://www.gnfi.org/important.php (2012년 2월 21일 접속, 현재는 접속되지 않음 - 역자 주). 1922년에도 Klausner는 다른 유대인 학자들이 예수님에 관하여 쓴 다른 중요한 책들에 관하여 논할 수 있었다는 것을 주목하라.

10. 블로흐 출판사는 차기작인 Joseph Klausner, *From Jesus to Paul* (repr., New York: Bloch Publishing, 1978)을 출판하기도 했다.

11. David Flusser, *Judaism and the Origins of Christianity* (Jerusalem: Magnes Press, 1988).

12. David Flusser, *The Sage From Galilee: Rediscovering Jesus' Genius* (Grand Rapids, MI: William B. Eerdsman Publishing, 2007). 플루서의 기독교인 제자 중 한 명이 Oral Roberts University의 교수인 히브리어 학자 Brad H. Young이었다. 그의 대표적인 작품

가장 유명한 유대인의 교육기관에서 가장 탁월한 교수 두 사람이 상당한 시간을 들여서 유대인 예수에 관한 책을 쓴 것이다.

히브리 대학교의 또 다른 선구적 교수이며 당대 최고의 성경 학자 중 한 사람인 예헤즈켈 카우프만도 1929-1930년에 유대인 독자들을 위하여 현대 히브리어로 책을 썼는데 그는 이렇게 말했다.

> (아브라함) 가이거, (솔로몬) 그레츠 및 다른 유대 신학자들과 더 많은 기독교 자유주의 신학자들은 예수의 생각이 완전히 유대적이라는 견해를 갖고 있다. 예수는 전통을 깨거나 새로운 종교를 만들려고 한 것이 아니었다. 분명 그는 자신이 이방 종교를 만들고 있다고 생각하지 않았을 것이다.[13]

그의 생각은 이랬다. "그렇다면 성문 토라와 예법에 관한 예수와 그 시대의 정통 유대교의 견해 사이에는 전체적으로 모순이 없었다. 예수는 바리새인들이 가르친 것과 같은 구전 율법을 받아들였다."[14]

1967년에 랍비 벤 지온 보크세르도 이렇게 말했다.

> 역사적 예수는 자기 민족의 꿈을 공유하고, 그들의 삶의 방식에 충실하며, 그들의 가장 높은 사명에 대한 그의 비전에 헌신한 것으로 인하여 순교를 당한, 그들의 아들이었다. 기독교의 기록에 묘사된 예수의 모습은 역사적 현실에 기반하여 만들어진 것이 아니다.[15]

으로 *Jesus the Jewish Theologian* (Peabody, MA: Hendrickson, 1995)과 *Meet the Rabbis: Rabbinic Thought and the Teachings of Jesus* (Peabody, MA: Hendrickson, 2007)가 있다. Young이 랍비 문헌에 비추어 예수님의 비유를 연구한 것에 대해서는 3장을 보라.

13. Yehezkel Kaufmann, *Christianity and Judaism: Two Covenants*, English trans., C. W. Efroymson (Jerusalem: Magnes Press, 1988), 49.

14. 위의 책, 60.

15. Ben Zion Bokser, *Judaism and the Christian Predicament* (New York: Alfred A.

이것은 유대인 학자들 가운데 단 한 사람만의 의견이 아니다.

이제 옥스퍼드 대학교로 넘어가면, 사해문서의 세계 최고 권위자들 가운데 한 사람인 게자 버메쉬 교수(Prof. Geza Vermes)가 있다. 그는 예수님에 관한 많은 책들을 집필했는데 『유대인 예수: 역사가가 읽은 복음서』(Jesus the Jew: A Historian's Reading of the Gospels, 1973)로 시작하여, 『예수와 유대교의 세계』(Jesus and the World of Judaism, 1983), 『유대인 예수의 종교』(The Religion of Jesus the Jew, 1993), 『예수의 변모』(The Changing Faces of Jesus, 2000), 『예수의 진짜 복음』(The Authentic Gospel of Jesus, 2003)이 있다.[16] 이것으로 충분하지 않다면, 그가 2010년에 낸 『진짜 예수: 그때와 지금』(The Real Jesus: Then and Now)이 있다.[17]

버메쉬는 『예수의 진짜 복음』의 서문을 "역사적 예수, 종교적 천재"에 대한 이야기로 시작하면서, 이 예수의 연구에 대한 그의 접근 방법을 이렇게 설명했다.

> 나는 공감적인 역사가로서, 종교적 편향, 즉 기독교인들이 예수를 신격화하는 것이나 전통적으로 유대인들이 그를 배교자, 마술사, 이스라엘 민족의 적으로 풍자한 것을 무시하고, 단순히 일반적으로 알려진 사실을 바로잡으며,

---

Knopf, 1967), 207, Trude Weiss-Rosmarin, ed., *Jewish Expressions of Jesus: An Anthology* (New York: Ktav Publishing House, 1977), 227에서 인용되었다. 이 작품집에는 Bokser, Haim Cohon, Jules Isaac, Walter Kaufmann, Joseph Klausner, Jacob Z. Lauterbach, Franz Rosenweig, Samuel Sandmel, Hans Joachim Schoeps, Abba Hillel Silver, Solomon Zeitlin이 쓴 글의 발췌문들이 포함되어 있다.

16. Fortress Press, Minneapolis, MN에서 출판되었다. *The Changing Faces of Jesus*와 *The Authentic Gospel of Jesus*는 Penguin, New York에서 출판되었다. *Jesus and the World of Judaism*, 87-88에서 Vermes는 "신약성경의 자료를 온전히 포함하는 마카비에서 기원후 500년까지 유대인들의 전반적인 종교사"를 필요로 했다. 2003년에 Fortress Press는 *Jesus in His Jewish Context*라는 제목으로 *Jesus and the World of Judaism*의 신판을 냈다.

17. Penguin, New York에서 출판했다.

갈릴리의 작은 마을 나사렛 출신의 요셉의 아들 예슈아의 진정한 모습을 재구성하려고 했다.[18]

바리새인 예수

2003년에 리즈 대학교의 유대학 교수인 히암 맥코비는 『코셔 예수』에 나오는 쉬물리의 생각에 깊이 영향을 준(쉬물리도 이것을 인정했다) 『바리새인 예수』를 썼다.[19] 맥코비는 분명 몰랐겠지만, 그보다 거의 20년 전에 브루클린의 하비 포크라는 랍비도 『바리새인 예수: 예수의 유대성에 대한 새로운 관점』이라는 같은 제목의 책을 썼다.[20] 포크는 18세기의 존경받는 랍비이자 탈무드 학자인 제이콥 엠덴의 편지를 길게 인용했다. 그 편지는 엠덴의 명성에도 불구하고 오늘날 잘 알려지지 않았다.

1757년에 랍비 엠덴은 그의 편지에서 이렇게 설명했다.

> 그러므로 당신은 그 진리를 말한 사람에게서 그것을 받아들이고, 우리가 여기서 그 나사렛 사람과 그의 사도들이 이스라엘에서 토라를 없애려고 한 것이 아니며 그런 일은 절대 일어나지 않는다는 것을 명확하게 볼 수 있음을 깨달아야 한다. 왜냐하면 마태복음(5장)에 기록되기를, 그 나사렛 사람이 다음과 같이 말했기 때문이다. "내가 토라를 폐하러 온 줄로 생각하지 말라. 폐하러 온 것이 아니라 완전하게 하러 왔다. 내가 너희에게 말하니 하늘과 땅이 지

---

18. Geza Vermes, *The Authentic Gospel of Jesus* (New York: Penguin, 2003), vii.
19. Hyam Maccoby, *Jesus the Pharisee* (n.p.: SCM Press, 2003). *Kosher Jesus*, xi을 보라. 맥코비의 관련된 책들에 대한 나의 날카로운 비판은 5장과 7장을 보라.
20. Harvey Falk, *Jesus the Pharisee: A New Look at the Jewishness of Jesus* (n.p.: 1985). 포크의 책에 대한 평가에 대해서는 Richard N. Ostling, "What Sort of Jew Was Jesus?," *Time*, April 12, 2005, http://www.time.com/time/magazine/article/0,9171,1048374-1,00.html (2012년 2월 21일 접속)를 보라.

속되는 한, 토라가 이루어지기까지 거기서 한 글자나 한 획도 없어지지 않을 것이다. 그러므로 누구든지 이 토라가 요구하는 것 가운데 가장 작은 것 하나라도 버리고 다른 사람들에게 그렇게 행하라고 가르치는 자는 천국에서 가장 낮은 자리를 얻을 것이요, 누구든지 토라를 지키고 다른 사람들에게 그렇게 가르치는 자는 천국에서 높은 자리를 차지할 것이다." 이것은 누가복음(16장)에도 기록되어 있다. 그러므로 이 나사렛 사람이 토라를 없애는 일을 꿈에도 생각하지 않았다는 것이 매우 확실하다.[21]

랍비 엠덴은 또 이렇게 썼다. "이 나사렛 사람은 세상에 갑절의 은혜를 베풀었다. 하나는 그가 모세의 토라를 권위 있게 강화한 것이고… 다른 하나는 그가 이방인들을 위하여 매우 선한 일을 했다는 것이다…"[22]

1875년에 엘리아스 솔로베이치크(Elias Soloweyczk)라는 존경받는 정통 랍비가 마태복음에 대한 랍비 주석을 히브리어로 썼는데 그것의 제목은『콜 코레』(Kol Koreh, "목소리가 외치다")였다. 그리고 이어서 마가복음에 대한 주석을 썼다. 그는 거기서 복음서가 히브리 성경이나 탈무드와 모순되지 않음을 보이고자 했다. 그는 마가복음 주석의 첫부분을 이렇게 썼다. "내가 쓴 콜 코레의 1권 서문에서 나는 신약성경이 일반적인 생각과 달리, 구약성경이나 심지어 탈무드와 불일치하지 않는다는 것을 보여주겠다고 약속했다. 나는 첫 번째 복음서에 대하여 나의 약속을 지켰고, 이제 두 번째 복음서에 대한 작업을 한다."[23] 랍비 솔로베이치크는 랍비 제이콥 엠덴의 책들도 참고했다.

21. "Rabbi Jacob Emden's Views on Christianity and the Noahide Commandments," *Journal of Ecumenical Studies* 19, no. 1 (Winter 1982), Falk, *Jesus the Pharisee*, 14-18에 인용되었으며, Auburn.edu, http://www.auburn.edu/~allenkc/falk1a.html (2012년 2월 21일 접속)에서 참고했다.

22. 위의 책, Falk, *Jesus the Pharisee*, 21에 인용되었다.

23. Fred MacDowell, "On the Original 'Kosher Jesus' by R. Chaim Volozhiner's Grandson, Universalist Dreamer," (블로그), January 19, 2012, http://onthemainline.

몇 년 후 독일의 개혁파 랍비 아브라함 가이거는 예수님이 기독교의 창시자가 아니라 유대교의 스승이었다고 주장하면서 커다란 논쟁을 일으켰다. 그러나 그것은 여러 방면에서 유대인의 일반적인 관점이 되었다.[24] 더 많은 공감을 얻은 것은 1939년 숄렘 아슈가 쓴 『그 나사렛 사람』이라는 소설로 1세기의 목격자들의 관점으로 썼다.[25] (물론 아슈도 유명한 이디시 작가였다.)

1911년에는 제럴드 프리드랜더가 『산상수훈의 유대교 원자료』[26]를 냈고, 이보다 더 방대한 양의 작품으로 클로드 G. 몬테피오리가 두 권으로 낸 『공관복음, 서문과 주석』(제2판, 1927)[27]이 있다.

예수님에 관한 또 다른 유대적 관점들

1931년에 하이만 게르손 에넬로우가 쓴 『예수에 관한 유대적 관점』[28]이 출판되었고, 같은 해에 유대인 저자들이 예수님에 관하여 쓴 책과 글이 많이

---

blogspot.com/2012/01/on-original-kosher-jesus-by-r-chaim.html (2012년 2월 21일 접속)에 인용되었다. Marc B. Shapiro, "Thoughts on Confrontation and Sundry Matters, Part 1," *Seforim Blog* (블로그), January 25, 2009, https://seforimblog.com/2009/01/thoughts-on-confrontation-sundry/ (2012년 2월 21일 접속)에도 언급되었다.

24. 대표적인 것으로 Abraham Geiger, *Judaism and Its History in Two Parts*, Eng. trans., Charles Newburgh (New York: Bloch, 1911), 130-136을 참조하라. Gregory A. Barker and Stephen E. Gregg, eds., *Jesus Beyond Christianity: The Classic Texts* (Oxford: Oxford University Press, 2010), 38-43에 중판되었다. 더 자세한 내용은 Susannah Heschel, *Abraham Geiger and the Jewish Jesus* (Chicago: University of Chicago Press, 1998)를 보라.

25. Sholem Asch, *The Nazarene*, Eng. trans., Maurice Samuel (repr.; New York: Carroll and Graf Publishers, Inc., 1984).

26. Gerald Friedlander, *The Jewish Sources of the Sermon on the Mount* (New York: Bloch, 1911).

27. Claude G. Montefiore, *The Synoptic Gospels, Edited With an Introduction and a Commentary*, second edition (London: Macmillan and Co., 1927).

28. Hyman Gerson Enelow, *A Jewish View of Jesus* (New York: Bloch Publishing Co., 1931).

나왔으며, 토마스 T. 워커는 『예수에 관한 유대적 관점; 개론 및 논평』(1931)[29]이라는 논문을 발표했다. 제2차 세계대전이 끝나고, 예수님과 신약성경에 대한 유대인의 출판물들이 다시 나오기 시작했고, 1956년에 두 개의 중요한 논문이 발표되었다. 그것은 개혁파 랍비 새뮤얼 샌드멜이 쓴 『신약성경에 관한 유대적 이해』와 데이빗 다우베 교수가 쓴 『신약성경과 랍비 유대교』다.[30] 1967년에 독일의 유대 학자 샬롬 벤-코린의 연구 논문은 제목이 모든 것을 말해준다. 『형제 예수: 유대인의 눈으로 본 나사렛 사람』.[31] 1983년에는 이스라엘의 학자이며 정통 유대인인 핀카스 라피데가 『예수의 부활』을 냈다. 그는 그 책에 이렇게 썼다. "예수는 내가 소망한 바대로 온전히 토라에 충실했다. 나는 심지어 예수가 나, 즉 정통 유대인보다 더 토라에 충실했던 것이 아닌가 하고 생각했다."[32] 그러나 라피데는 거기서 한 걸음 더 나아갔는데 그것은 그때에 상당히 큰 한 걸음이었다. 그는 예슈아가 죽은 자들 가운데서 부활했다고 주장했다!

> 나는 부활절 주일의 부활을 제자 공동체가 지어낸 이야기가 아니라 역사적 사건으로서 받아들였다… 나는 그 그리스도의 사건이 하나님께서 이방 세계를 하나님의 이스라엘의 공동체로 이끌기 위하여 여신 구원의 길로의 인도하심이라고 믿는다.[33]

---

29. Thomas T. Walker, *Jewish Views of Jesus; An Introduction and an Appreciation* (repr.; New York: Arno Press, 1973).

30. Samuel Sandmel, *A Jewish Understanding of the New Testament*, 3rd ed. (Woodstock, VT: Skylight Publishing, 2005). David Daube, *The New Testament and Rabbinic Judaism* (repr.; New York: Arno Press, 1973).

31. Schalom Ben-Chorin, *Brother Jesus: The Nazarene Through Jewish Eyes*, Eng. trans. Jared S. Klein and Max Reinhart (Athens, GA: University of Georgia Press, 2001).

32. Pinchas Lapide, *The Resurrection of Jesus* (Minneapolis: Augsburg, 1983), 13.

33. 위의 책, 15.

점점 더 많은 유대인들이 예수–예슈아를 자기들에게 속한 사람으로 인식하고 있으며, 교회가(또는 신약성경 자체가) 그를 잘못 제시해 왔다고 주장하고 있다.

내가 나의 서재를 둘러보면, 어빙 M. 제이틀린(1991)이 쓴 『예수와 그 시대의 유대교』[34], 파울라 프레드릭슨(1999)의 『나사렛 예수, 유대인의 왕: 한 유대인의 삶과 기독교의 탄생』[35], 그리고 눈에 띄게 비슷한 제목인(우연의 일치로 출판 연도도 2007년으로 같은) 로버트 쿠포르의 『오해된 유대인 예수: 나사렛 출신의 그 사람에 대하여 신약성경이 진정으로 말하는 바는 무엇인가』[36]와 에이미–질 레빈의 『오해된 유대인: 교회와 유대인 예수의 스캔들』[37]이 있다. 이 "오해된 유대인"은 누구인가?

유대인들과 기독교인들의 공동 작업 및 유대인들의 신약성경 주석

이제 유대인과 기독교인 학자들이 공동으로 작업한 작품들이 나오게 되었다. 몇 개만 언급하자면 다음과 같은 것들이 있다. 『기독교와 랍비 유대교: 그 기원과 초기 발전의 유사한 역사』(1992)[38], 『유대인들과 기독교인들이 예수

---

34. Irving M. Zeitlin, *Jesus and the Judaism of His Time* (Cambridge, England: Polity Press, 1991).

35. Paula Fredriksen, *Jesus of Nazareth, King of the Jews: A Jewish Life and the Emergence of Christianity* (New York: Knopf, 1999). 또 Fredriksen이 쓴 책으로 *From Jesus to Christ: The Origins of the New Testament Images of Christ*, 2nd ed. (New Haven, CT: Yale University Press, 2000)가 있다.

36. Robert Kupor, *Jesus the Misunderstood Jew: What the New Testament Really Says About the Man From Nazareth* (New York: iUniverse, Inc., 2007).

37. Amy-Jill Levine, *The Misunderstood Jew: The Church and the Scandal of the Jewish Jesus* (New York: HarperOne, 2007). 둘 중에 Levine의 책이 더 학술적이고 많이 알려졌다.

38. Hershel Shanks, ed., *Christianity and Rabbinic Judaism: A Parallel History of Their*

에 관하여 말하다』(1994)[39], 『유대인의 눈으로 본 예수: 랍비들과 학자들이 새로운 담론에 옛 형제를 참여시키다』(2001)[40]. 심지어는 유대인 및 기독교인 학자들이 예수님과 관련된 주제들을 중점적으로 다룬 시리즈 전체를 공동 집필한 것들도 있는데, 제이콥 뉴스너와 브루스 칠튼이 쓴 작품이 해당된다.[41]

나는 2000년에 이스라엘의 학술지 미쉬칸에 다음과 같은 글을 써냈다.[42]

『힐렐과 예수』[43]와 같이 유대인과 기독교인이 공동으로 작업한 작품들이 나올 수 있다는 사실은 큰 발전이라 할 수 있다. 특히 이런 연구가 단지 (이전 세대의 요셉 클라우스너의 작품처럼) 유대인 교수에 의하여 특별한 경우로 진행되는 것이 아니라 주류적인 경향을 반영한 것이라는 점에서 그렇다. 전통 유대인이며 사해문서에 관한 뛰어난 권위자인 로렌스 H. 쉬프만이 『예수님의 유대성: 사람들 간의 관계에 관한 계명들』[44]을 쓰고, 어빙 자이틀린 교수가 『예수와 그 시대의 유대교』[45]를 집필하며, 랍비 필립 시갈이 마태복음에 나오

Origins and Early Development (Washington DC: Biblical Archeology Society, 1992).

39. Arthur Zannoni, ed., *Jews and Christians Speak of Jesus* (Minneapolis, MN: Augsburg Fortress, 1994).

40. Beatrice Bruteau, ed., *Jesus Through Jewish Eyes: Rabbis and Scholars Engage an Ancient Brother in a New Conversation* (Maryknoll, NY: Orbis Books, 2001).

41. 예를 들면 Jacob Neusner and Bruce Chilton, *Judaism in the New Testament: Practices and Beliefs* (New York: Routledge, 1995)를 보라. Neusner는 아마도 유대인 역사상 가장 많은 작품을 낸 저자로 대략 1,000권을 쓰거나 편집하여 냈으며, *A Rabbi Talks With Jesus* (New York: Doubleday, 1993)라는 책을 쓰기도 했다.

42. Michael L. Brown, "Messianic Judaism and Jewish Jesus Research," *Mishkan* 33 (2000): 36-48.

43. J. H. Charlesworth and Loren L. Johns, eds., *Hillel and Jesus: Comparative Studies of Two Major Religious Leaders* (Minneapolis, MN: Fortress, 1997).

44. Lawrence H. Schiffman, "The Jewishness of Jesus: Commandments Concerning Interpersonal Relations," in Zannoni, ed., *Jews and Christians Speak of Jesus*, 37-53.

45. Zeitlin, *Jesus and the Judaism of His Time*.

는 예수의 할라카(유대교 율법에 대한 접근법)[46]에 대하여 논하고, 데이빗 플루서와 슈무엘 사프라이 같은 이스라엘의 학자들이 복음서의 유대적 배경[47]을 되찾으려는(그리고 그렇게 함으로 재발견하려는) 노력으로 예루살렘 공관복음 연구학교를 이끄는 것을 부정적이라고 할 수 있겠는가? 이 모든 것은 예수님의 유대성과, 그를 유대인들에게 속한 한 사람의 유대인으로 볼 때만 (그의 메시지, 사명, 사고방식에 있어서) 그를 제대로 이해할 수 있다는 사실을 전제로 하고 있다.

유대인들이 신약성경에 관하여 연구한 책들은 점점 더 많이 출판되었다. 예를 들면, 사무엘 토비아스 락스의 『신약성경 랍비 주석: 마태, 마가, 누가복음』(1987)[48], 단 코흔-셔복의 『신약성경의 랍비적 관점』(1990)[49], 마이클 쿡의 『현대 유대인들이 신약성경을 포용하다: 기독교 환경에서 유대인들의 삶의 개선』(2008)[50] 등이 있다. 그리고 2011년에 나온 기념비적인 작품으로 옥스퍼드 대학 출판부에서 낸 『유대 주석 신약성경』은 유대인 학자들이 쓴 것

---

46. Philip Sigal, *The Halakah of Jesus of Nazareth According to the Gospel of Matthew* (Lanham, MD: Univ. Press of America, 1986). Sigal의 독특한 접근 방법은, 바리새인들을 바라보는 마태의 관점을 받아들였지만 그들을 "랍비들의 원형"과는 거리가 먼 사람들로 보는 것이다. 즉, 이 바리새인들은 뛰어난 탈무드의 지도자들인 타나임 시대의 선구자들이 아니라는 것이다.

47. Flusser의 핵심 작품들은 위의 내용을 참고하라. Shmuel Safrai의 연구의 개론은 그의 책 *The Literature of the Sages: Oral Law, Halakha, Mishna, Tosefta, Talmud, External Tractates* (Philadelphia: Fortress, 1987), 35-210에 나오는 그의 글을 보라. 그들의 방법론을 적용한 대표적인 사례로 Young, *Jesus the Jewish Theologian*을 보라.

48. Samuel Tobias Lachs, *A Rabbinic Commentary on the New Testament: The Gospels of Matthew, Mark and Luke* (Hoboken, NJ: Ktav Pub. Inc., 1987).

49. Dan Cohn-Sherbok, *Rabbinic Perspectives on the New Testament* (n.p.: Edwin Mellen Press, 1990).

50. Michael Cook, *Modern Jews Engage the New Testament: Enhancing Jewish Well-Being in a Christian Environment* (Woodstock, VT: Jewish Light Publishing, 2008).

으로 사실상 기독교 연구 성경의 유대인판이다.[51] 나는 또한 탈무드 학자 다니엘 보야린의 논란이 된 신작인『유대인의 복음서: 유대인 그리스도의 이야기』(2012)[52]를 언급하지 않을 수 없다. 유대인들이 예수님을 되찾으려고 한다는 이야기다!

여기서 알아야 할 것은 나는 단지 **유대인들이 예수님과 신약성경에 관하여** 쓴 책들만 언급하고 있다는 것이다(앞서 말한 유대인들과 기독교인들의 공동 작품을 제외하고). 그렇지 않았다면, 나는 기독교 학자들이 예수님의 유대성에

---

51. Amy-Jill Levine and Marc Z. Brettler, eds., *The Jewish Annonated New Testament* (New York: Oxford University Press, 2011). 서문의 인터뷰에서 Levine은 이렇게 말했다. "나는 신약성경을 공부하면서 점점 더 나은 유대인이 되어간다. 신약성경은 나에게 유대인의 역사에 대하여 알려준다. 신약성경을 그 시대의 다른 유대인들의 자료, 즉 사해문서와 요세푸스와 필로의 글과 초기 랍비들의 문헌과 탈굼과 회당의 비문 등과 비교하여 연구하면서 나는 유대 전통의 활력을 볼 수 있었다. 내가 예수를 주와 구세주로 섬기지는 않지만, 나는 그의 비유들에서 사람의 마음을 강력하게 사로잡는 이야기들을 발견하고, 그의 윤리적인 가르침들에서 영감을 얻는 경우가 많다. 나는 (매우 유대적인) 하나님 나라의 메시지를 많이 알기 위하여 그 메시지를 전하는 사람을 섬길 필요는 없다고 생각한다." 같은 인터뷰에서 Brettler는 다음과 같이 말했다. "나는 히브리 성경을 연구하는 학자로서 마태복음을 아주 좋아한다. 왜냐하면 이 복음서는 히브리 성경에서 인용한 구절들이 많이 담겨 있고 일부 사해문서와 랍비들의 글에 사용된 것과 동일한 방법으로 히브리 성경의 구절들을 사용하고 있기 때문이다. 그래서 이 복음서는 나에게 유난히 유대적인 것으로 느껴진다. 또 나는 고린도전서를 더 좋아하게 되었다. 이것은 기품이 있고 13장 4절에서 시작되는 시인 '사랑은 인내하고, 사랑은 친절하며'는 장엄하다." [Jay Michaelson, "Jewish Roots of the New Testament," *Jewish Daily Forward*, February 12, 2012, https://forward.com/culture/151032/jewish-roots-of-the-new-testament/#ixzz1mEzPfec2 (2012년 2월 23일 접속).]

52. Daniel Boyarin, *The Jewish Gospels: The Story of the Jewish Christ* (New York: The New Press, 2012). 이 책에서 발췌한 내용은 다음과 같다. "예수가 왔을 때에 그는 많은 유대인들이 기대했던 것처럼 또 다른 하나님이 사람의 모습을 하고 왔다. 논쟁의 주제는 하나님의 메시아가 오시는가가 아니라, 나사렛 출신의 이 목수가 우리가 고대하던 그분인가였다. 어떤 유대인들은 그렇다고 답했지만, 또 어떤 유대인들은 당연히 아니라고 했다. 오늘날 우리는 전자를 기독교인들이라 부르고 후자를 유대인들이라 부르지만, 그때는 전혀 그렇지 않았다."

관하여 쓴 『유대교 안의 예수』(1989)[53], 『랍비 예수: 그의 일대기』(2002)[54], 『랍비 예수의 발치에 앉아: 예수님의 유대성이 어떻게 당신의 믿음을 변화시킬 수 있는가』(2009)[55], 존 P. 메이어가 쓴 여러 권으로 된 『변두리 유대인: 역사적 예수에 대한 재고』[56]와 같은 책들을 끝없이 나열하고 있었을 것이다.

이 나사렛 출신의 랍비에게 뭔가가 더 있는가?

이제 메시지는 분명하다. 예수님은 유대인이셨고, 많은 유대인 학자들이 그분을 자기들에게 속한 사람으로 되찾고자 한다. 이것은 우리에게 중요한 안목을 제공한다. 이 다양한 유대인들의 연구 속에서, 예수님은 위대한 랍비, 탁월한 바리새인, 능력 있는 치유자이자 마귀를 내쫓는 자, 거룩한 사람, 현명한 종교 교사, 뛰어난 현인, 또는 로마에 대한 반란의 지도자로 묘사되었다. 이런 예수님에 대한 묘사가 모두 사실일지라도, 계속해서 제기되는 질문이 남아 있다. 그가 죽은지 거의 2천 년이 지났는데도 우리는 왜 **특별히 이 유대인**에 대하여 계속해서 이야기하고 있는 것인가?

다른 위대한 랍비들과 탁월한 바리새인들, 치유자 또는 마귀를 내쫓는 자라고 주장하는 사람들, 또는 현명한 종교 교사로 일컬어진 사람들과, 로마의 압제를 타도하려고 싸운 사람들이 있었지만 세상 대부분의 사람들은 그들에 대하여 들어본 적도 없다. 사실 그들 중 일부는 그 시대 **유대** 세계의 많은 사람들에게 거의 알려지지 않았다. 어째서 예수-예슈아는 밤의 흑암을 가르는

---

53. James H. Charlesworth, *Jesus Within Judaism* (New York: Doubleday, 1988).
54. Bruce Chilton, *Rabbi Jesus: An Intimate Biography* (New York: Doubleday, 2000).
55. Ann Spangler and Lois Tverberg, *Sitting at the Feet of Rabbi Jesus: How the Jewishness of Jesus Can Transform Your Faith* (Grand Rapids, MI: Zondervan, 2009).
56. John P. Meier, *A Marginal Jew: Rethinking the Historical Jesus,* multivolume (New Haven, CT: Yale University Press).

눈부신 불꽃처럼 다른 모든 이들 가운데 빛을 발하고 있는가?

왜 서구 사회는 시대를 주전(B.C.)과 주후(A.D.)로 구분했는가? 왜 예수님의 이름은 오늘날 20억(전 세계 인구의 약 삼분의 일) 이상의 기독교인들에게 존경받고 있는가? 왜 예수님은 (그를 신이 성육신한 또 다른 중요한 인물로 여기는) 많은 힌두교 교사들과 (그를 뛰어난 현인으로 여기는) 불교 교사들과 (그를 가장 위대한 선지자들 가운데 하나로 여기며 심지어 그가 재림할 것을 믿는) 이슬람교의 교사들에게 존경을 받고 있는가?[57]

유대인들이 말한 것 가운데 일부는 사실이지만, 그는 실제로 그 모든 것을 합한 것 이상이지 않았을까? 이 유대인 학자들이 거부한 것, 즉 예슈아가 유일하고 전례 없는 방법으로 하나님의 임재를 이 땅에 가져오시는 메시아라는 것이 이 나사렛 출신의 유대인 랍비의 비밀을 푸는 열쇠가 될 수 있지 않을까? 역사 속의 교회는 때때로 예수님을 매우 고상하지만, 거의 알아볼 수 없는 "율법에 맞지 않는 그리스도"(unkosher Christ)로 둔갑시킨 반면, 당대의 유대인 학자들은 그분을 단지 그 시대의 신실한 유대인으로 여겼다. 그러나 양쪽 모두 나무만 보고 숲을 보지 못하고 있는 것은 아닌가?

우리가 인용한 유대인 학자들은 예수님에 대한 많은 놀라운 사실들을 발견했다(앞으로 보겠지만, 분명히 말하자면 그는 확실히 로마에 대항하여 무장 반란을 선동한 자유의 투사가 아니었다). 그러나 아름다운 다이아몬드도 그것의 빛나고 화려한 부분을 새롭게 드러낼 수 있는 것처럼, 예수님에 관한 것도 그러하다.

"하늘과 땅은 사라져도, 내 말은 결코 없어지지 않으리라"(마 24:35)고 말한 이 유대인은 누구인가? 2천 년 후, 그의 말은 2,500개 이상의 언어와 방언으로 인용되고 암기되어 전달되면서, 그 어느 때보다 더 진실되게 울리고 있다. 당신이 지금 이 책을 읽고 있는 순간에도, 인도 정글 속 외진 마을의

---

57. 이것에 대한 좋은 예는 Barker and Gregg, *Jesus Beyond Christianity*를 보라.

촛불을 밝힌 오두막에서 이스라엘 중심부의 군대 기지에 이르기까지, 전 세계의 구석구석에서 예슈아를 믿는 유대인들과 이방인들이 그의 말씀을 공부하고 있다. 이 사람은 누구인가?

유대인 학자들과 랍비들은 예슈아의 비범한 면들을 알아보았지만, 그들은 그 놀라운 전체적인 모습을 보지 못했다. 그랜드 캐니언을 "지구 상에서 진짜 크고 아름다운 구덩이"라고 설명하는 것이 그것의 장엄함의 일부만을 표현하는 것처럼, 너무나 뛰어난 어떤 사람을 "위대한 랍비"[58]와 "능력 있는 거장"[59]과 "마스터 다르샨(연설가)"[60]과 "종교적 천재"[61]와 "총명한 인물"[62]과 "갈릴리의 하시드"[63]와 "위대하며 세상을 바꾸는 유대교의 애국자"[64]와 "선지자적인 바리새인"[65]과 "영리한 사회경제 해석가"[66]와 "종교개혁가"[67]와 "유

---

58. 이것은 예수님을 되찾으려는 유대인들이 흔히 말하는 것이다.

59. Zeitlin, *Jesus and the Judaism of His Time*, 47, Max Weber가 사용한 "종교계의 거장"이라는 용어의 표현을 빌렸다.

60. Boteach, *Kosher Jesus*, 106.

61. Vermes, *The Authentic Gospel of Jesus*, vii.

62. Albert Einstein, George Sylvester Viereck, "What Life Means to Einstein," *The Saturday Evening Post*, October 26, 1929, http://www.saturdayeveningpost.com/wp-content/uploads/satevepost/what_life_means_to_einstein.pdf (2012년 2월 21일 접속)에 인용되었다.

63. Daniel Matt, in Bruteau, ed., *Jesus Through Jewish Eyes*, 74-80.

64. Boteach, *Kosher Jesus*, xviii.

65. William E. Phipps, *The Wisdom and Wit of Rabbi Jesus* (Louisville, KY: Westminster/John Knox, 1993), 8-30. 그는 다른 사람들처럼 예수님이 이런 배경에서 일부 종교 지도자들과 겪었던 갈등에 대하여 알고 있었다. 4장을 보라.

66. Lewis D. Solomon, in Bruteau, ed., *Jesus Through Jewish Eyes*, 161.

67. Lance Flitter, in Bruteau, ed., *Jesus Through Jewish Eyes*, 128. 그는 (다른 사람들과 마찬가지로) 예수님이 그 시대의 율법 전통과 충돌한 것 가운데 일부를 종교 개혁가로서의 예수님이라는 맥락에 놓고 바라보았다. 3장과 4장을 보라.

대인 중의 유대인"[68]과 "이스라엘의 양심"[69]이라 부르는 것은 그를 제대로 평가한 것이 아니다.

중요한 질문이 여전히 남아 있다. 이 예수–예슈아는 누구인가? 우리는 그 사람에 대하여 무엇이라 말하는가? 랍비? 반역자? 개혁가? 종교 교사? 타락한 죄인? 의인? 혁명가? 구속자?

히브리 유니언 대학의 2대 총장인 카우프만 코흘러 교수(Prof. Kaufman Kohler)는 1893년 의회에서 다음과 같은 말을 했다.

> 어떤 윤리 체계나 종교적 교리 문답도, 그것이 아무리 폭넓고 순수하더라도, 하늘과 땅 가운데에, 하나님과 사람에게 동일하게 가까운 곳에 서 있는, 다른 어떤 이들과도 다른, 이 위대한 인물의 능력에 비할 수 없다…
>
> 가난한 자들을 돕는 이요, 죄인들의 친구요, 모든 같은 고통을 겪는 자들의 형제요, 모든 슬픔이 가득한 자들의 위로자요, 병든 자들의 치료자요, 넘어진 자들을 일으켜 세우는 자요, 인류를 사랑하는 자요, 여인들의 구속자인 예수는 사람들의 마음을 사로잡았다. 사람들 중에 가장 온유한 자이며, 멸시 받는 민족인 유대인들 가운데 가장 멸시 받은 자인 예수는 세상의 보좌에 올라 이 땅의 큰 왕이 되었다.[70]

---

68. Stephen Wise, John Fischer, "Jesus Through Jewish Eyes," Menorah Ministries, https://web.archive.org/web/20120205203342/http://www.menorahministries.com/Scriptorium/JesusThruJewishEyes.htm (2012년 2월 21일 접속. 원래의 링크로 접속이 되지 않아 대체 링크로 수정했다 - 역자 주)에 인용되었다.

69. Dan Cohn-Sherbok, Barker and Gregg, *Jesus Beyond Christianity*, 72에 인용되었다. (인용문 전체의 내용은 이렇다. "예수님은 히브리 성경의 선지자들처럼 이스라엘의 양심으로 볼 수 있다.")

70. Jakob Jocz, *The Jewish People and Jesus Christ* (London: SPCK, 1962)에서 인용되었고, John Fischer, "Jesus Through Jewish Eyes"에서 언급되었다.

코흘러는 올바른 길로 가고 있는 것인가? 예수-예슈아에게 코흘러가 이해한 것 이상의 무언가가 있을 수 있는가?

알버트 아인슈타인도 예수라는 인물에게 마음을 빼앗겼다. 그는 1929년 The Saturday Evening Post와의 인터뷰에서 이렇게 말했다. "어렸을 때 나는 성경과 탈무드에서 교훈을 얻었다. 나는 유대인이었지만, 그 나사렛 사람의 빛나는 모습에 내 마음을 빼앗겼다… 예수는 너무나 엄청난 인물이라서 그 표현이 아무리 기교가 뛰어나더라도 미사 여구를 늘어놓는 사람들의 펜으로는 표현할 수 없다."[71]

아인슈타인이 예수의 역사적 존재를 믿느냐는 질문을 받자 그는 이렇게 대답했다. "복음서를 읽으며 예수의 실제적 존재를 느끼지 못하는 사람은 아무도 없을 것이다. 모든 단어 속에 그의 존재가 살아 움직이고 있다. 어떤 신화도 이처럼 생명이 충만한 것은 없다."[72]

유명한 유대인 철학가인 마르틴 부버는 이런 글을 썼다.

나는 어린 시절부터 줄곧 예수님을 나의 멋진 형으로 생각했다. 기독교가 그를 하나님과 구세주로 여겨 왔고, 지금도 그렇게 여기고 있는 것은 나에게 가장 중요한 사실이었고, 나는 그와 나 자신을 위하여 그것을 이해하려고 노력해야 했다… 이스라엘의 믿음의 역사 속에서 그는 중요한 위치를 차지하고 있으며, 이것은 어떤 일반적인 범주로도 설명할 수 없다는 것을 나는 그 어느

---

71. Viereck, "What Life Means to Einstein."
72. 위의 책. 그가 예수님의 역사적 존재성을 받아들였는가에 대한 전체적인 답변은 이것이다. "확실히 그렇다. 복음서를 읽으며 예수의 실제적 존재를 느끼지 못하는 사람은 아무도 없을 것이다. 모든 단어 속에 그의 존재가 살아 움직이고 있다. 어떤 신화도 이처럼 생명이 충만한 것은 없다. 예를 들면, 테세우스와 같은 고대 전설 속의 영웅의 이야기를 들을 때 우리가 받는 감동은 색다르다. 그러나 테세우스나 다른 영웅들에게 예수님의 실재적인 생동력과 같은 것은 없다."

때보다 더 확신한다.⁷³

이런 관점에서 부버는 이렇게 말했다. "우리는 예수의 메시아 운동에 대하여 품고 있는 우리의 미신적인 두려움을 반드시 극복해야 한다. 그리고 우리는 이 운동을 원래 있던 곳, 즉 유대교의 영적인 역사 속에 두어야 한다."⁷⁴

우리가 돌아가야 할 곳은 바로 그 영적 역사다. 이 여정을 계속해서 나아갈 준비가 되었는가?

---

73. Martin Buber, *Two Types of Faith* (New York: Harper, 1961), 12-13, cited also by Fischer, "Jesus Through Jewish Eyes."

74. Martin Buber, "Three Talks on Judaism," Paul Levertoff가 번역한 글이 "Jewish Opinions About Jesus" *Der Weg* 7, no. 1 (January-February, 1933), 8에 나온다. Buber가 한 말은 메시아닉 유대인들의 모임에서 유명하게 되어 그들의 웹사이트에 자주 인용되었다.

3

그 누구와도 다른 랍비

율리우스 벨하우젠(1844-1918)은 고대 유대교를 거의 지지하지 않는 독일의 성경 비평가이다. 그러나 오랜 기간 동안 많은 유대교 지도자들이 그의 예수님에 대한 깨달음들을 인용했다. "예수님은 기독교인이 아니었다. 그는 유대인이었다. 그는 새로운 믿음을 전한 것이 아니라, 사람들에게 하나님의 뜻을 행하라고 가르치셨다. 그와 유대인들의 생각에 하나님의 뜻은 모세의 율법과 성경의 다른 책들에서 찾아야 하는 것이었다."[1]

예수님이 기독교인이 아니라 유대인이라니? 유대인 역사가로서 유대인 신학교, 하버드 대학교, 브라운 대학교에서 가르쳤던 샤예 I. D. 코헨 교수(Prof. Shaye I. D. Cohen)는 예수님이 얼마나 유대적이셨는지를 우리에게 가르쳐 주고 있다.

예수는 유대인이었는가? 당연히 예수는 유대인이었다. 그는 세상에서 유대인들의 땅인 갈릴리에서 유대인 어머니로부터 태어났다. 그의 모든 친구들, 동료들, 제자들, 그들은 모두 유대인이었다. 그는 우리가 회당이라고 부르는 곳에서 유대인들과 함께 자주 예배를 드렸다. 그는 성경에 있는 유대인들의 글로 말씀을 선포했다. 그는 유대인들의 절기를 지켰다. 그는 한 사람의 유대인으로서 태어나, 살고, 죽고, 가르쳤다.[2]

---

1. Julius Wellhausen, *Einleitung in die drei ersten Evangelien* (Berlin: n.p., 1905), 113. 그가 독일어로 쓴 원문을 영어로 번역한 다양한 자료들이 있는데, 이것은 표준적인 번역이다.
2. Jonathan Bernis, *A Rabbi Looks at Jesus of Nazareth* (Bloomington, MN: Chosen, 2011), 34에 인용. Bernis는 전통 유대 랍비가 아니라 메시아를 믿는 유대인 모임의 지도자다.

요셉 클라우스너 교수에 의하면 예수님은

…율법을 지키는 유대인처럼 예법을 지켰다. 그는 옷에 "술"[3]을 달았다. 그는 무교절을 지키기 위하여 예루살렘으로 올라가서, "세데르"(전통 유월절 만찬)에 참여하고, 빵과 무교병을 축복하고 그것들을 떼며 포도주에 축복을 선포했다. 그는 하로셋[4]에 갖가지 향신료를 담그고, 포도주 "네 잔"(유월절 만찬을 말한다)을 마시고 할렐(시편에 기초한 기도)[5]로 마무리했다.

예수님이 "기독교인"(Christian, 그리스도인)이 아니라는 것과 관련하여, 이 단어는 예수님이 돌아가신 후 10년이 지날 때까지도 아직 만들어지지 않았다. 이 단어는 신약에서 오직 세 번(행 11:26; 26:28; 벧전 4:16) 등장하며, 2세기까지 예수님을 믿는 자들을 가리키는 용어로 많이 사용되지 않았다. 우리가 아는 바로는, "그리스도인"은 아마도 조롱하는 표현으로[6] 외부 사람들이 만든

---

3. 예슈아께서 토라가 명령한(민 15:38-39; 신 22:12를 보라. 슥 8:23도 참조하라) 겉옷의 네 귀에 옷술이 달린 옷을 입으시는 것과 관련해서, CJB나 ESV 역본과 같은 성경의 마 9:20; 14:36을 보라. 헬라어 '크라스페돈'을 "옷단"으로 번역한 다른 역본들(예를 들면, KJV와 NIV 성경)의 번역은 정확하지 않다. 더 자세한 설명은 Michael L. Brown, *60 Questions Christians Ask About Jewish Beliefs and Practices* (Bloomington, MN: Chosen, 2011), 88-92을 보라.

4. Dictionary.com에는 이렇게 정의되어 있다. "잘게 썬 견과류와 사과와 포도주와 향신료를 섞은 것으로 유월절 세데르 만찬에서 먹는다. 전통적으로 이스라엘 사람들이 이집트에서 노예 생활을 할 때 사용한 모르타르를 상징한다."

5. Klausner, *Jesus of Nazareth*, 364. Klausner에 의하면 (page 414), "예수는 기독교인이었던 것이 아니라, 기독교인이 된 것이다"(414쪽).

6. 헬라어에서 히브리어 "메시아"에 해당되는 단어인 크리스토스에 근거한 것. 처음 믿은 사람들(안디옥의 유대인 및 이방인 신자들을 포함하여; 행 11:26)이 "메시아닉"(Messianics)으로 불렸다고 할 수 있지만, 그것이 이 용어를 만든 사람들이 "그리스도"가 "메시아"를 의미한다는 것을 알았다는 뜻은 아니며, 그랬을 것 같지는 않다. 사람들은 "그리스도"(헬라어로 크리스토스)를 크레스토스나 다른 비슷한 단어로 오인해서, 고유 명사나 "유용하다"는 뜻의 헬라어와 관련된 단어로 생각했던 것으로 보인다. 어떤 경

것이며, 마호메트를 믿는 사람들을 "마호메트인"(Muhammadites)이라고 부르는 것과 같다.

분명 예수님은 기독교인이 아니라 유대인이셨다. 그러나 그분은 그 이상이셨다. 주님은 또한 랍비셨다(정확히 말하면, 오늘날 회당의 랍비와는 다르다).

물론 이것은 많은 사람들에게 상식이지만, 그렇지 않은 사람들에게는 매우 놀라운 일이다. 전통적인 생각은 이렇다. '**유대교**의 종교 지도자는 랍비라고 부르지만, **기독교**의 종교 지도자는 목사라고 부른다. 예수님은 기독교를 만드신 분이기 때문에, 그의 제자들은 주님을 그리스도 목사님과 같은 식으로 목사라고 불렀을 것이다.'

이것은 모두가 유대인이었던 예수님의 처음 제자들에게 확실히 신기한 일이었을 것이다. 그들은 평생 "기독교"에 대하여 들어보지 못했다. 그리고 예슈아의 처음 제자들은 일요일에 교회로 간 것이 아니라 토요일에 회당으로 갔고, 크리스마스가 아니라 하누카(수전절)를 지켰으며(생각해 보니 그들은 크리스마스도 들어보지 못했다), 유명한 교사는 경의와 존경을 담은 호칭으로 랍비라 불렸다.[7]

당신은 이것이 혼란스러운가? 내가 두 종교를 섞어서 말하거나 기독교가 존재하지 않았다거나 또는 그것이 사실은 유대교라고 말하는 것처럼 들리는가? 그렇다면 이제 신약성경을 살펴보고 그들이 어떻게 불렀는지 알아보자.

우든지, 그것은 "메시아"의 개념을 모르는 외부 사람들에게 아무런 의미가 없었다. 사람들의 눈에 보인 것은 이 사람들이 "그리스도"라는 이름의 어떤 인물에 대하여 열심이었다는 것이고, 그래서 그들이 "그리스도인"이 된 것이었다. 더 자세한 내용은 Darrell L. Bock, *Acts*, Baker Exegetical Commentary on the New Testament (Grand Rapids, MI: Baker Academic, 2007), 416을 보라.

7. 정식으로 랍비로 임명 받는 일은 예슈아의 죽음 이후 한 세대가 지날 때까지는 없었다. 더 자세한 내용은 H. Shanks, "Is the Title 'Rabbi' Anachronistic in the Gospels?" *Jewish Quarterly Review* 53 (1962-63): 337-345을 보라.

1세기의 랍비

어느 날 밤에 유대교의 존경 받는 지도자가 예슈아와 이야기하려고 왔다. 그는 주님께 질문하러 온 것을 사람들에게 보이고 싶지 않았다. "바리새인 중에 니고데모(히브리어로 나크디몬)라 하는 사람이 있으니 유대교의 지도자이다. 그가 밤에 예수께 와서 말했다. '랍비여, 우리는 당신이 하나님께로부터 오신 선생인 줄 압니다. 이는 하나님이 함께 하지 아니하시면 당신이 행하는 이 표적을 아무도 할 수 없기 때문입니다'"(요 3:1-2, ESV).[8]

유대교의 지도자, 그것도 바리새인이 예수님을 능력 있는 선생, 하나님이 보내신 사람으로 인정하고, 그를 랍비라 불렀다. 이 호칭은 신약성경에서 예수님에게 총 13번 사용되었다(선생이라는 호칭은 더 많이 사용되었다).[9] 이것은 우리에게 매우 중요한 사실을 말해 준다. **우리가 예수님을 1세기 유대 랍비로 인정하지 않는 한 우리는 예수-예슈아가 어떤 분인지 이해할 수 없다.** 나는 이와 같은 의견을 갖는 유대교 및 기독교 학자들이 쓴 책과 글들을 작은 산만큼 많이 인용할 수 있다. 그리고 이것은 랍비 쉬물리 보테크가 쓴 『코셔 예수』의 기본 전제이기도 하다.[10]

예수님이 랍비셨다면, 1세기에 랍비는 어떤 사람이었는가?

---

8. 비판자들은 요한복음이 신약성경에 나오는 예수님의 이야기를 상당히 "기독교화"한 것이라고 생각했지만, 예수님은 요한복음에서 랍비라 불리셨다.

9. "랍비"라 불리신 말씀은 마 26:25, 49; 막 9:5; 10:51; 11:21; 14:45; 요 1:38, 49; 3:2; 4:31; 6:25; 9:2; 11:8을 보라.

10. Boteach, *Kosher Jesus*, x. 그러나 Shmuley의 설명에는 일부 시대착오적인 부분이 있다. 두 가지만 예를 들면, 예수님께서 "머리 덮개를 쓰셨다"고 했는데 그 시대에는 그런 관습이 없었을 것이다. 또 예수님의 시대에는 코셔 율법이 수백 년 후에 있었던 형태로 존재하지 않았던 것이 확실하다.

1세기의 랍비는 제자들(또는 학생들; 히브리어로 탈미딤)의 무리를 거느렸다

미쉬나(Mishnah, 유대교 율법 전승 모음집으로, 유대교의 핵심 문헌인 탈무드의 기초가 되는 자료)의 가장 유명한 격언 중 하나는 "많은 제자를 만들라"(m. Pirke Avot, 1:1)는 격려다. 이것은 예수님이 확실한 목적을 가지고 행하신 것으로 주님은 제자가 될 사람들에게 "나를 따르라!"고 말씀하셨다.[11] 이와 관련하여 데이빗 스턴은 이렇게 말했다.

예슈아처럼 돌아다니는 교사들이나 한 곳에 자리를 잡은 교사들은 마음을 다하여 스승에게 헌신하는 (오늘날 일부 사이비 종교처럼 아무 생각 없이 하는 것과는 다른) 제자들을 모았다. 그 관계의 본질은 삶의 모든 영역에서의 신뢰였고, 그것의 목표는 탈미드(제자)를 지식과 지혜와 윤리적인 행동에 있어서 그의 랍비와 같은 사람으로 만드는 것이었다.[12]

이것은 예수님이 말씀하신 것과 같다. "제자가 그 선생보다, 또는 종이 그 주인보다 높지 못하다. 제자가 그 선생과 같고 종이 그 주인과 같으면 충분하다"(마 10:24-25). 복음서에서 예슈아의 제자들(탈미딤)을 이백 번 넘게 언급하고 있고, 주님이 열한 명의 핵심 제자들에게 맡기신 일이 "가서 모든 민족 가운데 사람들을 탈미딤으로 만들라"(마 28:19, CJB 성경)는 것은 놀라운 일이다.

---

11. 예를 들면, 마 4:19; 8:22; 9:9; 10:38; 16:24; 19:21을 보라. 또 Lachs, *Rabbinic Commentary on the New Testament*, 66을 참조하라.

12. David H. Stern, *Jewish New Testament Commentary* (n.p.: Messianic Jewish Resources International, 1992), 23, s.v. "Matt. 5:1."

1세기 랍비는 제자들에게 하나님의 말씀을 가르치고 자신의 해석을 말했다

마태는 예슈아의 사역 방식을 다음과 같은 순서로 세 개의 단어로 요약했다: 가르침, 선포, 치유. "예수께서 모든 도시와 마을에 두루 다니시며, 그들의 회당에서 가르치시고, 천국 복음을 전파하시며, 모든 병과 모든 약한 것을 고치셨다"(마 9:35; 4:23도 보라; 이 장의 뒤에서 주님의 치유 사역에 대하여 이야기할 것이다).

시내 산에서 토라가 주어지는 것과 확실하게 병행을 이루는 장면에서, 예수님은 그분의 가장 유명한 가르침 중 하나를 전하실 때 "산 중턱에 올라가 앉으셨다. 그의 제자들이 그에게 오자, 주님은 그들에게 가르치기 시작하셨다"(마 5:1-2). 주님께서 그날 산에서 전하신 가르침(마태복음 5-7장에 나오는 "산상수훈")과 관련하여, 책의 처음부터 끝까지 그 가르침과 유대적 사고의 연관성에 관하여 설명하는 책들이 나왔다.13

게자 버메쉬 교수는 이렇게 지적했다. "성경은 신구약 중간시대(대략 기원전 200년부터 기원후 200년까지)에 유대인들의 종교 및 문학적 창의력에 근본적인 역할을 했는데, 예수의 활동은 거의 정확하게 그 중간에 위치한다." 그래서 버메쉬는 이렇게 말했다. "유대교의 선생들은 그들의 가르침과 해석에 있어서 성경, 즉 그들의 성서를 단순하면서도 복잡한 방법으로 사용했다."

버메쉬는 성서 해석의 다섯 가지 주요 유형이 그 시대 유대 문헌 전반에

---

13. 예를 들면, Gerald Friedlander, *The Jewish Sources of the Sermon on the Mount*를 보라. Montefiore, Synoptic Gospels, to Matthew 5-7에 나오는 자세한 논의도 주목하라; 더 최근의 자료로는 Herbert Basser, *The Mind Behind the Gospels: A Commentary on Matthew 1-14* (Boston: Academic Studies Press, 2009), 110-206을 보라. 랍비적 배경이 존재할 가능성이 있다는 더 많은 논의에 대해서는 Robert A. Guelich, *The Sermon on the Mount: A Foundation for Understanding* (Waco, TX: The W Publishing Group, 1982)을 보라; 타나크에서 유사한 내용을 살핀 간략한 내용은 Boteach, *Kosher Jesus*, 106-107을 보라. 메시아닉 유대인의 관점에서 본 간략한 내용으로 Stern, *Jewish New Testament Commentary*, 23-34을 보라.

걸쳐 발견된다고 설명하면서, 단 하나의 예외로 "이 모든 해석 방법이 공관복음서에서 증거로 발견되었으며" 예수님도 히브리 성경을 40번 이상 인용했다는 것을 언급했다.[14] 이것이 바로 그 시대의 랍비/교사의 방식이며, 예슈아께서 가르치는 방법 중 많은 것들이 유대교 성경 해석의 주요 범주들과 일치하고 있다.

주님은 또한 비유들을 많이 사용하셨는데, 후대 랍비들도 이것을 매우 중요한 문학 형식으로 여겼다. 미드라쉬에는 다음과 같이 기록되었다. "우리의 랍비들이 말하기를, 너희는 비유를 가볍게 여기지 말라. 이는 사람이 비유를 통하여 토라의 말씀들을 온전히 알 수 있기 때문이라 하였다"(아가서 랍바 1:1, 8-9). 히브리 대학의 데이빗 플루서의 제자인 브래드 영 교수는 책 한 권 전체를 『예수님과 그의 유대적인 비유들』에 관하여 썼는데,[15] 그는 그 비유들을 후대 랍비 문헌에서 광범위하게 발견되는 비유들과 비교했다. 클라우스너는 "그의 잠언들의 통찰력과 예리함"에 대하여 말하면서 "그의 강력한 격언들은 많은 사람들이 윤리적 개념들을 이해하는데 매우 훌륭한 역할을 했다"고 지적했다.[16]

오늘날까지도 어린 아이들은 예수님의 비유들을 재미있어 하고, 훌륭한 학자들은 그 뜻의 심오함을 밝히려고 노력하고 있다. 주님은 이렇게 가르치셨다. "천국은 마치 여자가 가져다가 반죽이 전부 부풀 때까지 많은 밀가루 속에 넣어 섞은 누룩과 같다"(마 13:33). 당신은 랍비 예슈아가 말한 것의 의미를 이해했는가?[17]

14. Vermes, *The Authentic Gospel of Jesus*, 173-174.

15. Brad H. Young, *Jesus and His Jewish Parables: Rediscovering the Roots of Jesus' Teaching* (New York/Mahwah: Paulist Press, 1989); R. Steven Notley and Ze'ev Safrai, *Parables of the Sages: Jewish Wisdom From Jesus to Rav Ashi* (Jerusalem: Carta, 2011).

16. Klausner, *Jesus of Nazareth*, 414; Vermes, *The Authentic Gospel of Jesus*, 114-172도 보라.

17. 앞에 나오는 구절들도 관련이 있다. "천국은 마치 사람이 가져다가 자기 밭에 심은 겨자씨와 같다. 그것은 비록 너희 모든 씨 중에서 가장 작지만, 그것이 자라면 뜰의 식물

1세기 랍비는 자기 제자들이 경건하고 헌신적인 행위를 하도록 격려했다

이 예수님은 꾸준히 그들에게 기도하는 방법을 알려 주고, 은밀히 구제하도록 격려하며, 가난한 자들과 나그네들을 돌볼 것을 계속해서 말씀하셨다.[18] 이런 맥락에서 그 유명한 선한 사마리아인의 비유가 나온 것이다.

어떤 율법 전문가가 예수님께 영생을 얻기 위하여 무엇을 해야하는지를 물었다. 예수님은 그에게 마음과 목숨과 힘을 다하여 주 하나님을 사랑하고, 이웃을 자신과 같이 사랑하라고 말씀하셨다. (예수님은 가장 큰 두 계명을 강조하여 이렇게 말씀하심으로 유대교의 주류 사상을 재차 인정하셨다.) "그러나 그(율법 전문가)가 자기를 옳게 보이려고 예수께 물었다. '그러면 내 이웃은 누구입니까?'"(눅 10:29). 아마도 그는 속으로 '오직 유대인만이 내 이웃이다!'라고 생각했을 것이다.[19]

가운데 가장 커지고 나무가 되어 공중의 새들이 와서 그 가지에 앉아 쉰다"(마 13:31-32). *New Bible Commentary*는 이렇게 설명했다. "겨자씨와 누룩은 작은 시작에 대한 비유다. **겨자씨**는 아주 작은 것으로 잘 알려졌으나(마 17:20 참조), 다 자란 나무는 3미터 정도 된다. 한 줌의 **누룩**은 **많은 양**(직역하면, '세 더미'로, 100인분의 빵을 만들기에 충분한 양)의 밀가루에 고루 퍼진다. 즉 하나님의 일, **하나님의 나라**는 처음에는 평범해 보이지만, 겉으로 보이는 것이 전부가 아니다. 그것은 마지막에는 누구도 무시할 수 없게 될 것이다. 그동안 제자들은 반드시 인내해야 한다. 사람의 평가는 중요한 것을 놓치게 된다. 하나님께서 일하시면 작은 것은 큰 것이 된다." [D. A. Carson, ed., *New Bible Commentary: 21st Century Edition* (4th ed.; Downers Grove, IL: InterVarsity Press, 1994).]

18. 예를 들면, 마 25:31-46; 눅 14:12-14을 보라.

19. Craig S. Keener는 *The IVP Bible Background Commentary: New Testament* (Downers Grove, IL: InterVarsity Press, 1993)의 눅 10:29에 대한 주석에서 이렇게 말했다. "유대교의 선생들은 '이웃'을 '동료 이스라엘인들'의 의미로 자주 사용했다. 레 19:18의 바로 인접한 구절들을 보면 확실히 '동료 이스라엘인들'을 의미하지만, 더 넓은 문맥을 보면 이 원리는 그 땅에 사는 이스라엘 이외의 사람들에게도 적용된다(19:34)." John Nolland의 눅 9:21-18:34에 대한 주석(Word Biblical Commentary; Dallas: Word, 2002), 584에 의하면, "일부 유대인들의 글에서는 더 관대한 정서가 있지만(예를 들면 Ep. Arist. 228; T. Zeb 5:1), 더 전형적으로 보이는 것은, 자기 집단이나 하나님에 대한 신의의 의미는 이웃 사랑의

그러자 예수님은 한 유대인에 관한 비유를 말씀하셨다. 그는 강도를 만나서, 맞고, 벌거벗겨지고, 길 가에서 죽게 버려졌으나, 그의 공동체에서 가장 경건해야 할 두 유대인(제사장과 레위인)은 그를 지나가며 못 본 체했다. 길을 가다가 멈춰서 자기 비용을 들이면서까지 그 사람을 돌본 사람은 많은 유대인들이 혼혈인이라 여기며 멸시하는 사마리아인이었다. (이것은 그들이 스스로 민족적으로 우월하다는 생각을 공격하는 충격적이고 자존심을 무너뜨리는 이야기였다.)

그리고 나서 예슈아는 그에게 물으셨다. "'네 생각에 이 세 사람 중에 누가 강도들을 만난 자의 이웃이냐?' 그 율법 전문가가 대답했다. '그에게 자비를 베푼 사람입니다.' 예수께서 그에게 말씀하셨다. '가서 이와 같이 행하라'"(눅 10:36-37).

놀라운 결말이 아닌가! "너는 가서 이웃이 되어라. 너의 이기적이고, 편협한 율법 지식과, 자신을 합리화하는 관점은 토라가 의도하는 것과 정반대되는 것이다."

이것이 예수님께서 자주 사용하시는 가르침의 방식이다. 그 가르침은 예상치 못한 관점에서 접근하고, 생생한 예를 들며, 양심을 자극하고, 언제나 가난한 자들과 억압받는 자들을 돕는 실제적인 행동을 요구한다. 그는 최고의 랍비/선생이었다!

범위라는 확실한 경계 안에서 나타난다. (쿰란의 언약 공동체는 '빛의 아들들을 사랑하고… 어둠의 아들들을 미워하라'는 계명이 있었다[1QS 1:9-10; cf. 2:24; 5:25; 1QM 1:1].) … 예수님의 행하심과 가르치심은 이웃 사랑의 경계를 완전히 무너뜨리는 역할을 했다." 위의 책, 592에 나오는 다음의 내용도 읽어보라. "이웃 사랑의 범위에 대한 질문과 관련하여, 27절을 보라. 질문 자체가 이웃 사랑의 제한된 범위를 가정하고 있다(집회서 12:1-4을 참조하라: '네가 선을 행할 때, 누구에게 선을 행하는지를 알라… 그리고 죄인을 돕지 말라')."

1세기 랍비는 율법과 관련된 판결을 하거나 분쟁을 해결했다

모든 랍비들이 이런 일을 하지는 않았지만, 예슈아께서 유명하셨기 때문에 다양한 유대인 무리가 주님께 가서 그의 율법적 견해를 묻는 일이 많았을 것이고, 때로는 그의 말을 책잡으려 했을 것이다. 한번은 "어떤 바리새인들이 그분을 시험하려고 왔다. 그들이 물었다. '남자가 어떤 이유에서든지 그의 아내와 이혼하는 것이 율법에 맞습니까?'"(마 19:3).

이 질문이 이상해 보이지 않는가? 사람이 "어떤 이유에서든지 그의 아내와 이혼하는 것"이 적법한지에 대하여 궁금해 할 사람이 있겠는가?

사실 그 시대에는 힐렐 학파와 샴마이 학파라는 바리새인들의 커다란 두 세력 사이에 논쟁이 있었는데 미쉬나는 다음과 같이 기록했다.[20]

> 샴마이 학파가 말했다. "남자는 오직 음행으로 인한 이혼의 사유를 발견한 경우에만 그의 아내와 이혼해야 한다. 이는 **그가 어떤 일이든지 그녀에게서 수치를 발견하였기 때문이라**(신 24:1)고 기록되었기 때문이다. 힐렐 학파가 말했다. "그녀가 남편의 요리를 망친 경우라도 (이혼할 수 있다 - 역자 주), 이는 **그가 어떤 일이든지 그녀에게서 수치를 발견하였기 때문이라**고 기록되었기 때문이다." 랍비 아키바가 말했다. "그가 아내보다 더 예쁜 여자를 발견한 경우라도 (이혼할 수 있다 - 역자 주), 이는 **그가 그녀를 보고 마음에 들지 않으면 그렇게 될**(내보낼 - 역자 주) **것이다**(신 24:1)라고 기록되었기 때문이다."[21]

---

20. m. Gittin 9:10; 다음의 자료들도 보라. b. Gittin 90a; m. Ketubot 7:6; m. Nedarim 11:12; b. Sanhedrin 22a.

21. Jacob Neusner, *The Mishnah: A New Translation* (New Haven: Yale University Press, 1988), 487, Neusner의 강조. 나는 여기서 그가 만든 매우 유용한 개요 형식을 제거했다. 만약 그것을 사용했다면, 잘 모르는 독자들은 그것이 원문의 일부라고 생각할 것이기 때문이다. 아래에서 그의 글을 다시 인용할 때는 원래의 형식을 사용했다.

이 바리새인들은 예수님이 어떤 입장이신지 알고자 했다. 대부분의 사람들은 샴마이 학파의 의견("남자는 오직 음행으로 인한 이혼의 사유를 발견한 경우에만 그의 아내와 이혼해야 한다")을 따랐는데, 주님의 대답은 더 나아가 "태초"부터 하나님이 뜻하신 바를 설명하고 있다.

> 주님께서 대답하셨다. "너희는 태초에 창조주께서 '그들을 남자와 여자로 만드시고' 말씀하시기를 '이런 이유로 남자가 그의 부모를 떠나 그의 아내와 연합하여, 둘이 한 육체가 될 것이다' 하신 것을 읽지 못하였느냐? 그러니 그들은 더 이상 둘이 아니라 하나. 그러므로 하나님께서 합하신 것을 사람이 나누지 않게 하라."
>
> —마태복음 19:4-6

그들이 모세가 토라에서 이혼에 관한 구체적인 명령을 준 것에 대하여 묻자, 예슈아께서 설명하셨다. "모세는 너희 마음이 완악하기 때문에 너희가 아내와 이혼하는 것을 허락하였다. 그러나 처음부터 그랬던 것은 아니다. 내가 너희에게 말하니 누구든지 음행 이외에 자기 아내와 이혼하고 다른 여자와 결혼하는 자는 간음을 행하는 것이다"(8-9절).

모세가 모든 사람이 결혼 서약을 충실히 지키지는 않을 것이라는 것을 알고, 그가 오직 사람의 죄악됨으로 인하여 이 율법을 주었다는 것을 예수님은 어떻게 아셨을까? 주님은 이런 지식을 어디서 얻으셨을까? 주님은 어떤 랍비셨는가?

여기서 우리는 지금까지 알게 된 것들 가운데 가장 중요한 것을 깨닫게 된다. 예수님이 랍비였다는 것은 전적으로 사실이다. 그러나 주님은 **1세기의 일반적인 랍비를 훨씬 넘어선 분이었다.** 사실, 예수님은 지금까지 존재했던 모든 랍비들보다도 더 뛰어나다고 확실히 말할 수 있다.

물론 나는 주님의 가르침이 고대의 다른 유대 현인들의 가르침과 비슷하다는 것이나, 주님의 말씀을 히브리어나 아람어로 재구성해야 가장 잘 이해할 수 있다는 것이나[22], 어떤 구절의 유대적 배경이 그것의 의미를 분명히 아는데 도움이 된다는 것을 보여주는 예들을 수백 쪽이나 나열할 수 있지만, 이것은 이미 다른 사람들이 설명한 것들이고, 우리가 이미 알고 있는 사실을 증명하는 것은 의미 없는 일이다.

그 시대에 일어났던 일부 종교적 논쟁의 배경을 제시하는 것 외에, 주님을 그 시대의 유대교 분파(주요 분파로 바리새파, 사두개파, 에세네파가 있다)[23] 중 하나로 분류하려는 시도는 그다지 의미 없는 일이다. 예를 들면, 마태복음(이것은 분명 유대인들을 염두에 두고 기록되었다)에서 바리새인들은 그 시대에 말씀을 가르치는 지도자들로 인정받았지만(마 23:1-3), 그들은 거의 항상 예슈아와 충돌하는 것으로 그려지고 있으며, 주님은 강한 말로 그들을 꾸짖으신다(특히 마 23:4-39).

어떤 학자들은 이것이 후대의 생각을 본문에 반영한 것이라고 여기며 이것을 반대하고, 그런 갈등은 일어나지 않았다고 주장한다. 이것은 랍비 쉬물리의 언급에도 나타난다. "만약 예수가 그러한 신실한 바리새인이자 랍비였

---

22. 주님의 말씀은 그 시대에 세계에서 가장 널리 사용된 언어인 헬라어로 보존되었다. 그렇지만 신약성경의 일부분은 원래 히브리어나 아람어로 기록되었을 가능성이 있다. 이것에 대한 논의와 분석은 Michael L. Brown, "Recovering the Inspired Text? An Assessment of the Work of the Jerusalem School in the Light of *Understanding the Difficult Words of Jesus*," *Mishkan* 17/18 (1992): 38-64을 보라. "The Issue of the Inspired Text: A Rejoinder to David Bivin," *Mishkan* 20 (1994), 53-63에서 나는 히브리어 또는 아람어 원문을 재구성하려는 시도와 관련된 연구들을 언급했다.

23. 유대교의 세 교파의 특징에 대하여 설명하는 책들은 많이 있다. 현재의 학자들의 견해를 잘 보여주는 예로, *The Eerdmans Dictionary of Early Judaism*을 보라. 다양한 일류 학자들의 심도 있는 논의에 대해서는 Jacob Neusner, Alan Avery-Peck, and Bruce Chilton, eds., *Judaism in Late Antiquity*, three vols. (Leiden and Boston: Brill Academic Publishers, 2001)을 보라.

다면, 유대인들이 그의 죽음을 바랄 이유가 무엇인가? 사실 그들은 그것을 원하지 않았다. **그 랍비들은 예수님과 전혀 문제가 없었다.**"[24]

그런데 다른 학자들은 그런 강한 갈등이 생긴 이유가 바로 **예수님이 바리새인이었기 때문**이라고 했다! 즉, 그것은 내부적인 언쟁이나 가족간의 의견 차이였던 것이다. 이것은 예수님이 결코 바리새인이 아니고, 바리새인들은 외부인들, 적대 세력, 엄청난 위선자들이라고 보는, 기독교인들이 복음서를 이해하는 전통적 견해와는 정반대인 것이다. (클라우스너는 예수님이 바리새인이 아니었다고 생각하는 다수의 유대인 학자들 중 하나다.[25])

다른 학자들은 예수님과 (오늘날 사해문서와 관련하여 알려진) 에세네파가 관련이 있었을 것이라는 점을 지적했고, 또 다른 학자들은 예수님을 오직 기록된 성경의 권위만을 받아들이고 구전 전승의 권위를 거부한 카라이파의 원형적 인물로 만들었다. 이 이론들은 예슈아와 종교 지도자들 사이에 있었던 일부 갈등들을 해명하려고 하기도 했다. 데이빗 플루서 교수는 또 다른 관점에서 이렇게 말했다. "그 시대에 영향력 있는 경건한 사람과 바리새파 지배층 사이의 긴장 상태는 당연한 것이었다."[26]

예수님은 분명히 바리새인들의 많은 전통들(회당에 참석하는 것 등)을 받아들이셨지만,[27] 한편으로는 그 전통들에 대하여 이견을 제시하셨다(예를 들면,

---

24. Boteach, *Kosher Jesus*, 110.
25. Klausner, *Jesus of Nazareth*을 보라. 약 100여 년 전에 Abraham Geiger는 예수님이 바리새인이었다고 했지만(2장을 보라), 그 시대에 이것은 유대 학자들 사이에서 확실히 소수의 관점이었고, 오늘날에도 지배적인 관점이라고 말하기는 힘들다. "예수님은 바리새인이었다"는 주장은 그 시대에 바리새인이라는 것이 정확히 무엇을 의미하는가라는 질문을 포함하여 많은 논쟁을 일으켰다고 말하는 것으로 충분할 것이다. 그렇지만 예슈아께서 바리새인이었고 그런 생각이 전혀 문제가 되지 않는다고 여기는 메시아닉 유대인들이 많이 있다. John Fischer, "Jesus Through Jewish Eyes"를 보라.
26. Flusser, *The Sage From Galilee*, 99-100.
27. Fischer, "Jesus Through Jewish Eyes." 다른 관점으로는 예를 들면 Arnold G. Fruchtenbaum, *Jesus Was a Jew* (San Antonio: Ariel Ministries, 2010)를 보라.

마 15:1-20; 막 7:1-19, 이후에 더 자세히 논의할 것이다). 동시에 주님은 사두개인들의 핵심 교리들을 확실히 거부하셨다(그들은 장래에 있을 죽은 자들의 부활을 부정했다. 그러나 예수님은 확실하게 인정하셨다).[28]

반복해서 말하지만, 우리가 예수님을 단순히 1세기 랍비로서 이해하려는 것에만 집중한다면, 우리는 중요한 것을 놓치고, 우리가 찾고 있던 큰 질문들에 대한 해답을 찾지 못할 것이다.

주님께서 역사상 가장 영향력 있는 유대인인 이유는 무엇인가? 오늘날 20억 이상의 사람들이 그분을 평범한 인간 이상으로 보는 이유는 무엇인가? 그들이 힐렐이나 아키바가 아니라 **특별히 이 랍비**의 말씀을 읽는 이유는 무엇인가?

35억이 넘는(무슬림들과 기독교인들을 합해서) 사람들이 그분을 선지자로 믿는 이유는 무엇인가? 그리고 전 세계에서 20만 명 이상의 유대인들이 그를 이스라엘의 메시아로 믿는 이유는 무엇인가?

랍비 그리고 그 이상

우리가 예수님을 이해할 때, 첫째는 유대인으로서, 둘째는 유대인 랍비로서 이해하지 않으면 우리는 주님을 제대로 이해할 수 없다는 것을 확인했다. 그러나 이제 우리는 한걸음 더 나아가야 한다. **우리가 예수님을 다른 어떤 랍비들과도 다른, 랍비이면서 그것을 훨씬 넘어서는 분이라는 것을 이해해야만 주님을 바로 이해할 수 있다.**

예슈아가 다른 모든 랍비들과 구별되는 점은 다음과 같다. 이것을 통해서 주님에 대한 더 깊은 안목을 얻게 될 것이다.

Fruchtenbaum은 존경 받는 메시아닉 유대인 학자다.
28. 위의 각주 23을 보라.

랍비 예수는 소외되고 빼앗긴 자들에게 손을 내미셨다

주님은 사람들 앞에서 "죄인들"(창녀들과 악명 높고 부패한 세리들을 포함하여)과 함께 하신 일로 다른 종교 지도자들로부터 많은 비난을 받으셨다. 이 얼마나 부끄러운 일인가! 그러나 이것은 주님의 사역에서 필수적인 것이었다.

> 예수께서 마태의 집에서 식사하실 때에, 많은 세리와 "죄인들"이 와서 그와 그의 제자들과 함께 먹었다. 바리새인들이 이것을 보자, 그들이 그의 제자들에게 물었다. "너희 선생은 어째서 세리들과 '죄인들'과 함께 음식을 먹느냐?" 예수께서 이것을 들으시고 말씀하셨다. "의사가 필요한 자들은 건강한 자들이 아니라 병든 자들이다. '나는 제사가 아니라 자비를 원한다.' 가서 이것이 무슨 뜻인지 배우라. 나는 의인들을 부르러 온 것이 아니라 죄인들을 부르러 왔다."
>
> —마태복음 9:10-13

참으로 유별난 랍비다!

오늘날 "포용성"이 중요하다는 말을 자주 하지만, 사람들이 말하는 포용은 주로 "나를 있는 그대로 받아들이고 인정해 달라"는 뜻이다(나는 이것을 "긍정적 포용"이라고 부른다.) 예슈아는 이보다 훨씬 더 훌륭한 일을 하셨다. 주님이 하신 일을 나는 "변화적 포용"이라고 부른다. 주님은 사람들이 있는 곳으로 가서 그들을 만나고 그들을 변화시키셨다.

다음은 랍비 예수가 행하신 일의 전형적인 (그리고 놀라운) 그림이다. 잠시 시간을 내어 이것을 모두 읽어보라.

예수께서 여리고에 들어가 그곳을 지나가고 계셨다. 그곳에 삭개오라는 이름의 한 사람이 있었다. 그는 세리장이며 부자였다. 그가 예수가 어떤 사람인지 보고자 하였으나, 그는 키가 작아서 사람들의 무리로 인하여 볼 수 없었다. 그래서 그가 주님을 보려고 앞으로 달려가서 돌무화과나무에 올랐으니, 이는 예수께서 그 길로 오고 계셨기 때문이다.

예수께서 그곳에 이르러서 올려다보고 그에게 말씀하셨다. "삭개오야, 즉시 내려와라. 내가 오늘 네 집에 머물러야겠다." 그러자 그가 즉시 내려와서 기쁘게 주님을 맞이했다. 모든 사람들이 이것을 보고 중얼거리기 시작했다. "그가 '죄인'의 손님이 되려고 간다."

그러나 삭개오는 서서 주님께 말했다. "주님, 보십시오! 제가 지금 여기서 가난한 자들에게 저의 소유의 절반을 주고, 만일 제가 다른 사람의 어떤 것이라도 속여 빼앗은 것이 있으면, 그것의 네 배를 갚겠습니다."

예수께서 그에게 말씀하셨다. "오늘 구원이 이 집에 이르렀으니, 이 사람도 아브라함의 자손이기 때문이다. 인자는 잃어버린 것을 찾아 구원하러 왔다."

— 누가복음 19:1-10

놀라운 이야기다! 예수님은 먼저 이 사람의 이름을 부르시고 (주님은 어떻게 그의 이름을 아셨는가?) 이 유명한 죄인의 집에 식사를 하러 가셨다. 경건한 사람들은 이렇게 하지 않았을 것이다! 그런데 예수님께서 한 마디도 하시기 전에, 삭개오는 자신의 죄를 깨닫고 그것에 못 이겨 그 자리에서 회개하고 크게 갚을 것을 약속했다. 그러자 예수께서 말씀하셨다. "이것이 바로 내가 온 이유다! 나의 사명은 너와 같은 사람들에게 다가가는 것이다."

그리고 예수님은 매우 특이한 일을 하셨다. 주님은 자신의 사역에 여인들을 참여시키셨다.[29] 복음서는 심지어 이 여인들 중에 몇 사람이 죽은 자들 가

---

29. 예를 들면 눅 8:1-3을 보라. 더 자세한 내용은 Ben Witherington III, *Women in the*

운데서 부활하신 주님을 처음으로 본 사람들이라고 말한다.[30] 그러므로 예수님의 메시지가 고대 세계에 전파되면서, 특히 이방인들 사이에 전해지면서 많은 여인들이 주님의 말씀을 받아들였다는 것은 놀랄 일이 아니다. 이것 역시 그 사회에 강력한 변화를 일으켰다.[31]

이와 더불어 예슈아는 자신을 양들의 목자로, 그것도 아주 특이한 목자로 말씀하셨다. 어떤 일이 일어나더라도 누구도 주님의 귀한 양들을 그에게서 빼앗아 갈 수 없었다.

> 나는 선한 목자다. 선한 목자는 양들을 위하여 자기 목숨을 버린다. 고용된 자는 양들을 소유한 목자가 아니다. 그러므로 그가 늑대가 오는 것을 보면, 그는 양들을 버려두고 도망간다. 그러면 늑대가 양 떼를 공격하고 그것들을 흩어버린다. 나는 선한 목자다. 나는 내 양들을 알고 내 양들은 나를 안다…

Ministry of Jesus: A Study of Jesus' Attitudes to Women and Their Roles as Reflected in His Earthly Life, Society for New Testament Studies Monograph Series (New York: Cambridge University Press, 1984)를 참조하라.

30. 학자들은 이것을 "당혹성의 기준"이라고 부른다. 즉, 성경의 저자들이 그들의 지도자나 위대한 인물을 당혹스럽게 만들 수 있는 이야기를 (일부러) 만들어 내지는 않았을 것이기 때문에, 그런 이야기들이 저자들에 의하여 보존되었다는 것은 그 이야기들이 사실일 가능성이 높다는 것이다. 이것에 대하여 잘 알려진, 실제적인 예로 Norman L. Geisler and Frank Turek, *I Don't Have Enough Faith to Be an Atheist* (Wheaton: Crossway Books, 2004), 275-298을 보라.

31. Rodney Stark, *The Rise of Christianity: How the Obscure, Marginal, Jesus Movement Became the Dominant Religious Force* (New York: Harper Collins, 1997)을 보라. 그는 이렇게 썼다. "기독교가 여성을 더 호의적으로 보는 관점은 이혼과 근친상간과 배우자에 대한 부정과 일부다처제에 대한 부정적 시각에도 나타난다… 초기의 기독교인들은 이교도들과 마찬가지로 여자의 순결을 중요하게 여겼지만, 그들은 이교도들이 남자들에게 너무 많은 성적인 자유를 허락한 이중잣대는 거부했다… 기독교의 여성들은 과부가 되면, 많은 편의를 얻었다"(104). 그는 또 이런 말을 덧붙였다. "로마의 박해에 대한 자세한 연구를 통하여 기독교 교회 안에서 여성들이 권력과 지위를 갖고 있었다는 것이 알려졌다"(110).

> 내 양들은 나의 목소리를 듣는다. 나는 그들을 알고 그들은 나를 따른다. 내가 그들에게 영생을 주어서, 그들이 영원히 멸망하지 않을 것이다. 누구도 내 손에서 그들을 빼앗아 갈 수 없다.
>
> — 요한복음 10:11-14, 27-28

내가 예수님을 단순히 1세기 유대인 랍비로 볼 수 없다고 말한 이유를 알겠는가?

랍비 예수는 누구와도 비교할 수 없는 기적을 행하시는 분이었다

예수께서 행하신 기적 중 어떤 것들은 고대 이스라엘 역사 속에서 기적을 행한 사람들(엘리사 등)의 것과 비슷했기 때문에,[32] 주님은 성령의 권능을 받은 거룩한 사람들의 반열에 확실하게 들어가게 되었다. 몇몇 초기의 랍비들(특히 원을 그리는 자 호니와 하니나 벤 도사 등)[33]도 기적을 행했다는 것은 잘 알려진 사실이다. 그러나 예슈아가 행하신 기적들의 범위와 성격은 그들 모두보다 훨씬 뛰어났다. 그리고 이 기적 이야기들의 많은 곳에서 주님은 "랍비"라 불리셨다.

- 바디매오라는 이름의 맹인 거지가 예수께서 그 곁을 지나가실 때 부르짖었다. 그는 주님을 메시아로 인정하고 자비를 구했다. 예수께서 그를 불러 와서 그에게 물으셨다. "너는 내가 너를 위하여 무엇을 하기를 바라느냐?"

---

32. 엘리사가 많은 사람을 먹인 기적은 왕하 4:42-44를 보라. 물론 그것은 메시아 예수님이 사람들을 먹이신 기적에 비하면 작아 보인다. 마 14:14-21; 15:29-38을 보라. 마태복음에 나오는 두 이야기 모두에서 놀라운 치유의 기적도 함께 일어났다.

33. 원을 그리는 자 호니에 대해서는 예를 들면 m. Taanit 3:8을 보라. 하니나 벤 도사는 b. Berakhot 34b을 보라.

그 맹인이 말했다. "**랍비여, 내가 보기를 원합니다.**" 예수께서 말씀하셨다. "가라, 네 믿음이 너를 낫게 했다." 그가 즉시 보게 되어 예수께서 가시는 길을 따라갔다(막 10:46-52).[34]

• 예수님이 친구인 나사로를 죽은 자들 가운데서 일으키시기 전에 (나사로는 죽은 지 **4일**이 되었다) 주님의 한 제자가 주님을 "랍비"라 불렀다(요한복음 11장, 특히 8절을 보라). 그리고 주님은 나사로의 누이인 마르다에게 말씀하셨다. "나는 부활이요 생명이다. 나를 믿는 자는 살겠고, 그가 죽어도 살 것이다. 누구든지 살아서 나를 믿는 자는 결코 죽지 않을 것이다(즉, 영적으로). 너는 이것을 믿느냐?"(25-26절). 그리고 나서 주님은 나사로를 죽은 자들 가운데서 일으키심으로 이것을 보이셨다. 주님은 당신이 알고 있는 전형적인 랍비가 아니다!

• 주님께서 무화과나무를 저주하심으로 자연 속에 그분의 권능을 보이셨을 때에, 주님의 제자들은 그분을 "랍비"라 부르며 주님과 그가 행하신 일에 놀랐다(막 11:21을 보라).

• 수천 명을 먹이신 뒤 어느 날 밤에, 예수님의 제자들이 배를 타고 호수를 건넜으나 예수님은 뒤에 남으셨다. 그 후에 주님께서 몇 킬로미터 정도 물을 건너서 폭풍 가운데 배 안에서 놀라고 있는 제자들을 만나셨다. 다음 날 아침에 무리들이 주께서 호수 건너편에 계신 것을 보고 깜짝 놀랐다. 그들은 주님이 배를 타지 않으신 것을 알고 있었기 때문이다. 그래서 그들이 주님께 물었다. "랍비여, 언제 여기 오셨습니까?"(요 6:25). 물 위를 걷는 랍비라니!

---

34. 요한복음 9장의 태어날 때부터 맹인이었던 사람의 이야기에서도 예수님은 랍비라 불리셨다.

이런 장면은 예슈아와 그의 제자들이 어느 도시나 마을에 나타날 때 보통 일어나는 일이었다.

> 그들이 배에서 내리자, 사람들이 바로 주님을 알아보고 온 지역을 돌아다니며 침상에 있는 병든 사람들을 데려다가 어디든지 주님이 계시다고 들은 곳으로 갔다. 그리고 주님께서 마을이나 성읍이나 시골이나 어디든지 이르시면, 그들이 병든 자들을 시장에 눕히고 그들이 주님의 옷 술이라도 손을 대게 해달라고 간청했다. 그리고 거기에 손을 댄 자들은 모두 낫게 되었다.
> —마가복음 6:54-56 ESV 성경[35]

주님께는 어떤 질병도 문제가 되지 않았다.

> 큰 무리가 주님께 오는데, 그들이 다리 저는 자와 눈먼 자와 불구가 된 자와 말 못하는 자와 그 외에 많은 사람들을 데리고 왔다. 그들이 그 사람들을 주님의 발치에 두자 주께서 그들을 치유하셨다. 그 무리가 말 못하는 자가 말하고, 불구자가 온전하게 되고, 다리 저는 자가 걷고, 눈먼 자가 보게 된 것을 보고 놀랐다. 그들이 이스라엘의 하나님께 영광을 돌렸다.
> —마태복음 15:30-31 ESV 성경

만약 당신이 이전에 이 이야기들을 들어본 적이 없다면 이렇게 말했을 것이다. "말도 안 돼! 이건 지어낸 이야기야. 이런 일은 일어날 수 없어." 당신이 미심쩍어 하는 것은 충분히 이해한다. 그러나 당신 자신에게 물어보라. 이것이 바로 예수님이 그 시대의 모든 사람들보다 뛰어난 이유 가운데 하나이지 않을까?

---

35. 종교적 의식으로서 입은 옷술에 대하여는 이 장의 각주 3을 보라.

비판적 역사가들도 예수님이 큰 기적을 행하신 분이라는 것에 일반적으로 동의한다. 그리고 우리는 예수 운동이 유대인들과 이방인들 사이에 전파되기 시작하면서, 주님의 제자들도 치유의 능력으로 유명했다는 것을 알고 있다(주께서 약속하신 것과 같다; 요 14:12를 보라).[36] 심지어 탈무드 문헌에는 예슈아의 초기 유대인 제자 중 한 사람이 치유 능력을 행한 이야기들이 나오기도 한다.[37] 어떤 사람들은 주님이 오늘날에도 여전히 치유를 행하신다고 말한다. 이것이 사실일까?[38]

랍비 예수는 토라에 대한 새롭고 더 나은 접근방법을 가르쳐 주셨다

복음서에 예수님이 안식일에 병든 자를 치유하시고, 그것으로 많은 논쟁이 일어났다는 기록이 많이 나온다.[39] "그는 어째서 치유를 다른 날에 행하지 않는가? 그가 안식일을 범하고 있는 것은 아닌가? 어쨌든 이것은 생명이 위험함 상황은 아니다." 게다가 주님은 일부 유대교의 선생들이 그들의 전통으로 하나님의 말씀을 폐하고 있다고 말씀하셨다(막 7:8-9).

우리는 안식일이 율법을 지키는 유대인들에게 가장 중요한 것임을 알고 있다. 그들의 역사 속에서 유대인들이 안식일을 지킨(kept) 것보다 안식일이 유대인들을 유지시킨(kept) 것이 더 크다는 말이 있다. 그러나 랍비들은 엄청나게 복잡한 안식일 율법 체계를 만들었다(그리고 여전히 매년마다 개정되고 있

---

36. Michael L. Brown, *Israel's Divine Healer, Studies in Old Testament Biblical Theology* (Grand Rapids, MI: Zondervan, 1995), 63-66에 자세히 설명한 내용을 보라.
37. 위의 책, 64-65, t. Hullin 2:22-23과 관련된 내용 및 m. Sanhedrin 10:1의 논의에 대한 자세한 설명을 볼 수 있다.
38. 오늘날의 기적에 대한 질문에 관하여는 Craig S. Keener, *Miracles: The Credibility of the New Testament Accounts*, 2 vols. (Grand Rapids, MI: Baker Academic, 2011)에 나오는 새로운 주요 연구를 보라. 여기에는 고대와 현대의 기적에 관한 많은 이야기들이 나온다.
39. 예를 들면, 막 3:1-6; 눅 13:10-18; 요 5:1-19을 보라.

다). 이와는 반대로, 예수님은 생명과 관계에 더 무게를 두고 접근하셨다.

토라("모세오경", 성경의 가장 처음에 나오는 다섯 권의 책)에서 안식일에 일하는 것을 금하고 있기 때문에(출 20:8-11), 랍비들은 일에 해당하는 것이 정확히 무엇인지 결정해야 했다. 그것은 물론 하나님을 경외하려는 고상한 목적으로 한 것이었지만, 그들이 "일"을 39개로 세분화하면서, 매우 복잡한 일이 되었고, 그것은 단지 시작에 불과했다.[40] 이것이 하나님께서 뜻하신 것인가?

아래는 샤밧이라는 탈무드 소논문(책)의 시작 부분이다. (탈무드에서 이 소논문은 157쪽 분량으로 매우 어렵고, 빽빽하게 기록되어 있다. 그리고 다시 말하지만, 이것은 단지 첫 부분일 뿐이다. 중심적인 내용은 어떤 물건을 한 곳에서 다른 곳으로 옮기는 것을 말하고 있다.)

안식일에 옮기는 것이 두 번인데 그것은 안에서 네 번이고, 또 두 번인데 그것은 밖에서 네 번이다. 어떻게 그렇게 되는가? 가난한 자가 밖에 서 있고 집주인이 안에 있다. (1) 만일 가난한 자가 그의 손을 안으로 뻗어 (물건을) 그 집주인의 손에 두거나, (2) 만일 그가 거기서 (물건을) 취하여 밖으로 옮기면, 그 가난한 자는 법적 책임이 있고 그 집주인은 책임이 없다. (또) (1) 만일 그 집주인이 그의 손을 밖으로 뻗어 (물건을) 가난한 자의 손에 두거나, (2) 거기서 (물건을) 취하여 안으로 옮기면, 그 집주인은 법적 책임이 있으나 그 가난한

---

40. 예수님과 안식일의 율법에 관한 광범위하고 중요한 연구에 대해서는 John P. Meier, *A Marginal Jew: Rethinking the Historical Jesus*, Volume 4: Law and Love (New Haven: Yale University Press, 2009), 235-341을 보라. 이 책 전체가 예슈아와 할라카(유대 율법)의 문제를 다루고 있지만, 다른 일류 학자들이 Meier의 역사적 방법론에 적절한 의문을 제기했다. Bock and Webb, *Key Events in the Life of the Historical Jesus*, 251-292에 나오는 Donald A. Hagner, "Jesus and the Synoptic Sabbath Controversies"를 보라. 그는 Meier의 방법론과 결론에 대하여 타당한 비판을 제기하였는데(287-288을 보라), Meier의 결론("역사적 예수는 할라카적 예수다")에 대한 증거가 "매우 빈약"하고, "Meier가 '예수님의 기독교적인 묘사'를 비하하고" 주님의 고유성을 인정하지 않았다는 것에 대해서 뛰어난 신약 학자로서 실망을 나타냈다.

자는 책임이 없다. (3) 만일 그 가난한 자가 그의 손을 안으로 뻗고 그 집주인이 거기서 (물건을) 취하거나, 거기에 (물건을) 두어 그가 그것을 밖으로 옮기면, 둘 다 책임이 없다. (4) 만일 그 주인이 그의 손을 밖으로 뻗고 그 가난한 자가 거기서 (물건을) 취하거나, 거기에 (물건을) 두어 그가 그것을 안으로 옮기면, 둘 다 책임이 없다. (m. Shabbat 1:1)[41]

무슨 뜻인지 알겠는가? 아래는 이것을 더 쉬운 말로 정리한 것이다.

1:1 A 물건을 한 곳에서 다른 곳으로 옮김으로 안식일을 (범하는) 행위는 (1) 두 번인데, 그것은 (실제로) 안에 (있는 사람에게) 네 번이 된다. (2) 또 두 번인데 그것은 밖에 (있는 사람에게) 네 번이 된다.

      B 어떻게 그렇게 되는가?

I C (만일 안식일에) 거지가 밖에 서 있고 집주인이 안에 있으며

      D 거지가 그의 손을 안으로 넣어 (거지의 그릇을) 그 집주인의 손에 두거나

      E 또는 만일 그가 안에서 (어떤 것을) 집어서 밖으로 가져가면

      F 그 거지는 책임이 있으나, 그 집주인은 책임이 없다.

II G (만일) 그 집주인이 그의 손을 밖으로 내놓아 (어떤 것을) 그 거지의 손에 두거나

      H 또는 만일 그가 거기서 (어떤 것을) 취하여 안으로 가져오면

      I 그 집 주인은 책임이 있으나, 그 거지는 책임이 없다.

III J (만일) 그 거지가 그의 손을 안으로 넣고, 그 집주인이 거기서 (어떤 것을) 취하거나

      K 또는 만일 (그 집주인이) 거기에 어떤 것을 두고 그(거지)가 그것을

---

41. 이것은 Soncino의 번역이다.

　　　　가져가면
　　　L 두 사람 모두 책임이 없다.
　　IV M (만일) 그 집주인이 그의 손을 밖으로 뻗고 그 거지가 거기서 (어떤
　　　　것을) 가져가거나
　　　N 또는 만일 (그 거지가) 거기에 어떤 것을 두고 (그 집주인이) 그것을
　　　　안으로 가져오면
　　　O 두 사람 모두 책임이 없다.[42]

　다시 말하지만 이것은 단지 첫 부분일 뿐이다. 이 논의는 뒤로 가면서 점점 더 복잡해지고, 여기에 주석들이 더해지며, 이후에 법규와 법적 대응 등이 계속해서 추가된다. 전통 유대인들은 자기들에게 있어서 거룩은 디테일(세부적인 것)에 있다고 말할 것이다. 그러나 여전히 의문이 남는다. 이것이 정말 하나님이 의도하신 것인가? 이것이 진정 하나님이 의미하신 "안식"인가?
　1992년부터 가족과 함께 이스라엘에 살고 있는 메시아닉 유대인 리더인 아셔 인트레이터는 두 가지 접근 방법 사이의 차이점을 잘 설명했다.

　예슈아도 안식일에 대하여 말씀하셨다. 우리는 유대교에서 무엇을 하고 무엇을 하지 말아야 하는가에 대하여 산더미처럼 많은 "할라카" 규례들을 만들었다. 예슈아께서는 그렇게 더해진 형식적인 규례들이 안식일을 원래의 뜻대로 지킬 수 없게 한다고 생각하셨다. 주님은 안식일의 규례들을 대하는 방식을 세 개의 단순한 말씀으로 요약하셨다.

　1. 안식일이 사람을 위하여 만들어진 것이지, 사람이 안식일을
　　 위하여 만들어진 것이 아니다 – 막 2:27

---

42. Neusner, *The Mishnah*, 178-179, 여기서는 Neusner의 개요 형식을 유지했다.

2. 인자는 안식일의 주인이다 - 막 2:28

3. 안식일에 선을 행하는 것은 율법에 맞는 행위다 - 막 3:4

이 주제에 대한 주님의 가르침은 그 단순함과 순수함에 있어서 경이롭고 혁명적인 것이었다. 게다가 주님의 가르침은 안식일에 대한 해석 이상이었다. 유대교의 세계에는 "포세크 하 도르"(Posek Ha Dor)라고 부르는 지위가 있다. 이것은 그 세대에서 무엇이 율법이 되는지를 판결하고 결정하는 최고의 랍비를 말한다. 예슈아는 "포세크 하 도르"로서 말씀하신 것이었다. 주님은 율법을 제안한 것이 아니라 율법을 정하신 것이었다. 주님은 율법에 대하여 해석하신 것이 아니라, 그것을 결정하신 것이었다.[43]

여기서도 예슈아는 그 세대와 역사를 통틀어 다른 모든 랍비들보다 뛰어나신 분이다. 실제로 주님은 신적인 권위로 말씀하셨다. "예슈아께서 이 말씀(마 5-7장의 산상수훈)을 마치시자 그 무리가 주께서 가르치시는 방식에 놀랐으니, 이는 주께서 그들의 토라 선생들과 같지 않고 권위 있는 자와 같이 가르치셨기 때문이다"(마 7:28-29, CJB 성경). 사실 주님은 선지자들처럼 말씀하셨고, 단순히 의견이나 해석이나 깨달음을 말씀하신 것이 아니었다. 주님은 하나님의 권위로 말씀하신 것이다. 이것은 마지막 특징과 연결된다.

---

43. Asher Intrater, *Who Ate Lunch With Abraham?* (Peoria, AZ: Intermedia Publishing Group, 2011), 47; 더 자세한 내용은 154-157을 보라.

랍비 예수는 선지자였다

복음서를 연구하는 유대 학자인 클로드 몬테피오레는 예수님이 선지자로서 말씀하신 것을 알았으며, 주님을 그 시대의 다른 랍비들과 대비시키고 있다. 그는 이렇게 썼다. "나는 우리가 1세기의 위대한 랍비들에 대하여 잘 알고 있다고 생각한다. 그러나 그들의 가르침이 얼마나 훌륭하고 고상하더라도, 그것을 선지자적인 것이라고 할 수 없다. 그들은 선지자로 불려지지 않았고, 그렇게 불려질 수도 없었다."[44] 그가 말하려고 한 것은 정확히 무엇인가?

그들이 모세오경의 도덕법이 제사와 "정결함과 부정함"에 관한 율법보다 더 크다는 것을 아무리 많이 알고 있다 하더라도, 그들이 그 주제를 다루는 방식과 마음의 자세는 예수님과 달랐고 그렇게 할 수도 없었다. 힐렐은 항상 율법의 종이었고 그것의 재판관이 된 적이 없었다. 어떤 의미에서 그는 예수님보다 더 일관적이었지만, 바로 그 이유로 인하여 그는 덜 선지자적이었다. 예수님에 대하여 일어났던 안식일 논쟁은 그에게는 있을 수 없는 일이었다. 이것이 힐렐의 가르침과 예수님의 가르침에서 공통점을 찾아내는 것이 거의 의미없는 일인 이유 또는 이유들 중 하나다. **그 영이 다르다. 한쪽은 선지자적 감각이 있고, 다른 한쪽은 그것이 없다. 그 선지자적 감각이 차이를 만들어낸다.**[45]

랍비이며 교수인 단 코흔-셔복에게 있어서, 예수님과 다른 종교 지도자들 사이에 있던 매우 실제적인 갈등을 설명하는데 도움을 준 것은 예수님

---

44. Claude Montefiore, *Synoptic Gospels*, cxx, Barker and Gregg, ed., *Jesus Beyond Christianity: The Classic Texts* (New York: Oxford University Press, 2010), 51에 발췌되었다.
45. 위의 책.

의 생애의 선지자적 요소였다. "그가 서기관들과 바리새인들을 향하여 한 비난은 토라를 거부한 것이 아니라, 부패한 종교 지배층에 대한 선지자적인 거부였다."[46] 그렇다!

코흔–셔복은 또 이렇게 말했다.

> 예수는 선지자적 전통을 계승하여, 백성들을 하나님을 향한 진정한 예배로 다시 돌이키기를 간절히 원했고, 그의 말과 행동이 긍휼과 자비에 대한 그의 헌신을 증거하고 있다. 그는 이런 이유로 바리새인들의 율법을 어기면서까지 안식일에 병든 자들을 치료했고, 천한 사람들과 죄인들과 어린 아이들과 나그네들에게 유별나게 주의를 기울였다. 예수는 가장 궁핍한 자들에게 모든 인간이 보여야 할 사랑과 관심을 나타냈다. 예수는 사회에서 모든 소외된 자들의 친구가 되었고, 그는 항상 사회에서 배척당하고 손가락질 받는 약자들의 편에 섰다.[47]

그렇다, 그는 그 누구와도 다른 랍비다!

몬테피오레가 이것을 잘 요약했다. "적어도 이 조합은 새로운 것이었다. 예수는 선생이자 목사이며 예언자였고, 이 조합에는 그에게만 있는 어떤 특별한 것이 있다."[48]

그에 대한 그림이 더욱 선명해지면서, 우리가 보고 있는 예수–예슈아의 모습이 점점 놀랍게 변하고 있다. 이 여정은 계속된다.

---

46. Dan Cohn-Sherbok, "Closing Reflection," in Barker and Gregg, *Jesus Beyond Christianity*, 74.

47. 위의 책, 72-73.

48. Montefiore, Synoptic Gospels, cxx, Barker and Gregg, *Jesus Beyond Christianity*, 52에 발췌되었다.

4

지배층에 대한 위협

선지자가 된다는 것은 쉬운 일이 아니다. 선지자들은 흐름에 역행하고, 계획을 무산시키며, 위선을 폭로하고, 상황을 뒤집고, 우리를 화나게 하는 부르심을 받았다. 이것이 바로 이스라엘의 선지자들이 미움 받고, 거부 당하며, 심지어 죽임을 당하기까지 하는 이유다. 그들은 그저 죽은 후에야 크게 인정받고 추앙받을 뿐이다.

기독교인 작가 레오나르드 레븐힐은 이것을 다음과 같은 의미심장한 말로 표현했다.

> 선지자는 그가 활동하는 동안에는 무시를 당하지만, 역사에 의해서 그의 진실함이 입증된다. 그는 현재의 악당이면서 미래의 영웅이다. 그는 살아 있을 때에 배척을 당하지만, 죽어서는 높임을 받는다! 그는 살아 숨쉬는 동안에는 불명예스럽게 불려지지만, 숨을 거둔 후에는 명예로운 비문이 남겨진다. 그는 생전에 벗이 없지만, 사후에는 많은 사람들의 기억에 남는다. 그가 활동할 때에는 지배층을 거스르지만, 후대에는 성인으로 추앙받는다.[1]

옳은 말이다! 선지자들이 "활동할 때에는 지배층을 거스른다"는 레븐힐의 의견을 주목하라. 이 지배층은 종교적 또는 세속적 또는 정치적 지배층을 말

---

1. Leonard Ravenhill, "Picture of a Prophet," http://www.ravenhill.org/prophet.htm (2012년 2월 23일 접속)에서 발췌하여 편집했다. 그의 아들 David Ravenhill의 허락 하에 사용. Copyright © 1994.

한다. 선지자들은 우리가 독점한 권력이나 우리의 지배력을 위협한다.

그리고 선지자들은 우리를 불편하게 만드는데, 그것은 만일 그들이 옳다면, 우리가 틀린 것이기 때문이다. 누구도 자신이 틀리기를 원하지 않는다. 어떻게 감히 스스로 의롭고, 스스로 기름 부음 받으며, 스스로 선지자 된 자가 우리와 같은 선한 사람들에게 맞서는가!

지난 세기 최고의 유대인 사상가 중 한 사람인 아브라함 조슈아 헤셸은 문제의 핵심을 말했다. "선지자는 거룩하고 존경받으며 훌륭해 보이는 사람들에게 문제를 제기하는, 기존의 관습을 무너뜨리는 사람이다. 확신으로서 오래된 믿음과 최고의 신성함을 부여 받은 기관들에게, 그는 그것들의 불명예스러운 외식을 폭로한다."[2]

어찌 감히 저 선지자가 우리의 신성한 우상들을 부수는가? 어찌 감히 그가 하나님의 말씀을 대언한다고 하는가? 우리도 하나님의 음성을 들을 수 있다.[3] 누가 **그에게** 우리의 예배가 헛된 것이고, 우리의 종교적 전통이 가증한 것이며, 우리의 경건한 행동이 가식이라고 말할 권리를 주었는가?[4] 그는 자신이 누구라고 생각하는가?

위대한 히브리 선지자 이사야는 대담하게도 존경받는 예루살렘의 지도자들을 "소돔의 관원들"이라 부르고, 또한 그 백성을 "고모라의 백성"이라 불렀다. 그리고 그는 하나님께서 자신을 통해서 말씀하신다고 했다. 누가 다음과 같은 말을 들을 수 있겠는가?

> 주께서 말씀하신다. "너희의 수많은 제물이 나와 무슨 상관이 있느냐?" "나에게는 숫양의 번제물과 살진 짐승의 기름이 너무나 많이 있다. 나는 수소와 어

---

2. Abraham Joshua Heschel, *The Prophets* (New York: Harper & Row, 1969), 10.
3. 예를 들면, 민 16장에 나오는 고라와 다른 이스라엘 사람들의 반역을 보라.
4. 예를 들면 "나는 너희 절기들을 싫어한다. 나는 너희 성회를 견딜 수 없다"로 시작하는 암 5:21-27을 보라.

린양과 숫염소의 피를 기뻐하지 않는다. 너희가 내 앞에 보이러 올 때에, 누가 너희에게 나의 뜰을 밟으며 이것을 가져오라고 요구하였느냐? 헛된 제물을 가져오는 일을 멈춰라! 너희의 분향이 내게 가증스럽다. 초하루와 안식일과 성회에 너희의 악한 모임을 내가 참을 수 없다. 내 마음이 너희의 초하루와 정한 절기들을 미워한다. 그것들이 나에게 짐이 되었고, 나는 그것들을 짊어지기에 지쳤다. 너희가 기도하며 너희 손을 펼 때에, 나는 너희에게 나의 눈을 가릴 것이다. 너희가 많은 기도를 드린다 해도, 나는 듣지 않을 것이다. 너희 손이 피로 가득하다.

— 이사야 1:11-15

뭐라고? 하나님께서 우리의 기도를 듣지 않으신다고? 하나님께서 우리가 지키는 안식일을 받지 않으신다고? 하나님께서 우리의 제사를 받지 않으신다고? 하나님께서 우리가 그분의 성전에 출입하는 것을 원하지 않으신다고? **우리의 손이** 피로 가득하다고? 이사야는 죽어야 한다! (유대 전승은 그가 죽임당했다는 사실을 확인시켜 준다.[5])

한 세기 후에, 우리 백성들이 성전에 예배를 드리러 모였을 때에, 예레미야 선지자가 심하게 책망했다. 그 사람도 자신이 하나님의 말씀을 직접 대언한다고 했다.

너희가 도둑질하고 죽이고, 음행과 거짓 맹세를 하며, 바알에게 분향하고 너희가 알지 못하는 다른 신들을 따르면서, 내 이름을 둔 이 집에서 내 앞으로 나와 서서 말하기를 "우리는 안전하다", 즉 이 모든 가증한 일을 행하는 것이 안전하다고 말하느냐? 내 이름을 둔 이 집이 너희에게 강도들의 소굴이 되었느냐? 내가 지켜보고 있었다. 주께서 말씀하셨다.

---

5. b. Yebamot 49b를 보라.

4. 지배층에 대한 위협

— 예레미야 7:9-11

그는 실제로 주님의 거룩한 처소인 성전이 침략군에 의하여 무너질 것을 예언했다.

그러면 예레미야의 메시지에 대한 반응은 어땠는가? "예레미야가 주께서 그에게 말하라고 명령하신 모든 것을 온 백성에게 말하기를 마치자마자, 제사장들과 선지자들과 온 백성이 그를 붙잡고 '너는 죽어야 한다!'고 했다"(렘 26:8).[6] 예레미야는 간신히 목숨을 건져 도망하였다. 본문에는 "제사장들과 선지자들과 온 백성"이라고 말하며 거의 모든 사람들이 그를 반대했다고 분명하게 나와 있다.

슬프게도 그의 말은 그대로 이루어졌다. 그가 예언적인 메시지를 전한 후, 25년이 지나지 않아 예루살렘은 황폐하게 되었고, 성전은 무너졌으며, 수천 명의 사람들이 죽임을 당하거나 포로로 끌려갔다. 예레미야가 예언한 것과 같다.

600년 후에 역사는 또 다시 반복되었다. 또 다른 대담한 선지자가 예루살렘 성전에 섰다. 그것은 2차 성전으로, 포로로 끌려간 유대인들이 고향으로 되돌아 온 후에 재건된 것이다. 이 선지자도 종교적 위선을 폭로하고, 부패한 지배층을 질타하며, 성전이 무너질 것을 예언했다. 그도 역시 맹렬한 반대에 부딪혔으며, 예레미야와 마찬가지로 그의 예언도 이루어졌다. 나는 이 선지자에 대하여 간략하게 더 언급할 것이 있다.

그러나 이것은 조금도 놀라운 이야기가 아니다. 오히려 영국의 기자 A. G. 가디너가 설명한 것처럼, 이런 반응은 당연한 것이었다. "선지자가 사람

---

6. 예레미야 7장과 26장 사이에는 비슷한 부분이 있는데, 아마도 같은 이야기를 담고 있으며, 26장은 시대에 관한 정보를 제공하고 있다. 이것에 관하여는 Tremper Longman III and David E. Garland, eds., *The Expositor's Bible Commentary, Revised Edition* (Grand Rapids, MI: Zondervan, 2010), 338-339에 나오는 Michael L. Brown, "Jeremiah"를 보라.

들에게 받아들여지고 신격화되면, 그의 메시지는 사라진다. 선지자는 우리에게 회개를 촉구하고, 우리의 평안한 삶을 방해하며, 우리가 떠받드는 우상들을 부수고, 우리의 신성한 전통을 깨뜨려서, 백성들에게 해를 끼친다는 이유로 돌에 맞을 때에만 제대로 된 역할을 하게 된다."[7] 우리는 항상 선지자들과 애증 관계에 있는 것이다.

헤셸은 이렇게 설명했다. "선지자는 인간이지만, 우리의 귀에는 너무 높은 한 옥타브 위의 음들을 사용한다… 우리의 양심이 바닥을 보이는 곳에서 그의 말이 우리의 화를 돋우기 시작한다."[8]

선지자의 말에 귀를 기울이는 것은 쉽지 않다! 그는 너무 날카롭고, 너무 강렬하며, 너무 엄격하고, 모든 것을 흑백 논리로 보는 견디기 힘든 극단주의자다. 레븐힐은 다음과 같이 표현했다.

> 선지자는 하나님의 위임을 받지만 사람들에게 업신여김을 당한다. 그의 영향력의 크기는 그가 얼마나 사람들에게 인기가 없는가에 의하여 알 수 있다. 그에게 타협은 없다. 그는 관습에 구애받지 않는다! 그는 보지 못하는 자들을 인도하기 위하여 온 "선견자"다. 그는 그 나라를 훈계하는 채찍과 같은 존재이며, 그후에 그 나라에 의하여 채찍질을 당한다.[9]

선지자는 거룩한 긴장감 속에 살며, 그의 말은 다른 사람들을 긴장하게 만든다. 헤셸의 가르침을 다시 한 번 들어보자.

---

7. 나는 이 인용문의 원자료는 가지고 있지 않지만, 이것은 Arthur Wallis, *In the Day of Thy Power* (repr.; Fort Washington, PA: CLC Publications, 2010), 279, 각주 7에 출처 없이 인용되었다.

8. Heschel, *The Prophets*, 12.

9. Ravenhill, "Picture of a Prophet."

어떤 사람에게 예언적인 것을 보는 능력이 주어지면, 다른 사람들은 눈이 먼 것 같다. 어떤 사람이 하나님의 음성을 듣는 귀를 갖게 되면, 다른 사람들은 귀머거리가 된 것 같다… 선지자는 대략적인 것을 싫어하고, 길의 한가운데를 피한다. 사람은 깊은 구덩이를 피하기 위하여 정상에 살아야 한다… 선지자의 말은 밤중의 비명 소리다. 세상이 평온하고 잠들어 있을 때, 선지자는 하늘에서 불어오는 강한 바람을 느낀다.[10]

이런 이유로 선지자들은 많은 거부를 당하고 나서 인정을 받고, 죽임을 당한 후에 추모를 받는다. 예수–예슈아도 똑같은 운명을 겪으셨다.

선지자 예수

약 600년 전의 예레미야와 같이, 성전 뜰에 서서 회개를 외치며 임박한 심판에 대하여 경고한 대담한 선지자가 있었으니 바로 예수님이었다. 그리고 이전의 선지자 예레미야(또는 히브리어로 이르미야후)에게 그랬던 것처럼, 사람들은 예슈아의 메시지를 듣지 않았다. 그러나 예레미야 선지자는 목숨을 건졌지만, 예슈아 선지자는 목숨을 잃었다.

그러나 그가 한 말은 그가 죽고 나서 약 40년 후에 놀라울 정도로 정확하게 이루어졌다. 예루살렘은 또 다시 폐허가 되었고, 성전은 또 한 번 무너졌으며, 많은 사람들이 죽임을 당하거나 포로로 끌려갔다. 그러나 이번에는 훨씬 더 많은 사람들이 죽었고, 그 무너짐은 더욱 컸다.

우리가 예수님을 선지자로 인식하고 그분을 바라봐야만 주님을 둘러싼 갈등과 논쟁을 제대로 이해할 수 있다. 만약 신약성경이 예수님을 너그럽고, 유대교 지도자들과 친근하며, 종교 지배층에게 인정 받고, 종교계의 상류 사

---

10. Heschel, *The Prophets*, 19.

회에서 추앙받는 인물로 묘사했다면, 우리는 뭔가 잘못되었다는 것을 알았을 것이다. 종교 지도자들은 선지자들을 그렇게 대하지 않았다.

그러면 당신은 이렇게 말할 수도 있다. "그렇지만 예수님이 일부 종교 지도자들과 충돌이 있었다는 것과 그들 중 누군가가 주님을 죽이려고 했다는 것은 별개다."

그러나 그 생각과는 달리, 탈무드와 랍비들의 문헌은 유대 민족(즉, 나의 민족)이 시내 산에서부터 선지자들을 죽이는 죄를 범한 일이 많았다고 증거하고 있다(물론 이것으로 유대 문서를 반유대적이라고 할 사람은 없을 것이다![11])

- 탈무드와 미드라쉬는 이스라엘 백성이 십계명을 받은 직후에 선지자인 훌을 죽였다고 가르치고 있다. 어떤 문서들은 이스라엘 백성이 모든 장로들도 죽였다고 말한다.[12]

- 탈무드는 유다의 왕 므낫세가 히브리 성경에 나오는 가장 위대한 선지자 중 하나인 이사야를 죽였다고 기록했다.[13]

- 성경은 이스라엘 백성이 스마야의 아들 우리야나 여호야다의 아들 스가랴와 같은 다른 선지자들도 죽였다고 말한다. 탈무드는 성경에 나오는 이 이

---

11. 다음과 같은 주장을 인터넷에서, 특히 비판적인 이슬람의 웹사이트에서 많이 볼 수 있다. "유대교의 성경은 코란과 복음서를 합한 것보다 더 반유대적이다." 2010년 2월 25일에 구글에서 이것과 정확히 일치하는 것을 검색했더니 454건이 나왔다.

12. Exodus Rabbah 41:7; Leviticus Rabbah 10:3; Numbers Rabbah 15:21; b. Sanhedrin 7a를 보라. 이 이야기들에 의하면, 대제사장이자 모세의 형인 아론의 동료인 훌이 금 송아지를 만든 일로 이스라엘 백성을 책망했다(출 32를 보라): "훌이 일어나 그들을 책망했다. '너희 무지하고 어리석은 자들아! 하나님께서 너희를 위하여 행하신 기적들을 잊었느냐?' 그러자 그들이 그에게 항의하여 그를 죽였다"(Exodus Rabbah 41:7).

13. b. Sanhedrin 103b; b. Yebamot 49b를 보라.

야기들을 더 길게 서술한다.[14] 유대 전승은 이사야 1장 21절(이스라엘 백성을 "살인자들"이라고 말하는)에 나오는 이사야의 말이 우리야를 죽인 일을 가리키는 것이라고 언급한다.[15]

- 열왕기상 18장 4절에는 이스라엘의 왕후인 이세벨이 주의 선지자들을 대대적으로 죽여서, 한 의로운 사람이 그들을 구하려고 그들 중에 백 명을 두 동굴에 숨겨야 할 정도였다고 나온다. 상황이 너무나 악화되어 엘리야 선지자는 주께 이렇게 말했다. "이스라엘 백성이 주의 언약을 버리고 주의 제단들을 무너뜨리며 주의 선지자들을 칼로 죽였습니다. 남은 자는 나뿐이며 이제 그들이 나까지 죽이려고 합니다"(왕상 19:14).

- 미드라쉬에는 예레미야 선지자가 주께 항변하며 이렇게 말했다고 나온다. "내가 그들(이스라엘 백성)에 관하여 예언할 수 없습니다. 그들에게 간 선지자들 중에 그들이 죽이려고 하지 않은 선지자가 있었습니까?"[16]

예슈아께서 유대교의 지도자들이 있는 곳이며 중심 도시인 예루살렘을 향하여 "선지자들을 죽이고 네게 보냄 받은 자들을 돌로 치는 성읍"(마 23:37, ESV 성경)이라고 하신 말씀은 절대 과장이 아니었다. 사실 주님께서 그 시대에 위선적인 종교 지도자들을 꾸짖으려고 이 말씀을 하실 때에 주님은 성경에 전해 내려오는 예언의 한 가운데 서 계셨던 것이다.

---

14. 렘 26:20-24; 대하 24:17-23을 보라. 이것에 대하여 탈무드에 나오는 더 자세한 내용은 b. Gittin 57b를 보라. b. Sanhedrin 96b도 참고하라.

15. Ecclesiastes Rabbah 3:19를 따르는 것으로 보이는 Rashi의 사 1:21에 대한 주석을 보라. 둘 다 여호야다의 아들 스가랴의 죽음에 대해서도 언급했다.

16. Pesikta Rabbati 26:13.

너희는 선지자들의 무덤을 만들고 의인들의 묘를 꾸몄다. 그리고 너희는 말하기를, "만일 우리가 우리 조상들의 시대에 살았다면, 우리는 그들이 선지자들의 피를 흘리는데 관여하지 않았을 것이다" 하였다. 그러므로 너희가 선지자들을 죽인 자들의 자손임을 스스로 증명한 것이다.

— 마태복음 23:29-31

이스라엘 역사 가운데 거의 모든 위대한 선지자들이 예루살렘 성에 서서 그 시대의 많은 지도자들에게 같은 말을 했을 것이다. 이것은 예언적 진실이며, 히브리 성경과 유대인들의 전승에 나오는 온전한 사실이다.

예수님은 선지자들의 대열에 속한다

다음은 단 코흔-셔복 교수의 말이다.

> 예수님은 히브리 성경에 나오는 선지자들과 같은 이스라엘의 양심이라고 볼 수 있다… 예수님은 그 민족의 지도자들과 대면하여, 위선과 부정을 비난하면서 선지자들이 한 말을 그대로 말씀하셨다… 모든 유대인들이 선지자적인 인물로서의 예수님의 이런 이미지를 알아볼 수 있었을 것이다.[17]

클로드 G. 몬테피오레는 이렇게 말했다. "예수는 '주께서 말씀하셨다'로 그의 말을 시작하지 않았지만, 영감의 확신과 어떤 일을 위하여 하나님께 부르심과 택하심을 받았다는 확신에 있어서는 아모스와 이사야와 에스겔과 전

---

17. Barker and Gregg, *Jesus Beyond Christianity*, 72. 코흔 셔복은 40권 이상의 책을 저술하거나 편저했다. 그는 랍비 쉬물리 보테크와 나 사이에 진행되었던 2010년 옥스퍼드 토론회의 사회를 맡기도 했다.

적으로 유사하다."[18]

나는 이것을 열 개의 객관식 문항으로 설명할 수 있다. 당신의 점수가 얼마나 나올지 보자. 내가 히브리 성경과 신약성경의 구절을 나열하면 당신은 (a) 모세, (b) 예수님, (c) 예레미야, (d) 이사야, (e) 에스겔 중에서 누가 한 말인지를 맞춰야 한다.

아래의 모든 구절들을 읽어 내려가면서 당신의 답을 적으면 마지막에 가서 점수를 알 수 있다. 다음을 기억하라. 이 모든 말씀은 유대 백성에게 또는 그들에 관하여 한 것이며, 모세나 예수님이나 예레미야나 이사야나 에스겔이 말한 것으로 각 선지자는 주의 말씀을 대언하는 것이라고 했다.

1. 주께서 이것을 보시고 그들을 미워하셨으니 이는 주께서 그 자녀로 인하여 노하셨기 때문이다. 그가 말씀하셨다. "내가 그들에게서 내 얼굴을 숨기고 그들의 끝이 어떻게 되는지를 보겠다. 이는 그들이 비뚤어진 세대요, 부정한 자녀들이기 때문이다" (   )

2. 이스라엘 백성에게 말하라. "너희는 목이 뻣뻣한 백성이다. 내가 만일 한순간이라도 너희와 함께 간다면 내가 너희를 멸할지도 모른다." (   )

3. 이제 가서 그들을 위하여 그것을 판에 쓰고, 두루마리에 기록하여 장래에 영원한 증거가 되게 하여라. 이들은 반역하는 백성이요, 속이는 자녀들이며, 주의 가르침을 듣기 싫어하는 자식들이다. (   )

4. 너희는 하얗게 칠한 무덤들로, 겉으로는 아름다워 보이나, 속은 죽은 자들의 뼈와 모든 부정한 것들로 가득하다. 너희도 겉으로는 다른 사람들에게 의롭게 보이나 안은 위선과 불법으로 가득하다. (   )

5. 나는 너희가 얼마나 반역하고 목이 뻣뻣한지 안다. 내가 살아서 너희와 함

---

18. Montefiore, Synoptic Gospels, cxx, Barker and Gregg, *Jesus Beyond Christianity*, 51에 발췌되었다.

께 있을 때에도 너희가 주께 반역하였으면, 내가 죽은 후에는 너희가 얼마나 더 반역하겠느냐? (   )

6. (하나님께서 그 선지자에게 말씀하셨다.) 인자야, 내가 너를 이스라엘 백성, 곧 나를 거스르는 반역하는 민족에게 보낸다. 그들과 그들의 조상은 오늘 이 날까지 내게 반역하였다. 내가 너를 그 백성에게 보내는데 그들은 완고하고 고집 센 자들이다… 그러나 이스라엘 족속은 네 말을 들으려고 하지 않을 것이니 이는 그들이 내 말을 들으려고 하지 않기 때문이며, 이는 이스라엘 온 족속이 마음이 굳고 고집 센 자들이기 때문이다. (   )

7. 아, 범죄한 나라요, 죄로 가득한 백성이요, 행악자들의 무리요, 부패한 자식들이여! 그들이 주를 버렸다. 그들이 이스라엘의 거룩하신 이를 버리고 그에게 등을 돌렸다. (   )

8. "너의 악함이 너를 징계하고, 너의 타락이 너를 책망할 것이다. 그러니 네가 너의 하나님 주를 버리고 나를 경외하지 않을 때에 그것이 얼마나 악하고 비통한 일인지 생각하고 깨달아라." 전능하신 여호와 주께서 말씀하셨다. (   )

9. 너희가 하나님의 계명을 버리고 사람의 전통을 고수하고 있다… 너희가 너희 자신의 전통을 지키려고 하나님의 계명을 무시한다! (   )

10. 주께서 말씀하셨다. "이 백성이 말하기를 그들이 나의 것이며, 그들이 입술로 나를 공경한다고 하나, 그들의 마음은 내게서 멀다. 그들이 나를 예배하는 것은 그저 사람이 만든 규례를 외워서 배운 것일 뿐이다." (   )

이제 당신의 점수를 살펴보자.

1. 이스라엘의 광야 유랑 생활 마지막에 모세가 한 말이다(신 32:19-20).
2. 이스라엘 자손이 시내 산에서 금 송아지 우상을 만든 후에(즉, 십계명을 받

고 나서 겨우 며칠 후에) 하나님께서 하신 말씀을 모세가 말한 것이다(출 33:5).

3. 이사야가 한 말이다(그렇다. 하나님께서 그에게 우리 민족에 관하여 기록하라고 하신 말씀이다; 사 30:8-9).

4. 예수님께서 종교적 위선자들을 꾸짖으며 하신 말씀이다(마 23:27-28, ESV 성경).

5. 모세가 죽기 직전에 한 말이다(신 31:27).

6. 하나님께서 에스겔에게 선지자적 사명을 주시고 그를 보내셨을 때에 에스겔이 한 말이다(겔 2:3-4; 3:7; 하나님은 심지어 그를 이방인들에게 보내면 그들이 하나님의 말씀을 들을 것이지만, 유대인들은 심히 거역하는 자들이라 듣지 않을 것이라고까지 말씀하셨다; 겔 3:5-6).

7. 이사야가 한 말이다(사 1:4).

8. 예레미야가 한 말이다(렘 2:19).

9. 예수님께서 우리 민족의 외식하는 예배를 꾸짖으며 하신 말씀이다(막 7:8-9).

10. 마찬가지로 이사야가 우리 민족의 외식적인 예배를 꾸짖으며 한 말이다(사 29:13, NLT 성경). 예수께서 바로 위의 책망하는 말씀을 하시기 전에 이사야의 이 말씀을 인용하셨다(막 7:6-8을 보라; 예수님은 "이사야가 너희 외식하는 자들에 관하여 예언한 것이 옳다"고 하시며 말씀을 시작하셨다).

이제 이 문제들을 낸 의도가 분명하게 보일 것이다. **예수님은 선지자로서 그분의 유대 백성들에게 말씀하신 것이다.** 그리고 만약 당신이 주님의 말씀을 반유대적인 것이나 유대적이지 않은 것이라고 거부하려고 한다면, 당신은 이사야와 예레미야와 에스겔과 모세, 그리고 하나님께서 하신 말씀들도 거부해야 할 것이다! 우리가 예수님을 충성된 내부인이 아니라 적대적인 외부인으로 보면 주님의 말씀을 크게 오해하게 된다. 우리는 주님을 이스라엘 역사에서 마지막의, 위대한 민족적 선지자로 되찾아야 한다.

주님께서 위선적인 유대교 지도자들에게 "뱀들아", "독사의 새끼들아"(마 23:33)라고 하신 것은 사실이다.[19] 그러나 그전에 이사야는 그의 동족에 관하여 "독사들의 알을 품으며 거미줄을 짜나니"(사 59:5)라고 말하고, "무당들의 자손… 간음하는 자들과 창녀들의 후손… 반역자들의 자식, 거짓말하는 자들의 자손"(사 57:3-4)이라고 했다. 또 그는 이런 말까지 했다. "너희 죄악이 너희를 하나님으로부터 떼어 놓았고, 너희 죄가 너희에게서 주의 얼굴을 가리어 주께서 듣지 않으시게 하였다. 이는 너희 손이 피로, 너희 손가락이 죄악으로 더럽혀졌기 때문이다. 너희 입술은 거짓을 말하고, 너희 혀는 악한 것을 중얼거렸다"(사 59:2-3).

이사야의 메시지가 예수님의 메시지보다 훨씬 더 가혹했다. 그러나 유대인들은 여전히 이사야의 말을 위대하게 여기지만 예수님의 말씀은 비방하는 경우가 많다. 왜 그런가? 이사야와 예수님은 모두 하나님의 신실한 선지자로서 자신들의 민족에게 말했고, 둘 다 그들의 순종함으로 인하여 죽임을 당했다. 우리는 그들 모두를 존경해야 하지 않는가?

예레미야와 같은 시대의 사람들 중 일부는 그가 죽거나 입을 다물기를 원했고(예를 들면, 렘 11:18-19, 20:10), 예수님 시대의 사람들 중에도 그분이 죽거나 침묵하기를 원하는 사람들이 있었다(예를 들면, 막 3:6, 요 5:18). 그런데 많은 전통 유대인들이 예레미야에 관한 이야기는 믿으면서 예수님에 관한 이야기는 유대인들을 더 악한 자들로 보이게 하려고 후대의 편집자들이 날조한 것이라고 주장하는 이유는 무엇인가?[20]

---

19. 마 3:7-10에 나오는 세례 요한의 말도 참조하라.
20. Boteach는 *Kosher Jesus*, 100-101에 이렇게 썼다. "예레미야는 계속해서 1차 성전이 무너질 것이라고 예언했다… 그렇더라도, 예레미야는 오늘날까지 가장 위대한 유대 선지자 중 하나로 존경받고 있다." 랍비 쉬물리는 예레미야가 한 이 말들이 그의 민족에 대한 진정한 사랑을 보여준 것이라고 단언하면서도, 신약성경에서 예수님이 하신 이것과

예레미야를 반대한 사람들은 대부분 종교 지도자들이었다.[21] 유대인 독자들은 이 사람들에 대하여 이렇게 말하곤 한다. "그 시대의 지도자들은 매우 악한 사람들이었을 것이다. 그래서 예레미야가 그들을 책망했던 것이다." 예수님께서 그들의 부패와 위선과 사람의 전통을 꾸짖으셨을 때 똑같은 반대를 당하셨다. 그러나 제사장들과 선지자들에게 맞선 예레미야가 옳았다고 생각한 그 사람들은, 예수님의 말씀을 읽고 "이런 부당한 사람을 봤나! 그가 책망하는 사람들은 거룩한 사람들이야"라고 말한다.

왜 이중 잣대를 적용하는가?

예슈아의 말씀이 너무 정곡을 찌른 것은 아닌가? 주님은 이전의 선지자들과 마찬가지로, 하나님의 임박한 심판을 그 세대에게 경고하기 위하여 보내심을 받은 것이 아닌가? 복음서에 기록된 갈등이 이런 배경에 완벽하게 들어맞는 것이 아닌가?

신약 및 아람어 연구 분야의 전문가인 크레이그 에반스 교수는 다른 학자들이 예수님의 생애에 있었던 대부분의 갈등들을 해명하면서, 오히려 그것으로 인하여 "무엇이 예수님을 죽음으로 몰고 갔는가에 대한 확실한 설명"을 빠뜨렸다고 지적했다.[22] 그러나 이런 갈등들은 다음과 같은 상황을 알면 이해가 된다. 예수님은 돌아가시기 직전에 예루살렘 성전에서 몇 가지 비유

비슷한 말씀이 이른바 반유대적 편집자들의 작품이라고 거부하는 모순을 깨닫지 못한 것으로 보인다.

21. 예를 들면, 렘 20:1-2에서 제사장이 예레미야를 때리고 차꼬를 채운 것이나, 렘 14:14에서 하나님께서 거짓 선지자들이 하나님의 이름으로 거짓을 예언한다고 하시는 말씀을 보라.

22. Craig S. Keener, *The Historical Jesus of the Gospels* (Grand Rapids, MI: William B. Eerdmans, 2009), 283에 인용되었다.

를 말씀하셨다.²³ 그 중에 몇 개는 지도자들을 향한 것이었는데 지도자들은 그의 말씀을 듣고 화가 났다. "대제사장들과 바리새인들이 예수의 비유를 듣자, 그들이 자기들에 관하여 말한 것을 알았다. 그들이 그를 잡을 방법을 찾았으나 그들이 군중을 두려워하였으니 이는 백성들이 그를 선지자로 여겼기 때문이다"(마 21:45-46).²⁴

이런 상황에서 예수님은 "성전 구역에 들어가셔서 그곳에서 사고 팔던 모든 사람을 내쫓으셨다. 그가 환전상들의 상과 비둘기 파는 사람들의 의자를 뒤엎으셨다"(마 21:12). 이것은 최후의 선지자적 대결이었다. 하나님의 집을 향한 열심과 하나님에 대한 경외와 하나님에 대한 순수함으로 가득했던 선지자는 지금 말 그대로 "집 청소", 즉 그의 아버지의 집을 청소하신 것이다! 그리고 이 선지자적 행위로 인하여 그는 자신의 운명을 확정지었다.

크레이그 키너 교수는 이렇게 말했다.

> 분명 예수님이 성전에서 하신 일은 성전 체계를 장악한 예루살렘의 지배층에 대한 도전이며, 어떤 면에서 예수님께서 성전이 곧 무너질 것이라고 예언하신 것과 연관된다…

---

23. 마 20-22장을 보라.
24. 수백 년 동안 일부 교회 지도자들이 마 21:43을 예수님께서 "교회"가 이스라엘을 대체할 것이라고 가르치신 것으로 심각하게 잘못 해석했다. 사실 이 문맥에는 부패한 지도자들이 새로운 사람들로 교체될 것이라는 것이 확실히 나타난다. "그러므로 내가 너희에게 말하니 하나님의 나라를 너희에게서 빼앗아서 그것의 열매를 맺을 사람들에게 줄 것이다… 대제사장들과 바리새인들이 예수님의 비유를 들을 때에, 그들이 그가 자기들에 관하여 말하고 있다는 것을 알았다. 그들이 그를 잡을 방법을 찾으려고 했으나, 그들이 그 무리를 두려워하였으니, 이는 사람들이 그를 선지자로 여겼기 때문이다"(마 21:43, 45-46). "(그 포도원의) 열매를 맺을 사람들"은 먼저는 예슈아의 유대인 제자들이었다! 또 복음서와 사도행전에 공통적으로 나오는 주제를 주목하라. 일반적으로 유대인들은 예수님을 존경했다. 주님을 거부한 자들은 일부 유대교 지도자들이었다. (더 자세한 내용은 부록 A를 보라.)

그런데 예수님은 모퉁잇돌이 되시기 전에 먼저 건축자들, 즉 헤롯 성전을 주관하던 지배층에 의해 버림을 받으셔야 했다(막 12:10-12). 성전에 대한 저항은 대부분의 주류 유대교에 적대감을 심게 되고, 관료들의 손에 순교를 당할 수도 있다. 예수님께서 그들의 화를 일으키고 나서 예루살렘에서 도망하지 않고 제자들이 무기를 들지 못하게 하신 것(5-6장을 보라)은, 주님이 그 관료들의 적의를 그대로 마주하려 하셨다는 것을 보여준다.[25]

주님의 선지자적인 말과 행동은 종교 지배층만의 권력과 그들의 권위를 위협하는 것이었기 때문에 그들은 그것으로 인하여 적대적으로 반응했을 것이다. 그들에게 있어서 그 선지자를 제거하는 것이 자신들의 죄를 인정하는 것보다 더 쉬운 일이었다. 예수님께서 말씀하신 것과 같다. "선지자가 예루살렘 밖에서는 결코 죽을 수 없다!"(눅 13:33).

예슈아는 우리 민족의 위대한 선지자들을 따라, 이사야와 예레미야가 그랬던 것처럼 예루살렘을 향하여 우셨다.

(예수께서) 예루살렘에 가까이 이르러 그 도시를 보시고, 그것에 대하여 우시며 말씀하셨다. "오늘 네가 무엇이 네게 평화를 가져다 주는지 알았더라면 좋

---

25. Keener, *The Historical Jesus of the Gospels*, 293-294. Keener는 증거를 신중히 조사한 후에 성전을 정결하게 하신 일은 역사적 사건으로 받아들여야 한다는 결론을 내렸다. 다양한 참고문헌과 함께 더 자세하게 논의한 내용은 Klyne R. Snodgrass, "The Temple Incident," in Darrell L. Bock and Robert L. Webb, eds., *Key Events in the Life of the Historical Jesus* (Grand Rapids: Eerdmans, 2010), 429-480을 보라. 그의 결론은 다음과 같다. "어쨌든, 성전에서 일어난 사건은 예수님께서 이스라엘 민족의 영적인 건강과 이스라엘 사람들의 예배의 중심의 정당함/정결함에 대하여 가지신 관심을 보여준다… 더 중요한 것은, 이 행동은 또한 예수님의 권위가 전례 없는 예상 밖의 높은 것임을 보여주는 것이다… 비록 제사장의 관리 권한은 없었지만, 예수님은 성전과 그것의 운용에 대한 놀라운 권위를 주장하고 행하신 것이며, 그 권위는 메시아에 대한 기대를 따라 행해진 것이다"(위의 책, 474-475).

앉을텐데. 그러나 이제 그것이 네 눈에서 감추어졌다. 네 대적들이 너를 향하여 둑을 쌓고 너를 포위하며 사방에서 너를 에워쌀 것이다. 그들이 너와 네 성벽 안에 있는 네 자녀들을 땅에 내동댕이칠 것이다. 그들이 돌 하나도 돌 위에 남기지 않을 것이니 이는 네가 하나님께서 네게 임하시는 때를 알지 못했기 때문이다."

— 누가복음 19:41-44[26]

주님은 이 괴로운 말씀을 하신 후에 바로 성전에 들어가셔서 "장사하는 자들을 내쫓기 시작하셨다". 그리고 주님은 하늘에 계신 아버지를 대신하여 이 예언적인 책망을 전하셨다. 주님께서 그들에게 말씀하시기를 "기록된 바 **'내 집은 기도하는 집이 되리라'** 하였으나 너희는 이곳을 **'강도들의 소굴'**로 만들었다"(45-46절). 굵은 글씨로 된 부분을 주목하라. 첫 번째는 이사야서(사 56:7)에서 그대로 인용한 것이고, 두 번째는 예레미야서(렘 7:11)에서 직접 인용한 것이다. 나사렛의 선지자인 예수—예슈아를 통해서 이 고대의 두 선지자가 계속해서 말하고 있는 것이다.

우리는 예레미야가 주의 참된 선지자라는 것을 안다. 그가 1차 성전이 무너질 것과 유대 백성이 포로로 끌려갈 것을 예언했는데, 그가 말한 것이 그대로 성취되었기 때문이다.[27] 또한 우리는 예수님이 주의 참된 선지자라는 것을 안다. 예수님이 2차 성전이 무너질 것과 유대인들이 포로로 끌려갈 것을 예언했는데, 말씀하신 그대로 이루어졌기 때문이다.[28]

이것은 우리로 하여금 어려운 질문을 떠올리게 한다. 예레미야의 시대에 유대 백성이 온갖 종류의 포악한 일들, 즉 우상 숭배, 음란, 무죄한 피를 흘

---

26. 예를 들면, 사 22:4; 렘 9:1, 20-21; 13:17; 14:17을 보라.
27. 예를 들면, 렘 25:1-11을 보라.
28. 예를 들면 눅 19:41-44; 21:20-24을 보라.

리는 일(거짓 신 몰렉에게 아이를 산 채로 제물로 바치는 것을 포함하여) 등의 죄를 범했지만, 성전이 무너지고 나서 약 70년 만에 재건되었다. 그러나 기원후 70년에 그것이 두 번째 무너지고 나서는 그 뒤로 다시 지어진 적이 없었다. 그 이유는 무엇인가?

탈무드가 완성될 때까지 2차 성전은 500년이 넘도록 무너진 채로 있었다.[29] 성전은 왜 여전히 황폐하게 되었는가? 1차 성전 시대에 이스라엘의 죄악이 2차 성전이 서 있던 때의 이스라엘의 죄악보다 훨씬 더 컸던 것으로 보인다. 그러면 어째서 이런 가혹한 벌을 받게 된 것인가?

탈무드는 다음과 같은 질문을 한다.

> 첫째 성소가 무너진 이유는 무엇인가? 거기에 세 개의 (악한) 일들이 만연했기 때문이다. 그것은 우상 숭배와 음행과 피흘림이다…
> 그러나 둘째 성소의 시대에 그들이 토라를 깊이 연구하고 규례들을 지키며 구제를 행했음에도 불구하고 그것이 무너진 이유는 무엇인가? 그것은 그 안에 아무런 이유 없는 증오가 만연했기 때문이다. 이 사실은 너희에게 이유 없는 증오가 우상 숭배와 음행과 피흘림이라는 세 가지 죄를 합한 무게와 동등하게 여겨진다는 것을 가르쳐 준다(b. Yoma 9b).

즉, 탈무드는 1차 성전 시대(예레미야의 시대를 포함하여)에 백성들이 우상 숭배와 음행과 피흘림의 죄를 지었지만, 2차 성전 시대(예수님의 시대를 포함하여)에는 백성들이 "토라를 깊이 연구하고, 규례들을 지키며, 구제를 행했다"고 말한다. 그런데 2차 성전의 무너짐은 지금까지 25배나 더 긴 기간 동안 지속되고 있다. 어떻게 그럴 수 있는가?

---

29. 우리가 보통 "탈무드"라고 말하는 바빌로니아 탈무드는 기원후 600년경에 그 최종적인 형태에 이르렀다.

탈무드의 대답은 그 시대에 "이유 없는 증오가 만연했다"는 것이다. 이것이 우리가 찾고 있던 것의 실마리가 될 수 있지 않을까? 유대 백성이 오늘날까지 여전히 예레미야보다 더 큰 선지자인 그를 선지자로 인정하지 않고, 그의 말을 거부하는 죄를 범한 것일 수 있지 않을까? 그리고 예슈아와 같은 민족인 그들이 그를 향하여 "이유 없는 증오"의 죄를 범한 것일 수 있지 않을까? 예수님은 그 지도자들 중 일부가 바로 이 죄, 이유 없이 주님을 미워하는 죄를 지었다고 말씀하셨다(요 15:18-25). 이것이 서로 연관된 것일 수 있지 않을까?

그리고 만약 예수님이 **그냥 선지자**가 아니라 그 시대 유대 백성이 고대하던 **그 선지자**라면 어떻겠는가? 그리고 만약 이 위대한 선지자가 (예전에 일부 유대인들이 기대한 것처럼) 메시아와 함께 오는 것이 아니라, **그가 바로 메시아**였다면, 그런데도 이스라엘의 지도자들이 그의 말을 비웃고 그를 이유 없이 미워한 죄를 범한 것이라면 어떻겠는가? 이것으로 그 심판이 그토록 심한 이유를 설명할 수 있지 않을까?[30]

그 시대보다 600년 전 예레미야 시대의 성경 역사가는 이렇게 기록했다.

> 그들의 조상들의 하나님 주께서 주의 사자들을 통하여 그들에게 계속해서 말씀을 보내셨으니, 이는 주께서 그의 백성과 그의 처소를 불쌍히 여기셨기 때문이다. 그러나 그들이 하나님의 사자들을 비웃고 그의 말씀을 멸시하며 그의 선지자들을 조롱하기를 주의 진노가 그의 백성에게 일어나 회복할 수 없게 될 때까지 그리하였다.
>
> — 역대하 36:15-16

---

30. 나는 유대인들이 "신을 죽인" 죄가 있다는 비난을 단호하게 거부한다. 신약성경 어디에서도 그런 비난은 나오지 않으며, 나는 여기서 전혀 "신을 죽인" 책임에 대한 의견을 보인 적이 없다. 유대교 지도자들 중 일부가 메시아와 선지자로서의 예수님을 거부한 잘못이 있었지만, 민족 전체로서만이 아니라 그들에게는 "신을 죽인" 죄가 결코 없다. 이것은 기독교가 오랜 세월 동안 근거 없이 했던 끔찍한 비방이며, 이것으로 유대인들이 큰 고통을 당했다. 이것과 관련된 신약성경의 증거들에 대한 솔직한 평가는 부록 A를 보라.

역사는 계속 반복되며, 이번에는 더 큰 선지자가 일어나고 더 큰 결과가 발생한 것이 아닌가? 그리고 만약 우리가 유대인으로서 하나님께서 기원전 600년에 그의 선지자들을 거부한 것으로 인하여 우리를 심판하신 것을 믿을 수 있다면, 어째서 우리는 기원후 30년에 메시아 왕이신 그의 선지자를 거절한 것으로 인하여 우리를 심판하셨다는 것을 믿을 수 없는 것인가? 그리고 만약 예레미야와 그의 동료 선지자들이 정치적, 종교적 지배층에게 위협이 되었다면, 어째서 예슈아도 정치적, 종교적 지배층에 위협적인 존재였다는 결론에 이르지 못하는가? 그를 이스라엘의 가장 위대한 선지자로 다시 생각하면, 이스라엘의 역사를 훨씬 더 잘 이해할 수 있게 된다.

우리의 탐구의 여정은 계속된다. 이스라엘에서 오랫동안 감추어졌던 메시아가 드러나고 있다.

5

한 랍비의 선의로 예수님을 빼앗기다

그것은 스릴 있는 이야기 같았다. 이야기가 전개될수록 당신은 긴장하게 된다.

"마지막 대립이 있기 전날 밤, 그 랍비는 자기 제자들을 불러모았다."

그 다음에 무슨 일이 일어났는가?

"그는 제자들에게 검을 모으라고 명령했다. 그들은 무력으로 성전을 점령할 준비를 해야 했다."

긴장감이 고조되었다.

"그들은 예루살렘 사람들에게 로마에 맞서는 그들의 스승의 용감함과 대담함을 보여주려고 한다."

그리고 나서는?

"사람들이 그를 보면 따를 것이며 커다란 반란의 도화선에 불이 붙을 것이다. 로마인들은 철수할 수 밖에 없을 것이다."

정말로 숨막히는 장면이다.

잠깐. 뭔가 이상한 점이 있다. 이 랍비의 군대는 오직 열한 명뿐이고, 그들이 가진 것은 검 두 자루가 전부다. 두 자루라니! 그런데도 그들이 로마 군대와 싸워서 "성전을 무력으로 점령"하겠다고?

두려워하지 말라. 아직 이야기는 더 남아 있다.

그 랍비는 "단지 검에만 의존하지 않는다. 만일 그가 그 싸움을 시작하려는 노력만 하면, 하나님께서 대신하여 그 백성을 구하여 주실 것이다. 이스라엘 백성이 이집트에서 나올 때에 파도가 이는 물 속으로 뛰어드는 것으로 믿음을 보여야 했고, 그 후에 하나님께서 홍해를 가르셨던 것처럼, 마찬가지로 그 스승과 그의 제자들은 오직 대적과 싸우려는 진실된 의지만을 보이면 됐다. 그후에는 하나님이 나머지 일들을 하실 것이다."[1] 이것이 맞는 말인가?

전혀 그렇지 않다. 열정적인 이야기였지만 이것은 단지 만들어낸 허구적인 이야기이며, 아무런 역사적 증거도 없이 역사를 재구성한 것에 불과하다. 그리고 내가 이런 말을 하는 것은 내가 존경하는 동료 랍비이며 이 이야기를 말한 랍비 쉬물리 보테크를 모욕하려는 것은 아니다.

새로운 예수를 만들어 내다

쉬물리에게 있어서 예수님은 영웅이요, 무한한 용기를 지닌 사람이요, 억압과 불의를 미워하는 랍비요, 하나님의 백성을 지배하는 이방 제국을 견딜 수 없는 유대인 지도자요, 해방의 때가 왔고 무력으로 메시아의 시대를 시작하려는 메시아가 될 가능성이 있는 사람이다. 그러나 쉬물리의 책에 나오는 예수님은 오직 쉬물리의 머리 속에만 존재하는 인물이었다.

바꿔 말하면, 당신은 "랍비 쉬물리 보테크의 코셔 예수"라는 다섯 단어를 "쉬물리의(쉬물리가 만든 - 역자 주) 예수"라는 두 단어로 압축시킬 수 있다. 그렇다. 나의 소중한 친구인 쉬물리는 전혀 존재한 적이 없는 예수—예슈아를 만들어냈다. 이 허구의 인물은 대중매체나 예술에서 종종 볼 수 있는 푸른 눈과 금발의 유럽 사람으로 묘사된 예수님에도 미치지 못한다. 어거스틴은 이렇게 말했다. "만약 당신이 복음서에 기록된 것 중에 당신이 좋아하는

---

[1]. Boteach, *Kosher Jesus*, 6. 이것이 탈무드에 나오는 격언인 "우리는 기적에 의존하지 않는다"(b. Pesachim 64b; b. Shabbat 32a을 보라)와 어떻게 공존할 수 있는지 궁금할 것이다.

것을 믿고 싫어하는 것은 거부한다면, 당신이 믿는 것은 복음이 아니라 당신 자신이다."[2]

그러나 이것이 끝이 아니다. 예수님을 무장한 자유 전사로 그린 쉬물리의 묘사는 허위적일뿐 아니라 참으로 한심하다. 쉬물리의 예수는 완전히 잘못된 것이다. 그런 지도자는 칭찬이 아니라 동정을 받아야 할 것이다.

그것은 마치 모세가 하나님이 "내 백성을 가게" 하시려고 바로에게 맞서도록 자신을 부르셨다고 **정말로 믿었으나**, 결국 그는 완전히 잘못 알았고 그가 확실히 죽임을 당하는 것만이 아니라 그의 백성도 처참한 결과를 맞이하게 되는 것과 같을 것이다. (그리고 만약 모세가 하나님께서 그들을 위하여 홍해를 가르실 것이라고 **정말로 믿고** 우리 민족을 그곳으로 이끌고 갔으나 결국 그들이 빠져 죽는 것을 바라볼 수 밖에 없었다면 우리는 그를 위대한 인물로 기억했을 것인가?)

그것은 마치 노아가 주께서 자기에게 커다란 배를 만들라고 명령하신 것을 **정말로 믿고**, 그의 이웃에게 경고하기를 무시무시한 홍수가 오고 있으며 모든 동물들이 그 홍수가 오기 전에 그의 배 앞으로 올 것이라고 하고, 그의 인생에서 수십 년 동안 그 배를 만들었지만, 결국 쏟아지는 폭우는 한 번도 오지 않고 코끼리들과 기린들 혹은 사자들과 호랑이들과 곰들만 덩그러니 남아 있게 되는 것과 같을 것이다.

---

2. 이것은 어거스틴의 유명한 말이지만, 나는 원자료를 갖고 있지 않다. 유대인 연구가인 Adam Gregerman이 코셔 예수의 서평에 남긴 말도 주목하라. "한 가지 흔하게 일어나는 일은… 대개 ('역사적 예수'의) 재구성은 그것을 재구성하는 사람과 비슷한 결과물을 만들어 낸다. 즉, 보수적인 기독교인들은 보수적인 예수를 발견한다… Boteach는 자신이 만든 이미지로 예수를 보았다… 이것은 표면적으로 역사적인 묘사로 보이지만, Boteach는 전통 유대교의 관점을 반영한 것만을 정확하게 확인한 것이다. 심지어 그는 예수님의 정치적인 부분을 다룰 때, 예수가 필요한 경우 무력을 사용하여 열심히 '유대 독립 국가를 재건하려 했다'고 주장하며, 그를 현대의 종교적 시온주의자와 같은 인물로 만들었다." [Adam Gregerman, "It's 'Kosher' to Accept Real Jesus?" *Jewish Daily Forward*, February 9, 2012, https://forward.com/culture/151028/its-kosher-to-accept-real-jesus/#ixzz1luCEWDX9 (2012년 2월 22일 접속).]

그것은 마치 엘리야 선지자가 자신이 갈멜 산에서 850명의 거짓 선지자들과 대결하도록 부름 받았다는 것을 **정말로 믿고**, 하나님께서 하늘에서 불을 내려 주셔서 자신의 말을 확증시켜 주실 것이라고 **굳게 믿었지만**, 결국 그 모든 것이 자신의 머리 속에서 꾸며낸 것이며, 거짓 선지자들이 아니라 자신이 조각나게 될 것임을 알게 되는 것과 같을 것이다.

쉬물리의 예수는 이보다 낫다고 할 수 없고, 실제로는 더 안 좋은 것이다. 왜냐하면 그가 만든 예수는 자신이 로마에 대항하여 성공적인 반란을 이끌 것이라 생각했고, 또한 자신이 메시아요, 이스라엘의 희망이요, 구속자라고 생각했으나 결국 처절하게 실패했기 때문이다. 다시 말하지만, 이런 지도자들은 찬양이 아니라 동정을 받아 마땅하고, 다른 사람들에게 해를 끼치고 하나님의 이름을 욕되게 했으니, 그들은 존경이 아니라 거부당해야 한다.

쉬물리의 책에서 예수와 그의 열한 제자는 그들의 검 두 자루를 휘두르며 극적인 행동을 보인다(이것은 정말 멋진 장면일 것이다). 그러나 그들을 지지하며 반란을 일으키는 사람들은 없었고, 하나님의 역사하심도 없었으며, 대규모의 반란은 일어나지 않았다. 대신에 예수는 체포되어 채찍질을 당하고 십자가에 못박혔으며, 그의 제자들은 살기 위하여 도망쳤다.

이것이 영광스러운 것인가? 이것이 숭고한 이야기인가? 이것이 오늘날 유대인들이 자기들을 위하여 이 예수를 되찾으려는 이유인가?

만약 이것이 사실이고 랍비 예슈아의 실화라면, 그는 역사상 가장 유명하고 영향력 있는 유대인이 되지 않았을 것이다. 그리고 만약 쉬물리가 쓴 이 이야기가 사실이라면, 그는 동의하지 않을 수도 있지만, 자신을 메시아라고 속인 자가 반란을 일으키려 했다는 것으로 인하여 로마가 큰 규모의 보복을 감행하고, 그 결과 엄청난 수의 유대인들이 피를 흘리게 되었을 수도 있다. 이것이 유대인 예수의 평가를 높이는 일이 될 수 있는가?

이 허구적인 예수는 남을 속이는 종교 교사로, 하나님께서 자신을 위하여 역사하실 것이라는 직감을 따라 자기의 가장 친한 친구들을 자살 임무로 몰고 가려는, 메시아 콤플렉스를 갖고 있는 사람이다. 그는 실패한 지도자로서, 반란을 선동한 것으로 수치스럽게 죽은, 자신을 희생하는 사랑의 행위와 반대되는, 자기 의지와 다른 죽음을 맞이하고, 그의 이야기는 거기서 끝난다. 왜냐하면 이 가짜 예수는 죽은 자들 가운데서 결코 부활하지 않았기 때문이다.

쉬물리의 말을 빌리자면, "그 랍비가 남긴 유산에는 거의 미래가 없었다. 그의 제자들은 로마의 박해를 받았고, 그들이 사랑하는 지도자를 잃은 후 큰 충격에 빠졌으며, 그 수는 점점 줄었다."[3] 그가 남긴 유산에 "거의 미래가 없었던", 가공의, 비역사적인 예수의 이야기는 이렇게 끝난다.

그러나 현실은 예수께서 죽으시고 2천 년이 지난 지금 쉬물리가 그린 예수를 논할 이유는 거의 없다는 것이다. 쉬물리가 **그 랍비**가 남긴 유산의 미래가 희박할 것이라고 말하는 것은 당연하다. 2천 년이 지나서, (그분의 이름이 전 세계에 있는 수억 명의 사람들의 입에서 언급되는 것은 말할 것도 없고) 우리 유대인 공동체 안에서 예수님에 대한 격렬한 논쟁이 일어나고 있다는 사실은 그의 이야기 이상의 무언가가 있다는 것을 의미한다. 데이빗 플루서는 이렇게 말했다. "기독교가 야망도 없고 잘 알려지지 않은 유대인 순교자를 데려다가 억지로 그에게 장엄한 연극의 주연을 맡겼다는 생각은 완전 터무니없는 일일 것이다."[4] 맞는 말이다.

---

3. Boteach, *Kosher Jesus*, 9. 이 허구적인 이야기의 다음 부분에서는 바울을 기독교의 창시자로 소개한다. 이것에 대한 내용은 7장과 8장을 보라.

4. Flusser, *The Sage From Galilee*, 164.

예루살렘 신드롬

당신은 "예루살렘 신드롬"(the Jerusalem syndrome)이라는 말을 들어보았는가? 그것은 이 고대의 도시를 방문하는 사람들이 자주 걸리는 유명한 정신 질환을 말한다. 그들은 그곳에 있을 때에 자신이 엘리야 선지자나 예수님과 같은 성경의 인물 중 하나라고 굳게 믿게 된다. 이런 일시적인 형태의 정신 질환이 발생한 사람들 중에는 "메시아가 되고자 하는 사람들, 부적응자들, 잘못 인도된 사람들, 영적으로 뒤섞인 사람들"이 있는데,[5] 그들 대부분은 특히 서쪽 벽("통곡의 벽")에 마음이 끌린다. 이 성벽은 예슈아께서 죽으신 지 40년 후에 로마인들에 의하여 파괴된 성전에서 마지막으로 남은 외부 구조물이다.

인터넷에 있는 유대인 가상 도서관에는 이런 기록이 있다. "예루살렘의 정신과 의사인 조던 세르는 많은 정신적 장애가 있는 사람들이 그 수도, 특히 올드 시티를 가득 채운 특별한 영적 기운을 찾아 그 거룩한 도시로 몰려든다고 했다. '예루살렘은 메시아들로 넘쳐난다. 그들은 메시아를 만나기 위하여 온 사람들, 그를 기다리는 사람들, 또는 자신의 마음 속의 혼란을 진정시키려는 사람들이다.'"[6]

랍비 쉬물리의 허구적 예수는 이런 현혹된 불쌍한 사람들과 크게 다르지 않다. 그도 자신을 메시아라고 잘못 생각했고, 그도 거룩한 도시와 성전에 특별한 이끌림이 있었기 때문이다. 여기에 더하여 두드러진 점 한 가지는, 쉬물리의 예수는 실제로 무장 반란을 일으키려 했다는 것이다.

누가 더 불쌍한 사람인가? 예루살렘 신드롬에 걸려, 병원에서 며칠을 보내고, 제정신으로 돌아와서, 거듭 사과하고 나서 집으로 돌아가는, 남을 해

---

5. Leah Abramowitz, "The Jewish Syndrome," Jewish Virtual Library, https://www.jewishvirtuallibrary.org/the-jerusalem-syndrome (2012년 2월 22일 접속).

6. 위의 책. 유튜브에서 "Jerusalem syndrome"으로 검색하면 아주 흥미로운 영상들을 볼 수 있을 것이다!

하지 않는, 오늘날의 관광객인가? 아니면 자기 민족에게 잘못된 희망을 갖게 하고, 죽을 때까지 자신이 (메시아가 아니지만) 메시아라고 믿으며, 검 두 자루를 들고 있는 소수의 사람들로 수만 명의 중무장한 군대를 공격할 정도로 제정신이 아니며, 자신의 망상을 이루려고 많은 사람들의 목숨을 위태롭게 한 실패한 지도자인가? 이 두 사람 중에 누가 더 위험한가? 누가 더 현혹되었는가? 누가 더 불쌍히 여김을 받아야 하는가?

이것을 오늘날의 상황으로 바꿔 말하면, 미국 정부를 전복시킬 때가 왔다고 확신하고, 자신이 하나님의 기름 부음을 받은 구속자라고 믿으며, 소수의 충성된 신도들과 함께 권총을 들고 백악관에 나타난 종교 지도자를 우리는 우러러볼 것인가? 그리고 경찰들이 그에게 수갑을 채우고 그를 끌고 나갈 때, 우리는 그의 숭고한 의지를 기념하고 그의 용기를 칭찬할 것인가?

쉬물리는 확실히 그의 책에서 예수님을 신실한 유대인으로 받아들이고, 위대한 랍비로 인정하며, 뛰어난 선생으로 평가하고, 열정적인 선지자로 봄으로 예수님에 대한 많은 부분을 제대로 이해했다.[7] 쉬물리가 대담하게도 예수님에 대하여 그런 찬사를 보낸 것은 칭찬 받아야 할 일이다. 그러나 예슈아를 탁월하게 만들고, 그분이 사실은 우리의 메시아라는 것을 보여주는 것은 바로 쉬물리가 놓친 것들, 또는 그가 역사 기록에서 빼버린 것들이라고 할 수 있겠다.

쉬물리는 다양한 책을 읽고 많은 학문을 공부한 뛰어난 연설가지만, 그는 이제 자신이 전문적인 역사학자도 아니고 성경학자도 아니라는 것을 인정해야 할 것이다. 그는 신약성경을 완전히 재구성하면서, 그의 상상 속의 예수를 만들어 내기 위하여 주로 다른 사람들이 연구한 것들, 그중에서도 특히 (그가 인정한 것처럼) 히암 맥코비의 연구를 따랐다.[8]

---

7. 4장을 보라.
8. Boteach, *Kosher Jesus*, ix. 쉬물리는 이렇게 썼다. "나의 예수에 대한 생각은 히암 맥

신약성경을 무시하다

그렇다면 이 (소수의) 학자들은 무슨 근거로 거의 비슷비슷한 예수의 이야기들을 꾸며내고, 그를 무장 반란의 지도자로 만들었는가?[9] 그들이 첫째로 해야 할 일은 신약성경을 완전히 무시하는 것이다(뒤에 짧게 설명하겠지만, 이것은 시작부터 매우 불안정한 방법이다). 왜냐하면 신약에 나오는 예수는 로마에 대항하는 자유 전사가 아니기 때문이다. 둘째, 그들은 자기들의 이론을 지지하는 단서들을 찾기 위하여 신약성경을 샅샅이 살펴봐야 한다(이것은 분명 당신이 찾고 있는 것을 발견할 위험이 있다). 셋째, 그들은 작은 일을 크게 부풀려야 한다. 더 정확히 말하자면, 검 두 자루를 민족적 반란으로 만들어야 한다. 넷째, 그들은 자기들이 시작한 곳에서 끝내야 하며, 그들의 입장과 반대되는 압도적인 증거에 대하여 해명해야 한다.

이런 이유로 이 이론을 고수하는 학계의 전문가들은 극히 적은 수에 불과하다. 성경 본문을 마음대로 바꾸는 성경 학자들은, 성경의 저자들이 "실제로" 말하려고 한 것이 무엇인가 또는 성경의 역사가 "실제로" 어떻게 전개되었는가에 대하여 온갖 종류의 특이한, 때로는 정신이 나간 듯한 이론들을 생각해 내는 것으로 유명한 사람들인데도 말이다. 그들의 이론이 이러한 까닭

코비의 글과 그의 역사적 예수에 대한 인상적인 깨달음으로 완전히 바뀌게 되었다." 그는 이 부분을 연구하면서, 특히 Hyam Maccoby, *Revolution in Judaea: Jesus and the Jewish Resistance* (New York: Taplinger Pub. Co., 1980; the first edition was published in 1973)에 의존했다. 그가 의존했던 맥코비의 다른 작품들에 관해서는 7장을 보라.

9. 예를 들면, S. G. F. Brandon, *Jesus and the Zealots: A Study of the Political Factor in Primitive Christianity* (Manchester: Manchester University Press, 1967)를 보라. 더 개괄적인 자료는 Richard A. Horsley, *Bandits, Prophets, and Messiahs: Popular Movements at the Time of Jesus* (Minneapolis: Winston Press, 1985)를 보라. 같은 저자의 *Jesus and the Spiral of Violence: Popular Jewish Resistance in Roman Palestine* (San Francisco: Harper & Row, 1987)를 참조하라. "무장 반란"에 대한 강하고 설득력 있는 비판에 대해서는 아래 각주 22에 나오는 Martin Hengel과 Oscar Cullman의 작품을 보라.

에, 최신 이론이 나오더라도 몇 년이 지나면 개연성이 낮거나 터무니 없는 이론들과 마찬가지로 금새 새로운 이론으로 대체된다.

고고학적인 새로운 발견으로 성경의 새로운 사실이 알려지거나, 언어학적인 깨달음으로 어떤 구절의 의미가 해석되는 것은 멋진 일이다. 우리 중에 성경 연구에 몸담고 있는 사람들은 그런 순간들을 위하여 살고 있다. 이것은 우리의 목표가 기록된 것을 올바르게 이해하는 것이기 때문이다. 그렇지만 학자들이 마치 커다랗고 네모난 말뚝을 작고 동그란 바늘 구멍에 끼워넣으려고 하는 것과 같이 자신의 특이한 이론에 맞게 성경을 고치려는 시도는 완전히 별개의 문제다.

자신의 역사 이론을 제자들에게 가르친 독일의 유명한 철학자에 대한 이야기가 있다. 그가 말하기를 마치자 학생 중 한 명이 그에게 말했다. "그런데 교수님, 역사적 사실들은 교수님의 이론과 정반대입니다!" 그 교수가 대답했다. "역사에 대한 얘기는 그만!" 우리가 다루고 있는 문제의 경우로 말하자면, 예수님을 무장 반란의 우두머리로 만들려는 학자들은 "신약에 대한 얘기는 그만!"이라고 말할 것이다.

이제 아주 단순하지만 확실하게 요점을 설명하는 비유를 하나 들겠다. 화재조사관이 불타버린 구두 가게를 조사하는데, 구석에서 두 개의 그을린 막대 사탕을 발견했다. 그러자 그는 그곳이 실제로는 비밀리에 운영되는 사탕 공장이라는 결론을 내렸다. 사실 그곳에는 여기저기에 수천 켤레의 구두들이 있었고, 구두약은 물론이고 숯처럼 까맣게 된 수백 개의 구두 상자들과 많은 양말들이 있었다. 즉, 그곳에는 구두 가게에서 발견할 수 있는 모든 물건들이 있었다. 그러면 그 막대 사탕 두 개는 어떻게 설명할 수 있는가?

나중에 알려진 사실은, 그 가게에서 불이 나기 시작했을 때 그곳에 한 여자가 있었다. 그 여자에게 당시 상황을 물어보니, 그녀는 자기 딸에게 줄 구두를 사고 있었는데 그 때 뭔가 타는 냄새가 났다. 그래서 그녀는 자기 어린 딸의 팔을 붙잡고 문 밖으로 뛰쳐 나갔다. 그리고 그 와중에 자기 딸이 그 막대 사탕을 떨어뜨린 것 같다고 했다.

그러나 화재조사관은 자기가 고정 관념을 깨는 새로운 발상을 하는 사람이라고 자부하면서, 그곳은 구두 가게로 허가를 받았지만 사탕 제조라는 허가 받지 않은 불법 행위를 하면서 그것을 숨기고 있었을 것이라고 추정했다. 그래서 그는 명백하고, 일관되며, 종합적인 증거를 무시하고, 그것을 일종의 속임수로 여기며 그가 생각한 사탕공장 이론을 가장 가능성이 높은 것으로 내세웠다.

이와 같은 방식으로, 명백하고, 일관되며, 종합적인 신약성경의 저자들의 증언은, 그들 대부분이 그들이 기술한 사건들을 직접 목격한 증인들임에도 불구하고, 철저하게 무시되었을 것이다(이것에 대한 더 자세한 내용은 다음 장인 "죽임 당하신 어린 양"을 보라). 이 두 가지 이야기에서 가장 큰 차이는, 우리가 다루고 있는 것이 막대 사탕 두 개가 아니라 검 두 자루라는 것이다.

검 두 자루 이론

평화의 왕을 랍비 람보로 바꿔버린 이 정교하게 재구성된 이야기의 상당 부분은 누가복음에 나오는 **짧은 한 구절**을 가장 강력한 근거로 삼고 있다. 여기서 예수님은 자신을 속이는 한 제자에 의하여 배신 당할 것을 알고 계시면서도 남은 열한 명의 탈미딤들과 대화하셨다.

그러자 예수께서 그들에게 말씀하셨다. "내가 너희를 전대나 배낭이나 신발 없이 보냈을 때에 너희에게 부족한 것이 있었느냐?"

그들이 대답하기를 "없었습니다" 하였다.

그가 그들에게 말씀하셨다. "그러나 이제 너희에게 전대가 있으면 가지고 가고, 배낭도 그렇게 하여라. 만일 너희에게 검이 없으면, 너희 겉옷을 팔아서 그것을 사라. 기록하기를 '그가 불법자들과 함께 계수되었다' 하였다. 내가 너희에게 말하니 이것이 내 안에서 이루어져야 한다. 그렇다. 나에 관하여 기록된 것이 이루어지고 있다."

제자들이 말했다. "주님, 보십시오. 여기 검 두 자루가 있습니다."

그가 대답하셨다. "충분하다."

— 누가복음 22:35-38

여기서 어떤 일이 진행되고 있는가? 우선은 몇 가지 논리적인 질문을 우리 자신에게 물어보도록 하자. 이 구절은 우연히 누가의 기사에 남겨진 것인가? 물론 아니다. 많은 역사가들과 고고학자들이 인정하는 것처럼, 누가는 세심하게 주의를 기울여서 기록했기 때문에 어떤 구절이 우연히 본문에 들어간다는 것은 말도 안 되는 소리다.

사실 누가가 이 책을 기록한 것은 데오빌로라는 사람을 위해서였다.

우리 가운데 이루어진 일들에 관한 이야기가 처음부터 목격자이며 말씀의 종들인 자들에 의하여 우리에게 전해진 것처럼, 많은 사람들이 그 이야기를 편집하려고 하였습니다.

그러므로 나 자신도 모든 일을 처음부터 면밀히 조사하였기에, 나도 데오빌로 각하를 위하여 그것을 순서대로 써서, 각하께서 배우신 것들이 확실하다는 것을 각하께서 아시는 것이 좋을 것이라고 생각합니다.

—누가복음 1:1-4

이것은 누가가 그의 과제를 잘 수행했고 그 이야기를 최대한 주의를 기울여 편집했다는 것을 의미한다. 그러므로 그가 잘못을 나타내는 증거가 될 수 있는 부분을 "우연히" 본문에 남겨두었다는 생각은 확실히 터무니없는 것이다. 사실 그가 원하지 않는 그러한 이야기를 그의 책에 넣었을 것이라고 생각하는 것 자체가 정말 말도 안되는 것이다.

나는 1,500개 이상의 자세한 미주(尾註)가 있고 분량이 700쪽이나 되는 일부 책들을 포함하여, 20권 이상의 책을 쓴 저자로서, 내 책에 내가 원하지 않는 구절들을 "우연히" 넣는 일은 없다. 그리고 만약 내가 내 책들 중 하나에서 오자(誤字) 하나를 발견하면, 나는 그 책이 출판되기 불과 몇 주 전이라도, 그것을 수정할 것이다. 만약 그것이 안 된다면, 그 하나의 오자는 우리가 다음 쇄에서 수정을 할 때까지 내 머리 속에 남아 있을 것이다. 이것이 바로 신중한 작가들의 사고 방식이다. 그런데 누가의 경우에는 그가 원하기만 하면 본문을 수정할 수 있는 시간이 몇 년이나 있었다. 그는 출판 마감일에 맞추기 위하여 인쇄기로 달려갈 걱정을 할 필요가 없었다. 그리고 그는 이 구절들을 한 번도 바꾼 적이 없다. 그는 거기에 잘못된 행동을 나타내는 내용이 없다고 생각한 것이 확실하다.

나는 이것이 너무나 명백한 것이라고 생각하지만, 사람들이 음모론을 믿게 되면 그들은 가끔 이성적인 생각을 집에 두고 나온다. 솔직히 말하면 "검두 자루, 무장 반란" 이론이 이런 경우라고 할 수 있다. 그런데 누가의 본문으로 돌아가기 전에, "무장 반란" 이론을 주장하는 사람들을 위하여 한 걸음 더 들어가겠다.

누가의 복음서는 신중하게 기록된 것만이 아니라, 그 메시지를 널리 전하려는 사람들에 의하여 수없이 필사되었다. 그런데 우리가 가진 모든 사본들이 이 본문을 포함하고 있다는 것은 누구도 이것을 삭제하려고 하지 않았다는 것을 의미한다. 이것은 매우 큰 의미를 갖는다. 왜냐하면 누군가가 본문을 필사할 때 어떤 구절이 어색해 보이거나, 그 단어들이 위험하거나 오해의 소지가 있을 수 있다고 염려되거나, 그들이 본 다른 사본에는 그 단어들이 들어있지 않은 것을 기억하고 이 문서가 온전히 정확한 것인가 하고 생각할 수 있기 때문이다. 그런 경우에, 만일 그가 신중하지 않은 비전문적 서기관이었다면, 그는 문제가 되는 구절을 그냥 삭제했을지도 모른다(또는 전문가다운 방식으로, 그것을 강조하기 위하여 그 주변에 특수 기호를 적었을 수도 있다). 그렇기 때문에 본문을 연구하는 학자들은 가장 정확한 독법을 알아내기 위하여 모든 증거들을 비교하며 고대 사본들을 매우 유심히 살펴보는 것이다.[10] 그런데 우리가 가진 수백 개의 관련 사본들에는 이 문제의 구절들이 삭제되거나 강조 표기가 되어있지 않았다.

그러므로, 누가가 우연히 이 구절들을 이 복음서에 남겨 두었다고 생각하는 것은 말도 안 되는 이야기일 뿐만 아니라, 그것을 보여주는 증거가 되는 사본도 없고, 누군가 나중에 그것을 "몰래" 추가했다는 (또 다른 터무니없는 주장의) 흔적도 존재하지 않는다. 실제로 문맥을 보면 그 구절들은 계속 그 자리에 있어야 한다.

다시 원래의 문맥으로 돌아가면, 우리는 예슈아께서 제자들과 말씀을 마치시자 곧 무기를 든 무리가 주님을 잡으러 오는 것을 읽을 수 있다(주님은 사람들에게 매우 유명했기 때문에, 그들은 밤에 주님을 잡으려고 계획을 세운 것이다).

> 예수를 따르는 자들이 일어날 일을 보고 그들이 말했다. "주님, 우리가 우리의 칼로 그들을 칠까요?" (이것은 몇 구절 앞에서 언급된 칼 두 자루이다.) 그들 중 한 사람이 대제사장의 종을 쳐서 그의 오른쪽 귀를 베어 냈다. 그러나 예수께서 말씀하셨다. "그만 하여라!" 주께서 그 사람의 귀를 만져서 그를 치유하셨다.
>
> —누가복음 22:49-51

---

10. 성경을 처음 읽는 사람들은 신경쓰지 않아도 된다. 히브리어와 헬라어 성경, 기독교에서는 구약과 신약으로 부르는 성경의 다양한 사본들이 있다. 그리고 성경의 저자들이 전하려고 했던 의미들을 아주 잘 전달하는 현대의 훌륭한 번역본들이 많이 있다.

매우 존경 받는 신약 학자이며 예수님의 세계의 유대적 배경의 전문가인 크레이그 키너 교수는 이 구절에 대하여 설명하며 흥미로운 의견을 제시했다. "많은 사람들이 메시아들을 이스라엘을 억압하는 이방 제국들에 대한 민족적 반란과 정권 타도에 연결시켰지만, **자기를 공격한 사람들을 치료하는 메시아를 상상한 사람은 아무도 없었다.**"[11] 예수님은 무기를 든 반역자가 아니라 치료자였다. 이것은 누가와 신약의 다른 저자들이 말하는 매우 분명한 메시지였다.[12]

예수님은 이것으로 충분하지 않으셨는지, 베드로의 폭력적인 행동을 꾸짖고 다친 사람(그의 이름은 말고였다)의 귀를 치유하시고 나서, 자신을 잡으러 무기를 들고 온 무리를 책망하셨다.

> 그러자 예수께서 자기를 잡으러 온 대제사장들과 성전의 경비대장들과 장로들에게 말씀하셨다. "내가 무슨 위험한 혁명가이냐? 그래서 너희가 나를 잡으려고 칼과 몽둥이를 들고 왔느냐? 너희는 어째서 성전에서 나를 잡지 않았느냐? 내가 매일 그곳에 있었다. 그러나 지금은 너희의 때요, 어둠의 권세가 지배하는 때다."
>
> — 누가복음 22:52-53 NLT 성경

메시지 성경은 이렇게 의역했다. "예수께서 온 자들, 즉 대제사장들, 성전의 경비들, 종교 지도자들에게 말씀하셨다. '내가 위험한 범죄자인 것처럼 나에게 칼과 몽둥이를 들고 달려들다니 이것이 무슨 일이냐? 내가 날마다 너희와 함께 성전에 있었으나 너희는 내게 대하여 손조차 들지 않았다. 그러나 너희 방식대로 행하라. 지금은 어두운 밤이요 흑암의 때이다.'"

---

11. Keener, *The IVP Bible Background Commentary: New Testament*, 251, 필자의 강조.
12. 이것에 대한 더 자세한 내용은 6장을 보라.

이제 우리가 누가가 쓴 기록에 대하여 아는 것들은 다음과 같다.

1. 칼 두 자루에 대한 구절은 누가가 말하고 있는 이야기의 핵심적인 부분이다. 사실 사복음서의 기록 중에서 오직 누가만 이 정보를 공유했다. 이것은 그가 독자들이 특별히 이것을 알기를 원했다는 것을 의미한다.
2. 이 사건의 앞뒤 문맥을 보면 예수님이 무장 반란을 계획하셨다고는 전혀 생각할 수 없다.

이제 우리는 다시 시작점으로 돌아왔다. 이 구절이 진짜로 말하고 있는 것은 무엇인가? 이에 대한 가장 훌륭한 해석은 무척 단순하다. 누가복음을 연구하는 학자인 I. 하워드 마샬은 이렇게 설명했다.

이 부분은 예수님께서 그들이 이전에 전도 여행을 떠날 때 믿음으로 나아가고 부족함이 없었던 경험에 대하여 호소하시는 것으로 시작한다. 그러나 이제 상황이 달라졌다. 예수님과 그분의 제자들에 대한 반대가 거세어졌기 때문에 그들은 칼을 필수 준비물로 생각할 정도로 잘 대비해야 했다. 그 말씀은 단호하고 역설적인 것으로, 예수님과 제자들이 겪을 반대가 그들의 생명을 위협할 정도로 격렬하다는 것을 보여주고 있다. 그들은 최대한의 믿음과 용기가 필요했다… 상황이 이렇게 된 것은 예수님 안에서 이루어져야 하는 구약의 예언이 있기 때문이다. 그것은 야훼의 종이 행악자들과 어울린다는 말씀이다. 예수님은 그것을 자신의 죽음에 대한 예언으로 보셨는데, 이제 주님의 생명이 거의 마지막에 이르렀기 때문이다. 그러나 제자들은 이해하지 못했다. 그들은 예수님의 말씀을 문자 그대로 받아들여서 칼 두 자루를 준비했다. 예수님은 그들의 이해가 부족함을 책망하셨다. 그 부족함은 예수님이 붙잡히실 때 더 분명해질 것이다…

이것을 예상되는 종말론적인(마지막 때의) 또는 메시아적인 싸움에 대비하라는 말씀으로 보기는 힘들다. 이런 개념은 (비유적인 의미를 제외하고) 예수님이나 초대 교회의 생각과 무관하기 때문이다. 예수님이 열심당과 같은 방식의 무장 반란을 계획하셨다고 보기도 힘들다.[13]

세계 최고의 누가복음 학자 중 한 사람인 조셉 피츠마이어도 이렇게 말했다. "이 구절(눅 22:36)은 열심당과 전혀 무관하다… 예수님이 전대와 배낭과 칼을 준비하라고 하신 말씀은 상징적 의미로 봐야 한다… 주님의 말씀의 상징적 의미는 38절에서 주님의 말씀을 문자적으로 해석한 것에 대하여 보이신 주님의 반응에서 유추할 수 있다."[14]

누가복음 22장 38절에서 주님은 무슨 말씀을 하셨는가? 주님의 제자들은 이렇게 말했다. "주여, 보소서. 여기 칼 두 자루가 있습니다." 주님께서 대답하셨다. "그만해라!" 피츠마이어는 이것을 이렇게 설명했다. "즉, 사도들이 나의 말의 의미를 크게 오해했다."[15]

마샬의 설명으로 돌아가면, 그는 이사야 53장의 말씀을 말하고 있다. 히브리 성경의 그 구절은 도살장으로 끌려 가는 어린 양 같이 가며, 자신의 죄가 아니라 자기 백성의 죄를 위하여 고난을 당하고 죽는 한 의인에 대하여 말하고 있다. 그러나 그 백성은 그가 죄인이며 자신의 죄로 인하여 죽는 것

---

13. I. Howard Marshall, *The Gospel of Luke*, New International Greek Testament Commentary (Grand Rapids, MI: Eerdmans, 1978), 823-824, 825, "이 관점에 대한 Hahn의 중요한 비판은 167-170을 보라"는 언급이 있다. (이것은 Ferdinand Hahn, *Christologische Hoheitstitel* [Göttingen, Vandenhoeck & Ruprecht, 1963]을 가리키는 것이며, 영어 번역본으로 *The Titles of Jesus in Christology: Their History in Early Christianity* [New York: World, 1969]가 있다).

14. Joseph A. Fitzmyer, *The Gospel According to Luke X-XXIV*, The Anchor Bible (New York: Doubleday, 1985), 1432.

15. 위의 책, 1434.

이라고 생각했다. 돌이켜 보면, "그가 짊어진 것은 우리의 연약함이요, 그를 짓누른 것은 우리의 슬픔이다. 우리는 생각하기를 그의 고난은 하나님이 내리신 징벌이요, 그의 죄로 인하여 받는 벌이라 하였다!"(사 53:4, NLT 성경).

예슈아께서는 그의 제자들에게 자신이 태어나기 700년 전에 작성된 이 본문이 사실은 자기에 대한 예언이라고 알려주시면서, 이 예언의 마지막 부분(다음 구절에서 굵게 표시된 부분)을 주목하게 하셨다. "그가 자신을 버림으로 죽어서 **죄인들 가운데 계수되었으나**, 그는 많은 사람들의 죄를 담당하고 죄인들을 위하여 중보하였다"(사 53:12, NJV 성경).

보았는가? 예수님은 이렇게 말씀하신 것이다. "내 형제들아, 그 예언은 내가 오해를 받고 잘못된 판결을 받아서 사람들이 나를 반역 죄인들 가운데 하나로 여길 것이라고 말하고 있다"(가까운 관계에 있는 사람의 죄로 인하여 연대적으로 처벌을 받는 '연좌(緣坐)'를 의미한다; NLT 성경은 예수께서 "반역자들 가운데 계수될" 것이라고 번역했다). 그래서 주님은 역설적으로 그들에게 이렇게 말씀하셨다. "이제는 칼 몇 자루가 있어야겠구나. 그리하여 나를 비판하는 자들이 거짓으로 고발할 거리를 얻을 수 있도록 말이다. 그 구절에 기록된 것이 바로 그것이다!"

그런데 제자들은 주님의 말씀을 문자 그대로 이해하여 이렇게 말했다. "보십시오. 우리에게 칼 두 자루가 있습니다." 그 때 주님은 "그만해라!"라고 하신 것이다. 마샬 또한 위에서 언급한 피츠마이어의 설명과 같은 맥락으로 이렇게 말했다. "이것은 단순히 '(그 이야기는) 그만해라'라는 의미로 꾸짖으시는 말씀이었을 것이다."[16] 키너는 다음과 같이 설명했다. "예수님이 여기서 '칼'을 말씀하신 것은 열심당이 한 것과 같은 반란을 일으키려고 하신 것

---

16. Marshall, *Luke*, 827; 그는 다음의 말을 덧붙였다. "그러나 그 말씀은 다른 의미로 이해되었을 것이다. '칼 두 자루는 충분할 것이다⋯ 즉, 예언을 성취하고 우리를 도적들처럼 보이게 할 것이다' ⋯ (말씀하신 의미는 - 역자 주) 둘 중 어느 것도 아닐 것이다."

이 아니었다. 그보다 예수님은 일시적이고 상징적인 행동(두 자루면 족하다; 38절)을 하게 하심으로 자신이 반역자로 고발당하여 이사야 53장 12절의 말씀대로 '죄인들 가운데 하나로 여김'을 받도록 하신 것이었다."17

"랍비 람보"를 주장하는 이론가들이 자기도 모르게, 예수님을 거짓으로 고발하는 역할을 했으며, 그것도 예수님이 말씀하신 것처럼 제자들이 칼 두 자루를 가졌다는 사실에 근거하여 그렇게 했다는 것이 참으로 역설적이다. 이 이론가들은 이렇게 말한다. "보라, 그가 무기를 든 열심당원들과 함께 어울리고 있었다!" 마샬은 그들이 칼을 가지고 있었다는 사실에 대하여 설명했다. "칼을 지니는 것은 흔한 일(Shab. 6:4)이었기 때문에, 이런 사소한 부분은 놀랄 일이 아니다."18 (그가 인용한 본문은 미쉬나 샤밧 6:4로 안식일에 자신의 집에서 칼을 옮기는 것이 율법에 맞는지를 논의하는 내용이다.)

또 다른 최고의 누가복음 학자 중 한 명인 존 놀란드는 이렇게 설명했다.

> 칼을 사라는 명령은 어느 정도 별개의 문제로 생각할 필요가 있다. 이것이 전대, 배낭, 신발과 함께 언급되었기 때문에, 칼을 준비한 것에 대한 칭찬이 곧 열심당에 동조하는 것이라고 생각할 필요는 없다. (즉, 만약 예수님의 목적이 전쟁에 대비한 군대를 얻는 것이었다면, 그들에게 전대나 신발이 필요할 것이라고 말씀하시지 않았을 것이다!) 칼은 로마 제국을 돌아다니는 모든 여행자가 자급자족하는데 필요한 장비의 일부로 생각해야 한다. 그것은 자신의 몸을 보호하기 위한 것에 불과하다. 또한 그 칼들이 예수님을 보호하거나… 앞으로 올 마지막 때의 전쟁에 사용되기 위한 것이라고는 생각할 수 없다.19

---

17. Keener, IVP Bible Background Commentary: New Testament, 250.
18. Marshall, *Luke*, 827.
19. John Nolland, *Luke 18:35-24:53*, Word Biblical Commentary (Dallas: Word, 1993), 1076. 어떤 학자들은 예수님이 그들 앞에 놓인 위험을 강조하기 위하여 다급하고 과장된

어떤 사람들은 무장 반란 이론의 근거로 마태복음 10장 34절에 나오는 예수아의 말씀을 지적했다. 주님은 거기서 "내가 세상에 평화를 주러 왔다고 생각하지 말아라. 나는 평화를 주러 온 것이 아니라 칼을 주러 왔다"고 말씀하셨다. 그러나 다시 한 번 말하지만, 문맥은 매우 명확하다. 주님은 가족 안에서 갈등과 분열을 일으키는 칼에 관하여 말씀하신 것이다. "내가 온 것은 '사람이 자기 아버지에게, 딸이 자기 어머니에게, 며느리가 자기 시어머니에게 거스르게 하고, 사람의 적이 자기 집안 식구가 되게' 하려는 것이다"(35-36절).

주님이 "사람이 자기 아버지에게 거스르게 하고… 사람의 적이 자기 집안 식구가 될 것"에 대하여 말씀하신 것은 히브리 선지자 미가의 말을 직접적으로 인용하신 것이었다. 그리고 바로 그 구절(미 7:6)은 미쉬나에서 메시아가 오시기 직전에 환난의 날들에 대하여 말하면서 인용된 구절이다(m. Sotah 9:15을 보라).

나는 이 구절을 연구하며 이렇게 설명했다.

> 즉, 예수님의 시대(그리고 그 이후에 얼마 동안)에는 가족 간의 분란과 메시아의 오심을 연관짓는(m. Sotah 9:15) 유대인들의 해석적 경향이 있었다. 이것은 메시아의 강림 직전에 사회의 도덕적 체계가 해체될 것이라고 예상한 랍비들의 시나리오의 일부였다.[20]

표현을 사용하셨지만, 그것은 단지 제자들에게 그들이 스스로를 보호해야 할 것을 말씀하신 것이라고 생각했다. 이 결론은 1991년 걸프 전쟁 전날 밤에 이스라엘에서 데이빗 플루서가 쓴 글에서 나온 것이다. *The Sage from Galilee*, xiii을 보라. 예수님의 말씀이 무장 반란을 일으키라는 것은 아니지만, 그것이 폭력적인 박해에 대한 무저항을 강조하는 것은 아닐 것이다.

20. Michael L. Brown, *Answering Jewish Objections to Jesus, Vol. 1: General and Historical Objections*, 123을 보라. 우리는 토라에서 하나님에 대한 신실함의 문제로 가족이 분열되는 경우를 자주 본다. 그러므로 예수님이 말씀하신 것은 기존에 없었던 새로운

히브리 대학의 고대사 교수인 도론 멘델스가 그의 책 『유대 민족주의의 흥망성쇠』에 쓴 글도 볼 필요가 있다.

> 예수님과 그의 제자들이 그 시대의 군대가 어떠했는지를 알았다 하더라도(눅 14:31-32), 그것은 그들의 사상에 전혀 중요한 것이 아니었다. 복음서에 그 시대의 전쟁이 하늘로부터 오는 것으로 나오지만, 땅에서 택함 받은 자들은 움직이지 않는다… 신약성경의 이야기 부분에서 예수님은 그 시대의 정치와 무관한 평화주의자로 묘사된다. 그렇지만 그는 어떤 때에는 다소 공격적으로 말씀하신다. "내가 세상에 평화를 주러 왔다고 생각하지 말라. 나는 평화가 아니라 칼을 주러 왔다"(마 10:34; 눅 12:51과 22:36-38도 보라). 그러나 이것은 이와 비슷한 구절들을 은유적이고 상징적으로 사용한 유대인들의 예언과 일맥상통하는 것으로 볼 수 있다… 이 말씀은 기존에 그려진 그의 모습과 맞지 않으며, 이곳 말고 다른 곳에서는 찾아볼 수 없다. 예수님과 그의 제자들은 하나님의 나라를 생각하면서 세상의 군대에 대하여 언급한 일이 전혀 없었다 (요 18:36).[21]

이제 우리가 깨달은 것들을 정리하면 다음과 같다. (1) 4장에서 배운 것처럼, 예수님께서 성전을 정결하게 하신 것은 공개적으로 책망하시는 선지자

것이 아니다. 실제로 출애굽기 32장에서 레위 지파는 시내 산에서 금송아지를 숭배하는 그들의 동료 이스라엘 사람들에게 가담하지 않았고, 그래서 모세는 그들에게 이렇게 말했다. "이스라엘의 하나님 주께서 말씀하신다. 너희 각 사람은 허리에 칼을 차고, 진의 이 문에서 저 문을 오가며 형제와 이웃과 친척을 죽여라"(출 32:27, NJV 성경). 모세의 경우에 그는 실제로 칼을 사용하라고 했고, 3천 명의 이스라엘 사람들이 죽었다. 예수님의 경우에 주님은 비유적으로 칼에 대하여 말씀하셨다. 문맥을 통해서 이것을 매우 분명하게 알 수 있다.

21. Doron Mendels, *The Rise and Fall of Jewish Nationalism: Jewish and Christian Ethnicity in Ancient Palestine* (New York: Doubleday, 1992), 348.

적 행위였지, 폭력을 조장한 것은 아니었다. (2) 누가복음에서 "칼 두 자루"를 말한 것은 문맥상 폭력과 무관하며, 신약의 나머지 부분들도 이것을 증거한다. (3) 예수님은 이사야의 예언을 인용하시며 자신이 반역죄인들의 무리의 동류로 거짓 고발당하실 것이라고 하시고, 그의 제자들에게 그들도 그런 역할을 할 것이라고 말씀하셨다. 그러나 그들이 주님의 말씀을 문자 그대로 받아들이자 주님은 그들에게 "그만해라!"[22]고 말씀하셨다. (4) 마태복음에서 주님이 평화를 주러 온 것이 아니라 칼을 주러 왔다고 하셨을 때, 주님은 가족들 안에서의 분열의 칼에 대하여 말씀하신 것이다. 그들이 주님의 말씀을 따르는가 아니면 거부하는가에 따라 나누어질 것이기 때문이다.

"무장 반란" 이론의 지지자들이 내세우는 또 다른 "증거"가 있다. 그렇지만 대부분은 우리가 이미 살펴본 것들에 비하여 보잘것없는 것들이다.[23] 이런 이유로 고대의 유대 혁명 운동[24]에 관하여 세계에서 가장 존경 받는 권위자 중 하나인 마르틴 헹엘과 같은 학자들은 그런 주장을 무시했다. 헹엘은 이렇게 말했다. "그 자료들은 편파적으로 취사선택되었으며, 일부 보충한 것

---

22. Martin Hengel은 *Was Jesus a Revolutionist?*, Eng. trans., William Klassen (Philadelphia: Fortress Press, 1971), 23에 이렇게 썼다. 예수님께서 제자들에게 검이 필요하다고 하시면서 무슨 말씀을 하셨든지(헹엘에게 그것은 역설적이었다), "그것은 결코 무장 반란을 요구한 것으로 볼 수 없다." Oscar Cullman은 *Jesus and the Revolutionaries*, Eng. trans., Gareth Putnam (New York: Harper & Row, 1970). Cullman은 p. 50에서 무장 반란 이론들을 비판하며 이렇게 썼다. "(예수님은) 확실히 열심당에 대하여 크게 실망하셨고, 이 실망은 유다가 주님을 배신한 것에 영향을 주었을 수도 있다. 그러나 초기 기독교인들은 그들의 주의 발자취를 따랐다." 그는 또 이렇게 말했다(51-52). 예수님의 "종말론적 급진주의는 저항 운동의 거부로 이어졌다. 왜냐하면 이 저항 운동으로 사람들이 하나님의 나라에 목표를 두는 것에서 다른 것으로 관심을 돌리고, 그 저항 운동에서 행하는 폭력으로 절대적인 정의와 절대적인 사랑을 행하라는 명령을 어기게 되기 때문이다."

23. (이에 대한 논박 및) 객관적 요약은 Zeitlin, *Jesus and the Judaism of His Time*, 129-151을 보라.

24. 위의 책.

들은 **순전히 공상의 산물**이다."²⁵ 헹엘이 명성이 있는 냉철한 학자인 것을 감안한다면 이것은 매우 센 표현이다.

그 증거가 예수님이 무장 반란을 일으키려고 "메시아를 사칭한 사람"이라는 것을 가리키고 있는가라는 질문에 관하여 헹엘은 이렇게 답했다. "전혀 그렇지 않다! 예루살렘에서의 극적인 마지막 날들 동안의 그의 행동이나 그가 행하고 선포한 말들을 전체적으로 살펴보면 그런 추측들과는 전혀 무관히다. **그들이 증거로 삼은 것들은 전체적인 맥락을 무시하고 임의적으로 해석한 것들이다.**"²⁶

혁명가 예수?

예수님은 어떤 의미로든 혁명가라고 할 수 있는가? 헹엘은 나치주의의 공포를 겪었기 때문에 예수님을 폭력적인 반역자로 탈바꿈시키는 문제의 위험성에 대하여 특히 민감했다. (그는 1926년에 태어나서 17세의 나이에 독일군에 징집되었으나, 프랑스에서 전쟁이 끝나갈 무렵에 자신의 무기와 군복을 벗어던졌다.) 그가 본 나치 신학자들은 예수님이 유대인이었다는 것을 부정하는 것만이 아니라 주님을 "전사, 영웅, 지도자(Führer, 독재자)이며… 그가 그렇게 함으로 그의 메시지는 전혀 도움이 되지 않았다… 결과적으로, 영향력 있는 의사였던 나사렛의 예수와 체 게바라(가장 유명한 혁명가 - 역자 주) 사이에는 아무런 공통점이 없다"²⁷고 묘사했다.

그러나 헹엘은 예수님이 훨씬 더 근본적인 방법으로 진정한 혁명가였다는 것을 깨달았다. 그는 그것을 다음과 같이 분명하게 말했다.

25. Hengel, *Was Jesus a Revolutionist?*, 9.
26. 위의 책.
27. 위의 책, 34-35.

[예수님은] 그 때나 지금이나, 증오가 가득한 험담으로 시작하여, 많은 피를 흘리는 테러와 고문과 대량 학살을 일으키고, 모든 잘못을 상대방에게 전가시키며, 폭력으로 더 나은 세상을 만들려고 하는(이것의 두드러진 예가 기원후 66-70년에 있었던 제1차 유대 전쟁이다) 자들에게 가담하지 않으셨을 것이다. 우리가 교회 역사 속에서의 과오들, 십자군 전쟁, 종교 재판, 종교 전쟁을 돌이켜보면, 혁명을 위한 폭력을 낭만적으로 정당화시키는 일을 경계하게 될 것이다.[28]

우리가 성경에 나오는 예슈아를 신화적인 자유 전사로 바꾸려고 한다면 우리는 정말로 비극적인 실수를 하는 것이다. 주님은 분명 더 나은 방법, 더 혁명적인 방법이 있다는 것을 아셨을 것이다.

헹엘은 이렇게 설명했다.

예수님은 아가페(사랑)로 상당히 다른 방법을 보이셨다. 그것은 비폭력 저항과 기꺼이 고난을 당하는 것이며, 폭력이라는 옛날의 원시적인 방식보다 더 온전히 "혁명적"이라고 부를 수 있는 방식이었다. 주님이 활동하신 1년 혹은 2년 동안, 주님은 스파르타쿠스(로마에 대항한 노예 반란의 지도자)에서 갈릴리 사람 유다스(유대 자유 전사), 그리고 오늘날까지, 폭력으로 반란을 일으킨 모든 사람들보다 세상과 사상의 역사에 더 큰 영향력을 나타내셨다.[29]

독일의 신학자인 게르하르트 로핑크는 다음과 같이 말했다.

예수님이 유대인 사회의 정치적, 혁명적 변화를 요구하신 적이 없다는 것은

---

28. 위의 책, 31-32.
29. 위의 책, 32.

사실이다. 그러나 주님이 선포하신 하나님의 통치의 결과로서 주님이 요구하신 회개는 하나님의 백성들 안에서 일으키려는 운동이며, 이에 비하면 일반적인 형태의 혁명은 무의미한 것이었다.[30]

기독교인들이 진짜 예수님, 진정으로 율법에 맞는 예수님에 집중하면, 그들은 많은 사람들에게 축복을 주게 된다. 그들이 주님을 무력으로 세상을 바꾸는 일을 지지하는 지도자 등 다른 사람으로 바꾸면, 그들은 고통과 고난을 가져오게 된다. 그리고 예수님께서 우리에게 자신을 본받으라고 하셨기 때문에[31], 우리가 주님을 악을 선으로 이기는 비폭력의 선포자에서 많은 희생이 따르는 로마 전복을 시도하다가 죽은 반역자로 바꾸는 것은 매우 위험한 일이다.

테레사 수녀와 같은 사람들이 부유한 압제자들을 없애려고 자살 폭탄테러를 할 폭력적인 혁명가들을 모집하지 않고, 병든 사람들과 죽어가는 사람들을 돌봄으로 세상을 바꾸게 하신 것에 대하여 하나님께 감사 드린다. 이런

---

30. Gerhard Lohfink, *Jesus and Community: The Social Dimension of Christian Faith*, Eng. trans., John P. Galvin (Philadelphia: Fortress Press, 1984), 124. 이 홀로코스트 이후 시대의 독일 신학자들이 무장 반란을 일으키는 것에 대하여 얼마나 예민했는지를 아는 것이 매우 중요하다.

31. 주님의 제자들도 이것을 반복해서 말한다. 고전 11:1에서 바울은 이렇게 말했다. "내가 그리스도를 본받은 것처럼, 너희는 나를 본받으라." CJB 성경은 이렇게 번역했다. "내가 메시아를 따라 행하려고 노력한 것처럼, 너희도 나를 따라 행하도록 힘쓰라." 그들의 목표는 제자가 그의 스승과 같이, 그의 주와 같이 되는 것이었다(마 10:24-25상을 보라. 이 구절의 유대적 배경에 대해서는 Basser, *The Mind Behind the Gospels*, 254-255를 참조하라). 가장 분명하게 말씀하신 구절은 요 13:12-16으로, 예수님은 미천한 종이 되셔서 제자들의 발을 씻으심으로 그들에게 본을 보이셨다. 14-15절에 이렇게 기록되었다. "너희 주와 선생인 내가 너희 발을 씻었으니, 너희도 서로의 발을 씻어 주어라. 내가 너희에게 본을 보인 것은 내가 너희에게 행한 것처럼 너희가 행하게 하려는 것이다." 빌 2:5-11을 보라. 예수님께서 자신을 낮추신 삶은 우리를 위하여 모범이 되는 것이다. 주님께서 보이신 본이 무장 반란이었다면 상황은 많이 달라졌을 것이다!

폭력적인 일은 예수님의 방식이 아니다.

기독교 교육가인 버논 C. 그라운즈는 이것을 잘 표현했다.

혁명가(폭력적 혁명가가 아닌 예수님과 같은 - 역자 주)가 된 기독교인은 교회에서 다른 사람들을 혁명가로 만드는 역할을 할 것이다. 그리고 혁명가가 된 기독교인들이 늘어나면, 교회는 사회 속에서 혁명가들을 양산하는 역할을 할 것이다. 그리고 사회가 충분히 혁명화되면, 원자력 에너지의 세상에서 풍차가 필요 없는 것 같이, 폭력적 혁명은 필요 없게 될 것이다.[32]

정확한 지적이다. 우리의 여정은 계속 된다.

---

32. Vernon C. Grounds, *Revolution and the Christian Faith* (Philadelphia: Lippincot, 1971), 223.

6

죽임 당하신 어린 양

어린 양. 그것은 저항하지 않는 모습이며 거스르지 않는 이미지다. 그러므로 이사야 선지자가 자신의 죽음에 저항하지 않은 사람을 어린 양으로서 말한 것은 어울리는 표현이었다. "그가 억압을 당하고, 괴로움을 당하였지만, 그는 자기 입을 열지 않았다. 도살장으로 끌려가는 어린 양처럼, 털 깎는 자 앞에서 조용한 양처럼, 그는 자기 입을 열지 않았다"(사 53:7, ESV 성경).[1] 신약 전체에서 예수님께 사용된 호칭과 그림이 바로 이 "어린 양"이다.

예슈아의 가장 가까운 제자들 중 하나인 요한은 이렇게 기록했다. "다음 날 (세례 요한이) 예수께서 자기에게로 오고 계신 것을 보고 말했다. '보라, 세상의 죄를 가져가시는 하나님의 어린 양이다!'"(요 1:29, ESV 성경; 36절도 보라).

바울은 고린도에 있는 이방인 신자들에게 보내는 편지에서 이렇게 설명했다. "우리의 유월절 어린 양, 메시아께서 희생되셨다"(고전 5:7, CJB 성경).

베드로도 이것을 말했다. "너희는 너희 조상들이 너희에게 물려 준 헛된 삶의 방식에서 너희를 자유하게 하려고 지불된 몸값이 은이나 금 같은 썩을 것으로 된 것이 아니라, 오히려 흠이나 점이 없는 어린 양과 같은 메시아의 귀한 피의 희생적 죽음으로 된 것임을 알아야 한다"(벧전 1:18-19, CJB 성경).

그리고 신약성경의 마지막 책인 계시록에는 어린 양으로서의 예수님의 이미지가 더 잘 나타나는데, 전체 22장에서 28번이나 나온다.[2] 요한은 신비한

---

1. 이 구절은 행 8:32에서 인용되었다. 렘 11:19, "그러나 나는 도살 당하러 가는 순한 어린 양과 같았다"(ESV 성경)도 보라.

2. 계 5:6, 8, 12, 13; 6:1, 16; 7:9, 10, 14, 17; 8:1; 12:11; 13:8; 14:1, 4(두 번), 10; 15:3; 17:14(두 번); 19:7, 9; 21:9, 14, 22, 23; 22:1, 3.

환상(학자들은 "종말론적"인 것이라고 부른다)으로 가득한 이 독특한 책에서 그가 본 것을 묘사했다. "내가 (하나님의) 보좌와 네 생물과 장로들 사이에 어린 양이 서 있는 것을 보았는데, 마치 죽임 당한 것 같고, 일곱 뿔과 일곱 눈이 있었으니, 그것은 온 세상으로 보냄 받은 하나님의 일곱 영이다"(계 5:6, ESV 성경).

흥미로운 것은 예수님이 계시록에서 "유다 지파의 사자, 다윗의 뿌리"(계 5:5)로도 묘사되었다는 것이다. 그러나 이 표현은 단 한 번만 나올 뿐이다. 그 이유는 무엇인가? 역사적 예수님은 어린 양으로서, 자신의 십자가 죽음에 저항하지 않으시고, 다스림보다는 섬김을 말씀하셨으며(마 20:25-28), 제자들에게 그들을 저주하는 자들을 축복하고 그들을 박해하는 자들을 위하여 기도하라고 가르치셨기 때문이다(마 5:43-48). 반면 장차 어느 날 하늘 군대를 이끌고 재림하실 예수님은 "만왕의 왕이요 만주의 주"라 일컬음 받는 사자이실 것이다(계 19:11-16).

이 증거들을 정리하면 다음과 같다.

- 예수님보다 먼저 온 세례 요한은 주님을 어린 양이라 불렀다.
- 예수님께서 돌아가신 후 30년이 채 되기도 전에, 사도 바울은 그의 서신에서 주님을 어린 양이라 불렀다.
- 예슈아의 열정적이고 충성된 제자이며, 주님이 붙잡히시는 것을 칼로 막으려고 했던(요 18:10-11) 베드로는 주님을 어린 양이라 불렀다.
- 예수님께서 돌아가신 지 대략 60년 후에 기록된 계시록에는 예수님을 어린 양으로 부른 기록이 28번 나온다.

이제 스스로에게 물어보라. 압제자들을 폭력으로 무너뜨리자고 외쳤던 자유 전사들 중에서 일관되게 그리고 종합적으로 어린 양으로 묘사된 사람이 있었는가?

예수님의 시대보다 165년 전에, 유다 마카비는 헬라 군대와 싸웠고, 그 과정에서 그는 유대인들의 역사 속에서 가장 위대한 전사가 되었다. 그런데 그를 어린 양으로 묘사한 사람이 있었는가? 300년 후에, 용맹한 장군이었던 시므온 바르 코크바는 비록 실패로 끝났지만 로마에 대항하여 제2차 유대 전쟁을 이끌었다. 그를 따르던 사람들이 일반적으로 그를 어린 양으로 말했는가? 그러나 예수님은 전쟁하는 왕이나 포학한 장군이 아닌, 어린 양으로 일관되게 그려졌다. 이것이 의미하는 바는 무엇인가?

고대의 자료들에 따르면, 기원후 66-70년에 유대 사람들이 로마에 대항하여 반란을 일으켰을 때(그 결과는 처참했다. 이 장의 뒷부분에서 다룰 것이다), 예루살렘을 근거지로 한 예슈아의 유대인 제자들은 그 반란에 참여하지 않았다. 대신에 그들은 펠라(현재의 요르단 지역)로 도망하였고, 무장 반란에 참여하기보다는 동족들에 의하여 배신자라는 부당한 낙인이 찍히는 길을 택했다.[3] 그 이유는 무엇인가?

쉬물리는 『코셔 예수』에서 말하기를, 예수님이 산상수훈(마 5:39)에서 "다른 뺨을 돌려 대라"고 가르치신 것이 히브리 성경에 나오는 구절인 예레미야애가 3장 30절을 가져온 것이기 때문에, 예수님의 가르침이 새롭고 획기적인 것이 아니라고 주장했다.[4] 그런데 그와 동시에 쉬물리는 예수님이 로마를 폭력으로 무너뜨리는 일을 지지하셨다는 것을 독자들이 믿기를 원했다. 이

---

3. 일부 학자들은 유대인 제자들이 펠라로 도망했다는 옛날 이야기에 의문을 제기하지만, 그들이 로마에 대항하지 않고 예루살렘을 떠났다는 것에 대해서는 같은 의견이다. 그것의 증거에 대한 평가로는 Jonathan Bourgel, "The Jewish Christians' Move from Jerusalem as a Pragmatic Choice," in Dan Jaffé, ed., *Studies in Rabbinic Judaism and Early Christianity: Text and Context* (Leiden: E. J. Brill, 2010), 107-138을 보라.

4. 산상수훈에 관한 유대인들의 연구에 관해서는 3장의 각주 13을 보라. 내가 이 책 전체에서 말한 것처럼(그리고 다른 많은 이들이 인정한 것처럼), 예수예슈아는 오직 그 시대의 유대적 배경에서 볼 때 제대로 이해할 수 있다. 그리고 다른 한편으로, 그 배경은 우리에게 주님이 얼마나 특별한 분이신지를 볼 수 있도록 도움을 준다.

것은 결코 "다른 뺨을 돌려 대는" 것이 아니다!⁵

예수님은 바로 이 산상수훈에서, 실제로는 같은 장 안에서 제자들에게 이렇게 말씀하셨다.

> 너희는 우리 조상들이 '눈에는 눈, 이에는 이'라고 말한 것을 들었다. 그러나 나는 너희에게 말하니, 너희는 너희에게 잘못을 저지른 사람에게 맞서지 말아라. 오히려 만일 누가 너희 오른뺨을 때리면, 그에게 너희 왼뺨도 때리게 하라! 만일 누가 너희 옷을 빼앗으려고 너희를 고발하고자 하면, 그에게 너희 겉옷도 갖게 하여라! 그리고 만일 어떤 군인이 너희에게 강제로 그의 짐을 들고 1마일을 옮기게 하면, 너는 그것을 들고 2마일을 옮겨 주어라!
>
> —마태복음 5:38-41, CJB 성경

이것이 로마를 무너뜨리기 위하여 폭력적인 혁명가들을 모으는 자유 전사의 말처럼 들리는가? "얘들아, 들어라! 나의 계획은 이렇다. 너희가 무슨 일을 당하든지 보복하지 말아라. 우리는 여기서 선으로 악을 갚는다! 만일 너희가 그 가혹한 로마 군인들 중 하나를 우연히 만나게 되어 그가 억지로 너희에게 그의 짐을 1마일을 들고 가라고 하면, 너희는 2마일을 옮겨 주도록 하여라. 우리가 그들에게 보여주는거다!"

---

5. 유대적 배경에 대한 더 자세한 논의는 Brown, *Answering Jewish Objections to Jesus, Vol. 4: New Testament Objections*, 141-142을 보라. 나는 거기에 다음과 같이 썼다. "이것은 율법적인 보복에 관한 문제 중 하나로, 여기서는 공개적으로 수치를 당하는 것을 말하고 있다. 이것은, 어떤 사람이 네 오른뺨을 때리면, 이라는 말씀으로 알 수 있으며, 이것의 의미는 얼굴을 손등으로 때리는 것을 의미한다. 다시 말하면, 비슷한 상황에서는 오른손을 사용할 것이라고 예상되며, 오른손으로 때리면 **왼쪽 뺨**을 맞게 되고, 오른손잡이가 왼손으로 때리지 않을 것이기 때문에, **오른쪽 뺨**을 맞았다는 것은 (오른손의 - 역자주) 손등으로 때렸다는 뜻이 된다." 그리고 미쉬나에 기록된 유대 율법은 손등으로 맞는 공개적 수치를 당한 것에 대해서는 더 큰 보상을 하도록 정하고 있다. 더 자세한 논의는 Basser, *The Mind Behind the Gospels*, 146-149을 보라.

예슈아는 이어서 말씀하셨다.

너희는 우리 조상들이 '너희 이웃을 사랑하고 너희 원수를 미워하라'고 말한 것을 들었다. 그러나 나는 너희에게 말하니, 너희 원수를 사랑하라! 너희를 박해하는 자들을 위하여 기도하라! 그러면 너희는 하늘에 계신 너희 아버지의 자녀가 될 것이다. 이는 하나님이 그의 태양을 선한 사람들과 악한 사람들에게 똑같이 비추시고, 의로운 사람들과 불의한 사람들에게 똑같이 비를 내리시기 때문이다.

―마태복음 5:43-45, CJB 성경

너희 원수를 사랑하라? 너희를 박해하는 자들을 위하여 기도하라? 이것이 포악하고 중무장한 로마의 대적들을 해치우려고 태세를 취하고 있는 자유 전사의 무리에게 하는 말인가?

누군가는 신약성경이 예수님을 사랑의 교사와 비폭력의 지지자로 만들기 위하여 **다시 쓴** 것이라고 주장할 수도 있다. 과연 이것이 타당한 일인가 혹은 가능한 일이라고 할 수 있는가?

이것이 꽤 재미있는 주장이라는 사실(즉, 증인들과 신뢰할 수 있는 증언들이 늘어날수록, 우리는 증거에 대하여 더욱 의심해야 한다!)과는 별개로, 진지하고, 비판적이며, 세심한 학자들은 이 주장을 철저하게 무시한다. 요컨대, 신약성경 기록의 모든 글에서 나타나는 것은 어린 양으로서의 예수님의 모습이다. 이것은 일관되고, 모순되지 않으며, 예수님의 처음 제자들이 주님을 기억하는 모습이며, 그들의 제자들도 마찬가지다. 주님은 우리를 위하여 자기 목숨을 내려놓으신 분이고, 섬김을 받기보다 섬기기 위하여 오신 분이다.

이와 정반대로, 예수님을 폭력적인 혁명가로 바꾸려면 작은 일, 우리가 이전에 공부한 것처럼 단지 칼 두 자루라는 아주 작은 것을 크게 부풀려야 한다. 이것보다는 차라리 마하트마 간디가 사실은 많은 사람들을 희생시킨 이슬람의 테러리스트였지만 나중에 힌두교의 평화주의자로 이미지 변신하게 되었는데, 이 모든 일이 그가 죽은 후 한 세대가 지나기 전에 이루어졌다고 말하는 것이 나을 것이다.

예수님께서 가장 가까운 제자들과 함께 겟세마네("올리브 기름을 짜는 틀"이라는 뜻으로, 히브리어로는 '가트 쉐마님'이라고 발음한다)라 부르는 동산에서 기도하신 후에 배신당하신 그 밤에, "칼과 몽둥이를 든 무리"가 그곳에 불쑥 와서, 주님을 억지로 잡아가려고 하였다. (마 26:47; 막 14:43을 보라. 복음서의 저자들은 그 무리가 유대인들의 성전의 지도자들이 보낸 사람들이라고 말해 준다; 부록 A를 보라.)

예수님은 그 상황의 모순된 점을 지적하시며 그들에게 이렇게 말씀하셨다. "너희가 반역자들의 우두머리를 잡는 것처럼, 칼과 몽둥이를 들고 나를 잡으려고 나아왔느냐? 내가 매일 성전 뜰에 앉아서 가르쳤으나, 그 때에는 너희들이 나를 잡지 않았다"(마 26:55, CJB 성경). 예수님은 "반역자들의 우두머리"가 아니라 거룩한 랍비셨다.

확실히 주님의 가르침은 급진적이고 혁명적인 것이었다. 그리고 주님께서 세상의 변화를 요구하신 것은 의심의 여지가 없다. 그러나 주님의 방법은 세상의 방법과 달랐다. H. S. 비게베노는 그의 책 『혁명가 예수』에서 이렇게 기록했다.

우리들의 세상은 많은 혁명을 목격했다. 그러나 그중에서 어떤 것도 역사를 주전(B.C.)과 주후(A.D.)로 나눈 그것만큼 큰 영향력을 미친 것은 없었다. 모든 혁명은 피흘림을 수반한다. 이 혁명도 마찬가지였다. 어쩌면 다른 것만큼 많은 피흘림은 아니었지만, 그 한 사람의 피는 다른 모든 이들의 피흘림보다 훨씬 더 의미있는 것이다. 참으로 이 일은 십자가로 시작하여 고난받는 사랑으로 전 세계를 뒤흔든 혁명이다. 또한 그것은 사람에게 죄 사함을 주고 하나님과 화목하게 하는, 희생 위에 교회를 세우는 혁명이다.[6]

그것은 진정으로 "고난받는 사랑으로 전 세계를 뒤흔든" 혁명이다.

비폭력의 전통

이것이 예수님께서 가르치신 것이고, 이것이 예수님께서 본을 보이신 것이며, 이것이 예수님께서 물려주신 것이다. 이런 이유로 인하여 예슈아의 죽음 이후 300년이 지나도록 예수님을 믿는 자들이 그들의 적들에게 종교적인 폭력을 행사했다는 기록이 단 하나도 없는 것이다. 그래서 바울은 초기의 제자들에 대하여 이렇게 말할 수 있었다. "기록하기를, '우리가 주를 위하여 온종일 죽임을 당하고, 우리가 도살 당할 양처럼 여김을 받습니다'"(롬 8:36, ESV 성경, 시 44:22를 인용함). 그렇다. 실제로 기독교인들은 군중들의 오락거리로 로마의 콜로세움에서 사자들의 먹이가 되었고, 검투사들에 의하여 무참히 살해당하였다. 그에 반해서, 기독교 검투사라는 것은 존재하지 않았다! 사실, 예수 운동이 로마인들에게 관심을 받으면서 검투사들의 결투는 더 이상 열리지 않았다.[7]

바울은 이렇게 기록했다. "우리는 세상에 살지만, 우리는 세상의 방식으로 전쟁을 일으키지 않는다. 이는 우리가 전쟁에 사용하는 무기가 세상의 것이 아니기 때문이다"(고후 10:3-4, CJB 성경). 즉, 예수님을 믿는 자들은 **전쟁 중에 있고 그들은 혁명에 동참하고 있지만**, 그것은 영적인 전쟁이며 마음의 혁명이다.

---

6. H. S. Vigeveno, *Jesus the Revolutionary* (Glendale, CA: Gospel Light, 1966), 11.
7. 초기 기독교 지도자들이 검투사들의 싸움을 생생하게 기록한 내용에 대해서는

그래서 바울은 로마에 사는 그리스도인들에게 이런 교훈을 전했다.

> 결코 악을 더 큰 악으로 갚지 말아라. 그렇게 하여 모든 사람들이 너희의 선함을 볼 수 있게 하여라. 모든 사람들과 화목하게 살 수 있도록 너희가 할 수 있는 모든 것을 행하여라. 사랑하는 친구들이여, 결코 복수하지 말아라… 대신에 "만일 너희 원수가 굶주리면, 그들을 먹이라. 만일 그들이 목마르면, 그들에게 마실 것을 주어라. 이렇게 함으로 너희는 그들의 머리 위에 수치의 불타는 숯을 쌓게 될 것이다." 악이 너희를 이기게 하지 말고, 선을 행함으로 악을 이겨라.
> —로마서 12:17-21, NLT 성경 (잠 25:22 인용)

바울은 이 모든 것을 예수님의 본과 가르침에서 배웠으며, 그는 복음을 전파하기 위하여 수고한 결과, 기원후 64년경 네로에 의하여 참수당했다.

예슈아의 제자들은 틀림없이 위협으로 인식되었을 것이다. 왜냐하면 그들은 궁극적으로 로마 황제가 아니라 왕이신 예수(히브리어로 '예슈아 하멜렉')께 충성했으며, 그들은 다른 나라에 대하여 말하고 그것이 이 땅에 온전히 나타나기를 기도했기 때문이다. 사실 주님의 기도라고 부르는 기도의 유명한 구절로 "주님의 나라가 임하시며… 주님의 뜻이 하늘에서 이루어진 것 같이 땅에서도 이루어지리이다"(마 6:10)가 있는데 그 시대의 유대인들의 기도들 가운데 이것과 매우 비슷한 구절이 있다.[8] 그러나 이 기도들은 하나님께서 그의 나라와 그의 뜻을 나타내시기를 구하는 것이지, 무장 반란을 일으켜 달라는 것은 아니었다. 예수님의 제자들이 사회의 체제를 무너뜨리는 사람

Christian-History.org, "Christian Quotes About Gladiators," http://www.christian-history.org/gladiator-christian-quotes.html (2012년 2월 23일 접속)을 보라.

8. 가장 눈에 띄게 비슷한 내용은 카디쉬(Kaddish)라 불리는 유대교의 기도에 나온다. 많은 주석가들이 이것을 말했는데, 예를 들면 Basser, *The Mind Behind the Gospels*, 174-181을 보라.

들로 인식된 것은 그들의 메시지와 교훈 때문이었다.

우리는 이것을 사도행전 16장 20-21절에서 볼 수 있다. 둘 다 유대인인 바울과 실라는 "로마 사람들인 우리가 받아들이거나 행하기에 적법하지 않은 풍습을 주장"(NET 성경)하여 빌립보 도시를 발칵 뒤집어 놓은 일로 고발당했다. 그리고 사도행전의 바로 다음 장에서, 바울과 그의 사람들을 반대했던 어떤 유대인 불량배들이 도시의 관리들을 선동하여 그들을 잡으려고 하였다. 그 불량배들은 그들을 고발할 내용을 정확히 알고 있었다. "세상을 혼란스럽게 한 이 사람들이 여기에도 이르렀다… 그들은 모두 예수라 하는 다른 왕이 있다고 말하며 가이사의 영을 거슬러 행한다!"(행 17:6-7, NET 성경).[9] 이것은 확실히 반대자들의 화를 돋우었을 것이다!

그러나 주의하여 보라. 바울과 다른 제자들은 무력 분쟁에 참여하지 않았고, 그들은 폭력적인 혁명가들도 아니었다. 로마 군인이 바울을 위험한 테러리스트로 착각하여 둘 사이에 재미있는 이야기가 오갔다(행 21:37-38).

> 로마 군인: "당신은 얼마 전에 반란을 일으켜서 테러리스트 400명을 이끌고 광야로 간 이집트 사람이 아니오?"
>
> 바울: "나는 길리기아의 다소 출신의 유대인으로 작지 않은 도시의 시민이오. 내가 이 사람들(즉, 바울의 존재로 인하여 성전에서 큰 소동을 일으키고 있는 그의 동료 유대인들)에게 말하도록 허락해 주시오."

---

9. 누가복음과 사도행전의 저자인 누가가 특별히 문제를 일으킨 이 유대인들의 행동을 지적한 것에 대하여 그를 반유대주의적이라고 비판하는 일이 생기지 않도록 말해 두자면, 이전 장에서 사도행전의 주인공인 바울과 그의 동료 실라는 그들을 고발하는 사람들에 의하여 유대인으로서 지목되었고, 이것이 누가에 의하여 기록되었다. 위에서 내가 부분적으로 인용한 문제의 구절은 이것이었다. "이 사람들이 우리 도시를 혼란에 빠뜨리고 있다. 그들은 유대인으로, 우리가 받아들이거나 행하기에 적법하지 않은 풍습을 선동하고 있으니, 이는 우리가 로마인이기 때문이다"(행 16:20-21, NET 성경). 신약성경의 반유대주의에 관한 더 많은 문제 제기와 다양한 관련 자료에 대해서는 부록 A를 보라.

이것을 다시 말하면 이렇다. "아니오. 나는 당신이 찾는 사람이 아니오! 나는 다소 시 출신의 교양 있는 로마 시민이며, 나는 이 도시에 있는 나의 유대인 형제들에게 내 이야기를 나누고 싶소."

이 바울이 바로 에베소의 믿는 자들에게 그들의 싸움은 사람들과의 싸움이 아니라 영적인 세력과의 싸움이고, 그들이 싸우는 무기인 "칼"은 하나님의 말씀, 즉 성경이며, 그들이 가진 가장 큰 무기는 기도라고 설명한 사람이다(엡 6.10-18).

이 믿는 자들은 **갈등을 겪었지만**, 그것은 이념적 갈등이며, 최고의 충성에 대한 갈등이었다. 그리고 설령 폭력이 발생했더라도, 그것은 **지배 세력**(또는 성난 폭도)**이 예수님을 믿는 자들에 대하여** 일으킨 것이었다. 사실, 예수 운동의 초기에 "증인"을 의미하는 헬라어는 "순교자"라는 뜻도 갖게 되었다. 왜냐하면 만일 당신이 "증인"으로서 예수님에 대한 믿음을 고수했다면, 가장 큰 대가를 치러야 했을 것이다(목숨을 잃었을 것이다 - 역자 주). (영어로 '순교자'를 의미하는 'martyr'는 증인을 의미하는 바로 이 헬라어, 즉 'μάρτυς' 또는 'μάρτυρος'에서 온 것이다.) 그들의 스승이 가르치고 본을 보인 비폭력으로 변화를 일으키는 영이 이제 그들 안에 강건하게 살아 있었다.

이전 장에서 우리는 예수님께서 로마에 대항하여 많은 피를 흘리게 될 무장 반란을 계획하셨다는 주장이 완전히 터무니없는 것이라는 것을 보았다(그 이론에 따르면, 이것은 주님을 위대하게 만드는 것의 일부였다). 특히 주님이 돌아가시고 오랜 시간이 지난 후에 주님이 원수에 대한 사랑을 말씀하신, 순한 어린 양으로 널리 기억된 것을 생각하면 더욱 그렇다. 좋게 말하면, 그런 재구성은 믿기 힘든 것이다. 그것은 세상 사람들에게 더글라스 맥아더 장군이 사실은 살면서 한 번도 총을 든 적이 없는, 평화주의를 공개적으로 주장한 사람이라고 말하고, 그것을 2차 세계 대전이 끝난 후 몇 년 안에 모든 사람이 믿게 하려는 것과 같다고 할 수 있다.

그러나 이것이 끝이 아니다. "무장 반란" 이론(이것은 우리가 살펴본 것처럼, 가장 적은 수의 유대교 및 기독교 학자들이 지지하는 이론이다)[10]에 따르면, 예슈아의 가장 가까운 제자들을 그에게로 이끈 것은 바로 무장 반란에 대한 희망이었다. 이것은 다시 말하면, 이 사람들이 그의 오합지졸 군대의 신뢰 받는 지도자들이 되도록 훈련을 받고 있었다는 것이다. 그러나 만약 이 이론이 맞다면, 이 훈련 받은 전사들이 바로 예슈아의 죽음 이후에, 주님을 원수를 갚지 말고 로마 당국에 순종할 것을 권한 랍비로 바꿔버린 사람들이다. 더구나 그들은 남은 생애 동안, 그리고 순교 당하는 순간까지 이 새롭게 재창조된 예수를 충성스럽게 따랐다고 한다. 이것을 누가 믿겠는가?

그러려면 다음과 같은 시나리오가 필요할 것이다. 한 무리의 유대인들이 유혈 반란으로 로마인들을 몰아내려는 꿈을 안고 예슈아라는 이름의 능력 있는 지도자에게 마음을 빼앗겼다. 그들을 고무시키고, 그들을 예수에게 이끈 것은 무장 반란의 희망이었다. 그러나 그가 로마에 대한 반란을 선동한 죄로 죽임을 당하자, 그들은 그를 권세들에 복종하라고 외친 어린 양으로 만들기 위하여 역사를 다시 썼다. 그리고 그들은 자신들도 어린 양이 되어 이 어린 양처럼 온순한 태도를 예수 운동의 특징 중 하나로 만들었다. 이런 이론을 누가 믿을 수 있겠는가?

나와 더불어 많은 성경 학자들 및 역사가들은 처음 제자들 가운데 인정받는 지도자였던 베드로의 말을 믿는 것이 훨씬 더 타당하다고 생각한다. 그는 이렇게 기록했다.

참으로 너희가 부르심을 받은 것은 이것이다. 메시아께서도 너희를 위하여 고난을 받으시고 본을 보이셨으니, 이는 너희가 그의 뒤를 따르게 하려는 것이다. "그는 죄를 범하지 않았고, 그의 입에는 속임이 없었다." 그가 모욕을

---

10. 5장을 보라.

당했으나 모욕으로 갚지 않았고, 그가 고난을 당했으나 위협하지 않았고, 다만 그들을 공의롭게 심판하시는 이에게 넘기셨다.

-베드로전서 2:21-23, CJB 성경 (이사야 53:9 인용)

흥미롭게도 복음서는 베드로가 항상 이런 생각을 갖고 있지는 않았다는 것을 우리에게 알려준다. 복음서는 히브리어로 시몬 게바로 알려지기도 한 이 열정적이고 충동적인 유대인 어부의 삶에서 매우 부끄러운 순간들을 보여주고 있다. (한편 이것은 베드로의 이야기가 신뢰할 수 있는 자료임을 나타내는 최고의 증거 중 하나다. 왜냐하면 어떤 운동의 중요한 지도자들 중 한 사람의 수치스러운 말이나 행동들을 기록하여 남기는 일이나 그런 것을 지어내는 일은 비생산적이기 때문이다.[11])

마태, 마가, 누가는 모두 베드로가 예슈아를 메시아요, 살아계신 하나님의 아들로 선포한 일 다음에 이 말씀을 기록했다. "예수께서 그의 제자들에게 자기가 예루살렘에 가서 장로들과 대제사장들과 서기관들로부터 많은 고난을 받고, 죽임을 당하며, 셋째 날에 일어나야 할 것을 보이기 시작하셨다"(마 16:21, ESV 성경; 16절도 보라).[12] 그런데 이 말씀이 베드로에게는 충격으로 다가왔다. 그는 바로 전에 예슈아께서 진정한 메시아라고 분명히 고백했다. 그러나 그는 메시아께서 로마를 무너뜨리고 이 세상에 하나님의 나라를 세우실 분이라고 생각했다.[13]

---

11. "당혹성의 기준"에 관해서는 3장의 각주 30을 보라.
12. 이 말씀은 막 8:31과 눅 9:22에 거의 그대로 반복된다.
13. 그 시대의 유대인들이 메시아에 대하여 가졌던 다양한 기대들에 관해서는, 예를 들면 James H. Charlesworth, ed., *The Messiah: Developments in Earliest Judaism and Christianity* (Minneapolis, MN: Fortress, 1992); John J. Collins, *The Scepter and the Star: The Messiahs of the Dead Sea Scrolls and Other Ancient Literature* (New York: Doubleday, 1995); Magnus Zetterholm, ed., *The Messiah in Early Judaism and Christianity* (Minneapolis, MN: Fortress, 2007); Richard S. Hess and M. Daniel Carroll R., eds., *Israel's Messiah in*

그래서 베드로는 예수님을 한쪽으로 모시고 가서 그분을 꾸짖었다. 그렇다. 베드로는 자기가 방금 전에 하나님의 아들이라고 말했던 자신의 지도자를 꾸짖었다. 그는 이렇게 말했다. "주님, 안 됩니다! 절대로 주님께 이 일이 일어나서는 안 됩니다." 예수님이 베드로에게 대답하셨다. "사탄아, 내 뒤로 가라! 네가 나를 방해하는구나. 이는 네가 하나님의 일을 생각하지 않고 사람의 일을 생각하기 때문이다"(마 16:22-23, ESV 성경). 이것은 다시 말하면 이런 뜻이다. "베드로야, 네가 잘못 생각했다. 너를 통하여 말하는 것은 사탄이다. 너의 생각은 완전히 육신적이고 세상적인 것이다. 나는 다른 사람들의 목숨을 빼앗는 것이 아니라, 나의 목숨을 내려놓음으로 세상을 바꿀 것이다."

약 2년 후에, 예수님께서 겟세마네 동산에서 기도하실 때 무기를 든 무리가 주님을 잡으러 오자, 베드로는 더욱 부끄러운 일을 행했다. 그는 자기의 칼을 뽑아서 대제사장의 종의 귀를 베어버렸다.

예수님은 또 다시 베드로를 꾸짖으셨다. "네 칼을 원래 있던 곳에 넣어라. 칼을 드는 사람은 모두 칼로 망할 것이기 때문이다"(마 26:52, ESV 성경). 폭력적인 혁명가는 이런 말을 하지 않는다! 복음서의 저자들은 예수님께서 기꺼이 죽으려고 하셨다는 것을 매우 분명히 밝혔다. 요한은 이렇게 기록했다. "예수께서 베드로에게 명하셨다. '네 칼을 집어넣어라! 아버지께서 내게 주신 잔을 내가 마셔야 하지 않겠느냐?'"(요 18:11).

예수님은 베드로가 난폭한 행동을 보인 후에 요점을 확실히 알리기 위하여 이렇게 물어보셨다. "너는 내가 내 아버지께 구하여 지금 바로 열두 군단 이상의 천사들을 내게 보내시게 할 수 없는 줄 아느냐? 그러나 그렇게 하면 성경에 반드시 그렇게 되리라고 한 말씀들이 어떻게 이루어지겠느냐?"(마

---

the Bible and the Dead Sea Scrolls (Grand Rapids, MI: Baker Academic, 2003)을 보라. 또 Joseph A. Fitzmyer, *The One Who Is to Come* (Grand Rapids, MI: Eerdmans, 2007)과 *The Eerdmans Dictionary of Early Judaism*, 938-942에 나오는 "Messianism"을 참조하라.

26:53-54). "베드로야, 그렇다. 나는 살아계신 하나님의 아들이다. 만약 우리가 그 싸움을 싸우기 원했다면, 내 아버지께서 만이천 이상의 천사들을 보내어 나를 구하시고 적들을 물리치셨을 것이다. 그러나 내 목적은 그것이 아니다. 나는 나의 백성과 세상을 위하여 나의 목숨을 대속물로 주려고 왔다."

예수님은 무자비한 로마의 총독이며 예수님의 목숨을 살릴 힘이 있었던 본디오 빌라도[14] 앞에 서셨을 때에도 이와 같이 말씀하셨다. "나의 왕위는 이 세상에서 난 권세가 아니다. 만약 그러했다면, 나의 사람들이 내가 유대인들에게 잡히지 않도록 싸웠을 것이다. 나의 왕위는 이곳에서 온 것이 아니다"(요 18:36, CJB 성경).

예수님께서 로마 군인들에 의하여 십자가에 못박히셨을 때, 주님은 그들을 저주하거나 그들의 머리 위에 심판이 내리기를 구하지 않으시고, 그들을 위하여 기도하셨다. "아버지, 저들을 용서하소서. 이는 저들이 자기들이 하는 것을 알지 못하기 때문입니다"(눅 23:34). 이것은 처음부터 끝까지 무장 반란을 계획한 폭력적인 지도자와는 정반대의 모습이다.

베드로는 그의 스승의 본을 따라서, 예슈아께서 죽으신 것처럼 기원후 64년 경에 십자가에 달려서 죽었다. 그러나 한 가지 눈에 띄는 차이점이 있었다. 고대의 자료들은 그가 거꾸로 십자가에 달렸다는 것을 말해준다. 그는 자신이 자신의 구세주가 돌아가신 것과 똑같은 방법으로 죽을만한 가치가 없다고 여겼기 때문이다.[15]

놀랍게도 이 최초의 열한 명의 제자들 가운데 오직 두 사람(요한 그리고 아마도 마태)만이 수명을 다하여 죽었고, 전승에 의하면 나머지 제자들은 모두 순교했다.

---

14. 빌라도에 관한 더 자세한 내용은 Brown, *Answering Jewish Objections to Jesus, Vol. 4: New Testament Objections*, 53-55을 보라.

15. 이 방법으로 그는 더 오래 고통을 느꼈을 것이다. 왜냐하면 피가 머리로 쏠려서 의식을 더 오래 유지했을 것이기 때문이다.

- 베드로는 십자가에 거꾸로 달려 죽었다.
- 그의 형제 안드레는 X자 모양의 십자가에 달려 죽었다.
- 세베대의 아들 야고보는 참수당했다.
- 빌립은 십자가에 거꾸로 달렸다.
- 바돌로매는 자루에 담겨 익사했다.
- 도마는 창(또는 화살)에 맞아 죽었다.
- 알패오의 아들 야고보는 돌에 맞아(또는 십자가에 달려) 죽었다.
- 다대오는 화살에 맞아 죽었다.
- 유다(가룟 유다가 아닌)는 십자가에 달려서 화살에 맞아 죽었다.
- 열심당원 시몬은 십자가에 달려 죽었다.[16]

그들은 왜 죽임을 당했는가? 그들이 로마나 다른 압제 세력에 대항한 폭력적인 행위에 가담했기 때문인가? 그렇지 않다. 그들이 죽임 당한 이유는 종교적인 세력들과 세상의 세력들이 그들의 메시지와 삶의 방식을 위협적인 것으로 여겼기 때문이다.[17] 이 사람들은 스스로가 어린 양이 되어 죽임 당하

---

16. 여기에 나오는 대부분의 전승들은 사실 확인이 불가능하다. 그러나 관련된 증거들은 예수 운동의 초기 지도자들 중에서 상당수가 순교당했다는 것을 가리키고 있다. 일부 "무장 반란" 이론의 지지자들은 (그들의 주장의 근거로 - 역자 주) 예수님께서 한 "열심당원"을 주님의 제자로 부르신 일을 가리키는데, 이것은 허무맹랑한 주장이다. 그 이유는 다음과 같다. (1) 예수님은 자신의 사역으로 부른 사람들을 변화시키셨다. (2) 만약 이 시몬이 전형적인 열심당원이었다면, 그는 (열심당원들이 - 역자 주) 증오하는 세리였던 마태의 곁에서 함께 일하는 것이 불가능했을 것이다(마태가 과거에 부패한 세리였다면 그 역시 변화되었을 것이다). (3) 5장과 6장 전체에서 말한 것처럼, 신약성경 전체의 기조는 폭력과 반란 및 열심당원의 방법과는 상반되는 것이다.

17. 사실, 일부 헬라나 로마의 권력자들이 초기의 예수님을 믿는 자들을 선동이나 반란과 같은 일로 고발한 것을 보면, 그들이 기독교인들을 완전히 오해하고 있었다는 것을 분명히 알 수 있다. 예를 들면 2세기에 켈수스의 고발 내용은 이랬다. "기독교인들은 자기들끼리 법의 체계 밖에 존재하는 비밀 공동체를 만들었다… 은밀하고 비밀스러운 공동체가 반란과 거기서 생긴 이익을 기반으로 형성되었다." 기독교 지도자인 순교자 유스

신 어린 양의 본을 따랐다. 그들은 그 운동을 위하여 자기들의 삶을 희생함으로 혁명의 불을 지피는데 공헌했고, 그것은 오늘날까지 계속되고 있다.

전통은 계속된다

예수님과 간디로부터 비폭력 저항의 원칙[18]을 배운 마틴 루터 킹 주니어(Dr. Martin Luther King Jr.)는 1965년 3월 8일에 미국 앨라배마주의 셀마에서 교회를 가득 메운 군중에게 선포했다. "우리의 비폭력주의의 깊은 곳에는 우리의 목숨을 바칠 만한 가치가 있는 소중한 것들, 귀한 것들, 그리고 영원토록 진실된 것들이 존재한다는 확신이 있다."[19] 이런 이유로 킹은 말콤 엑스 등의 사람들이 옹호한 폭력 저항의 철학을 버리고, 비폭력 저항의 강력한 원칙을 통하여 불의 및 불평등에 맞서는 것을 택했다.

예수님은 비폭력주의에 가장 큰 영향을 준 인물이다! 우리가 예수님을 로마 군인들의 목을 베고, 그 결과로 유대인들과 로마인들 양쪽에 수많은 과부와 고아를 만드는 일을 통해서만 이상을 실현할 수 있는 폭력적인 반역자로 만드는 것은 주님을 크게 폄하하는 것이다. 또 하나 확실하게 말할 것은, 역사 속에서 그 비극과 암흑의 시대에 예수님을 믿는다고 하는 사람들이 정복하고 개종시키기 위하여 칼을 들었을 때, 그들은 주님의 이름을 부인했고,

티누스(기원후 165년에 참수되었다)는 이렇게 말했다. "우리는 공개적으로 무신론자라는 비난을 당하고(황제를 신으로 숭배하지 않기 때문에) 대역죄를 지은 범죄자들이 되었다." 랍비 쉬물리 보테크가 이 기독교인들을 로마에 대항한 자유 전사라는 허구적인 예수의 제자들이 아니라, 어린 양 예수의 제자들로 여겼을 것이라는 점도 주목하라.

18. 간디의 말을 빌리자면 다음과 같다. "예수의 고난의 본은 나의 비폭력에 대한 영원한 믿음의 구성요소 중 하나다." 배경적인 내용은 *Gandhi on Non-Violence* (New York: New Directions Publishing, 1964), 4에 나오는 Thomas Merton의 서문을 보라. 간디는 또 이렇게 말했다. "예수는 역사상 가장 활동적인 저항운동가였을 것이다. 그것은 매우 훌륭한 비폭력이었다"(위의 책, 40).

19. 킹의 연설 비디오테이프의 녹취 내용.

주님의 가르침을 비웃었으며, 주님의 전통을 훼손시킨 것이었다.

우리가 공경하는 예수-예슈아의 진실되고 혁명적인 메시지와 그분이 보이신 본은 이천 년 동안 수억 명의 사람들을 변화시켰다. 비록 군대와 무기가 필요한 곳이 있지만(히틀러와 나치를 물리친 군대에 대하여 하나님께 감사드린다), 이것은 메시아의 방법은 아니었다. 주님은 폭력이 폭력을 낳으며 증오가 증오를 낳는다는 것을 아셨다. 폭력과 증오의 순환 고리를 끊는 유일한 방법은 자신을 희생하는 사랑이다.

내가 2000년대 초반에 한 예배 시간에 메시지를 전할 때, 1960년대의 격동기를 말하면서 참석자들 중에서 급진적인 종교 또는 정치 운동에 참여한 사람이 있는지를 물었다. (재미있었던 것은, 한 50대의 남성이 대답하기를 자기가 고등학교에서 최초로 머리를 길게 기른 사람이었는데 지금은 머리가 많이 벗겨졌다는 것이었다.) 몇 사람이 손을 들었는데, 그들은 60년대에 불교나 초월 명상법(TM, Transcendental Meditation)에 몰두했고, 다른 사람들은 급진적인 캠퍼스 운동에 참여했다고 했다.

그리고 나서 한 백인 남성이 손을 들고 말하기를, 자기는 그 시절에 KKK(Ku Klax Klan, 사회 변화와 흑인의 동등한 권리를 반대하며 폭력을 휘두르는, 미국 남부 주들의 백인 비밀 단체 - 역자 주)에 가담했었다고 했다. 그러자 곧바로 그 옆자리에 앉아 있던(그러나 서로 모르는 사이인) 한 흑인 남성이 손을 들고 자기는 블랙 팬서(흑표범단, 미국의 극좌익 흑인 과격파 단체 - 역자 주)의 일원이었다고 했다! 두 사람은 서로 웃으며 포옹했고 청중들은 환호했다. 이것이 바로 예수님께서 과격한 증오와 편견을 다루시는 방법이다. 그것은 격렬한 싸움이 아니라, 마음을 변화시키고 화해를 가져옴으로 이루어지는 것이다.

20세기에 가장 존경 받는 지도자들 중 한 사람이며 비폭력주의를 행함으로 대영제국을 이긴 마하트마 간디는 예수님에 대하여 이렇게 말했다. "온전히 결백하고, 원수를 포함하여 다른 사람들의 유익을 위하여 자신을 희생함으로 세상의 대속물이 된 사람이다. 그의 행위는 완전하다."[20]

이전 장에서 언급한 것처럼, 그 완전한 행위가 있은 후 40년이 채 지나기 전에, 예수님의 운동과 전혀 무관한 유대인 자유 전사들이 로마의 통치를 무너뜨리려고 하였으나 유대인들에게 커다란 고통만을 안겨주었다.[21] 유대 역사가 요세푸스는 이 폭동으로 인하여 **백만 명의 유대인들**이 희생당했고, 그 중에서 수천 명이 십자가에 달려 죽었다고 했다. 그리고 고대 세계의 불가사의 중 하나이며 이스라엘의 하나님의 성소인 예루살렘의 하나님의 성전은 불에 타서 잿더미가 되었다.[22] 그 성전은 오늘날까지 다시 세워지지 않았다.

이 참사가 일어난 지 겨우 60년 만에, 시므온 바르 코크바가 또 다른 유대 반란을 이끌었다. 그는 다른 사람도 아니고, 그 시대에 가장 위대한 랍비였던 랍비 아키바(Rabbi Akiva)에 의하여 메시아로 일컬음 받았던 인물이다. 그리고 이번에도 큰 희생이 있었다. 로마에 의하면 985개의 유대인 마을이 파괴되었다고 한다. 이 수치가 과장된 것일 수도 있지만, 아래의 기록은 이것이 어느 정도 사실이라는 것을 보여준다.

> … 예외 없이, 유대 지역에서 발굴된 모든 마을들이 바르 코크바 반란 이후에 완전히 무너진 것으로 보인다. 이것은 그 전쟁 이후에 그 지역의 거의 전체가 파괴되었다는 뚜렷한 인상을 뒷받침한다. 역사적 자료들은 엄청난 수의 포로들이 팔레스타인에 노예로 팔리고 해외로 옮겨졌다고 기록하고 있다.
>
> 바르 코크바 전쟁 이후 유대 지역의 유대인 공동체는 다시 회복된 적이 없

---

20. *Gandhi on Non-Violence*, 34에 인용되었다.
21. 이 반란은 기원후 66년에 시작해서 74년에 완전히 진압되었다. 이것에 대한 간략한 요약과 관련 자료에 대해서는 Collins and Harlow, *The Eerdmans Dictionary of Early Judaism*, 1146-1149의 "Revolt, First Jewish"를 보라.
22. 위의 책.

었다. 이후로 유대인들은 팔레스타인에서 더 이상 다수 민족이 되지 못했다.[23]

이것만으로 충분하지 않았는지, 그들은 또 하나의 수모를 겪어야 했다. 만약 당신이 유대인들의 고국이 팔레스타인으로 알려진 이유에 대하여 궁금해 한 적이 있다면, 여기에 그 답이 있다. "로마인들은 추가적으로, 더 지속적인, 가혹한 조치를 내렸다. 그것은 그 지역의 이름에서 유대(Judea)라는 이름을 지우고, 그 이름을 '유대 지방'(Provincia Judea)에서 '시리아 팔레스티나 지방'(Provincia Syria Palestina)으로 바꾼 것이었다."[24] 랍비 아키바는 싸우는 메시아를 찾다가 바르 코크바의 군대의 용맹함에 마음이 기울었으나, 90세의 나이에 산 채로 피부가 벗겨지는, 무시무시한, 순교자와 같은 죽음을 당했다.[25]

예슈아께서는 예루살렘에 임박한 멸망을 내다보고 우시면서(눅 19:41-44), 더 나은 방법이 있다는 것을 알고 계셨다. 며칠 후에, 주님은 주님이 십자가에 달릴 장소로 끌려 가고 계셨는데, 주님의 몸은 로마인들의 채찍에 의하여 찢겨 나가고 있었다. 그 때 주님은 자신이 아니라 자신의 백성을 생각하고 계셨다. 주님은 외치셨다. "예루샬라임(예루살렘의 히브리어 이름 - 역자 주)의 딸들아, 나를 위하여 울지 말고, 너희와 너희 자녀를 위하여 울어라! 사람들이 '자식이 없는 여인들, 그 배에 아이를 밴 적이 없고, 그 가슴에 아이의 젖을 물린 적이 없는 여인들은 복 있는 자들이라' 할 때가 오고 있기 때문이다!"(눅 23:28-29, CJB 성경). 이것은 그 고난이 얼마나 심할 것인지에 대하여 하신 말씀이다. 그리고 이것은 폭력 혁명의 불가피한 결과였을 것이다.

---

23. Collins and Harlow, *The Eerdmans Dictionary of Early Judaism*, 421-425에 나오는 "Bar Kochba Revolt"를 보라. 본문에서는 424-425의 내용을 언급했다.

24. 위의 책, 425.

25. 그의 순교에 관한 가장 중요한 이야기들은 b. Berakhot 61b와 y. Sotah 4:5에서 볼 수 있다.

예수님은 다른 혁명, 더욱 근본적인 혁명, 영과 마음의 혁명을 구하셨다. 우리가 주님을 단지 애국자나 자유 전사로 여기면 그것은 주님을 폄하하는 것이다. 주님의 애국심은 더 높은 수준의 것이었고, 주님이 싸우셔서 얻으려고 했던 자유는 영혼을 자유롭게 하는 영원한 자유였다. 이것이 바로 용맹한 전사이며 거짓 메시아였던 바르 코크바가 아니라, 예슈아께서 오늘날 전 세계에서 찬양 받으시는 이유다.

주님은 위대한 혁명가이며 어린 양이시다! 우리의 여정은 계속된다.

II. 율법에 맞는 예수에서 율법에 맞지 않는 기독교로?

7

바울이 이 모든 것을 바꾼 사람인가?

『역사상 가장 영향력 있는 유대인 100인』의 저자인 마이클 샤피로에 의하면, 사도 바울로 더 잘 알려진 다소의 사울은 역사상 가장 영향력 있는 유대인들 중에서 6위로, 상위 30위에서 보면, 칼 마르크스(7위), 테오도어 헤르츨(8위), 바뤼흐 스피노자(10위), 다윗 왕(11위), 안네 프랑크(12위), (성경 시대의) 선지자들(13위), 마이모니데스(16위), 모세 멘델스존(18위), 라쉬(20위), 벤자민 디즈레일리(21위), 다비드 벤구리온(23위), 힐렐(24위), 솔로몬 왕(29위)보다 앞에 있다.[1] 샤피로가 바울보다 높은 순위에 둔 인물은 오직 (순서대로) 모세, 예수, 아인슈타인, 프로이트, 아브라함뿐이다.

그렇지만 바울이 정말로 유대인이었는지(또는 적어도 그가 유대인으로 태어났는지)에 대하여 의문을 제기하는 사람들이 있고, 반면 그가 유대인으로 태어난 것은 인정하지만 그가 자기 혈통에 대하여 거짓말을 했다고 비난하는 사람들도 있다. (그는 예루살렘에서 자랐고, 그곳에서 그 시대에 가장 위대한 바리새인 교사 중 한 사람인 가말리엘의 문하에서 공부했다고 했다; 행 22:3을 보라.)

많은 유대인들(그리고 기독교를 비판하는 많은 이방인들)이 "사실 예수는 괜찮았다. 그는 선한 유대인이며 훌륭한 랍비였다. 모든 것을 망치고 기독교를 만든 사람은 바로 바울이었다"[2]고 생각하고 있다. 수년간 유대인과의 대화에

---

1. Michael Shapiro, *The Jewish 100: A Ranking of the Most Influential Jews of All Time* (n.p.: Citadel Press, 1994), Adherents.com, "The 100 Most Influential Jews of All Time," http://www.adherents.com/largecom/fam_jew100.html (2012년 2월 24일 접속)에 인용되었다.

2. Brown, *Answering Jewish Objections to Jesus, Vol. 4: New Testament Objections*, 188-202을 보라.

참여했던 가톨릭교의 지도자인 유진 피셔 교수는 이렇게 말했다. "예수는 좋은 사람(a good guy)이다. 바울은 나쁜 이방인(a bad goy)이다."[3] ('Goy'는 이방인을 의미하는 히브리어 표현이다.) 그렇다, 바울이 바로 유대인들의 예수 운동을 알아볼 수도 없는 이방 종교로 둔갑시킨 문제를 일으킨 사람(또는, 히암 맥코비 교수의 표현으로는 "신화 창조자"[4])이었다. 이것이 사실인가?

이전에 랍비 쉬물리 보테크는 예수님이 로마를 무너뜨리려고 했으나 그것이 좌절되어 실패한 메시아로서 죽음을 맞이했다고 했다. 랍비 쉬물리는 "그 랍비가 남긴 유산에는 거의 미래가 없었다. 그의 제자들은 로마의 박해를 받았고, 그들이 사랑하는 지도자를 잃은 후 큰 충격에 빠졌으며, 그 수는 점점 줄었다"[5]고 썼다.

그러나 (히암 맥코비의 논란이 많은 이론들에 주로 영향을 받은) 쉬물리의 작품에서 이것은 이야기의 끝이 아니라 오히려 시작이었다. 그것은 쉬물리가 예

---

3. Eugene J. Fischer, "Typical Jewish Misunderstandings of Christ, Christianity, and Jewish-Christian Relations Over the Centuries," in Garber, *The Jewish Jesus*, 240 (이 글은 228-248에 나온다). 그에 의하면 이것은 "유대인 학생들이 배우는 일반적인 내용"이다. 그 내용을 더 자세히 보면 이렇다. "예수는 좋은 사람이다. 바울은 나쁜 이방인이다. 기독교인들은 권력을 얻고 나서 언제 어디서나 항상 유대인들을 핍박했다. 십자군 전쟁이 일어났다. 그 뒤에는 종교재판, 피의 비방(blood libel, 중세시대에 유대인들이 종교의식에 쓰기 위한 피를 뽑기 위해 아이들을 유괴하여 살해했다는 미신이 기독교인들 사이에 퍼지면서 유대인들이 박해받고 처형당했다 - 역자 주), 포그롬(pogrom, 러시아에서 일어난 유대인 대학살 - 역자 주)이 있었다. 그리고 나서 홀로코스트가 일어났다. 그 후에는 영국 기독교인들이 우리가 팔레스타인으로 가는 것을 막았다. 그러나 우리는 살아남았고, 미국이 우리를 구했다." 피셔는 적절하게 결론을 맺었다.

"이것은 유대인들의 절기를 요약한 오래된 농담처럼 맞는 말이다. '그들이 우리를 죽이려 했다. 그들이 실패했다. 함께 음식을 먹자.' 그러나 그렇게 우스운 얘기는 아니다. 그리고 이것은 유대인들이 오랜 세월 동안 기독교 세계에서 어떻게 잘 살아남았지에 대하여 전혀 설명하지 못했다."

4. Hyam Maccoby, *The Mythmaker: Paul and the Invention of Christianity* (New York: Harper & Row, 1986).

5. Boteach, *Kosher Jesus*, 8.

슈아의 부활을 받아들였기 때문이 아니라, 거기서 등장하는 한 낯선 자 때문이다. 이 사람이 모든 것을 바꾸었다.

쉬물리의 논문에서 이 낯선 자는 너무나 중요한 인물이어서, 그의 책 『코셔 예수』의 첫 장에는 "랍비와 낯선 자"라는 제목이 붙었다. 여기서 랍비는 예수님이고 낯선 자는 바울을 말한다.

> 아무런 예고도 없이, 한 신비로운 낯선 자가 왔다. 그는 그 랍비의 남은 제자들에게 자신을 나타냈다. 그들은 그가 자기들을 더욱 괴롭히려고 보냄을 받은 사람이라 생각하고 두려워했다. 어쩌면 그는 대제사장에게 고용되었거나, 로마의 대리인으로, 황제에 대한 모든 선동을 약화시키는 일을 맡았을지도 모른다. 그러나 그는 그 랍비의 제자들의 편이라고 말하고 있다.[6]

그리고 나서 바울은 이 "남은 제자들"에게 말했다. 그들의 "죽은 랍비가 환상 가운데 자기에게 나타났다. 그 경험이 자신을 변화시켰다. 그는 이제 그 랍비의 가르침을 따르기를 원한다. 비록 그 제자들이 그의 사명이 상당히 다르다는 것을 곧 깨닫게 되겠지만 말이다."[7]

놀랍게도 바울은 그들에게 이런 설명을 했다. (1) "그 랍비는 단순한 인간 이상이며, 심지어는 메시아 이상의 존재다. 그는 그 랍비가 완전히 신적인 존재로, 말 그대로 하나님의 아들이라고 했다." (2) "그 낯선 자는 그 랍비의 죽음에서 어떤 의미를 발견했는데 그것은 그 랍비의 처음 제자들은 절대 할 수 없는 일이었다. 그 낯선 자는 그가 헛되이 죽은 것이 아니라고 주장했다. 그의 죽음은 하나님께서 그에게 주신 사명의 일부분이었으며, 오래전부터 있던 하나님의 계획의 성취였다. 그 랍비는 사람들의 죄를 대신하여 죽기 위하

---

6. 위의 책.
7. 위의 책, 9.

여 보냄을 받았다."(3) "뿐만 아니라, 그 랍비가 이 세상에 온 것은 정치적인 목적이 아니라 영적인 사명을 감당하기 위해서였다. 그가 이루려는 목적은 로마로부터의 해방과는 무관하고, 오히려 부패한 유대인 기득권층과 구원의 걸림돌이 되어버린 토라의 준수에 대한 저항과 관련이 있다."(4) "그 낯선 자는 놀란 제자들에게 그들의 랍비의 죽음으로 토라의 모든 율법이 완성에 이르게 되었다고 했다. 그의 죽음이 율법에 명시된 모든 의무를 폐하였다."

예슈아의 제자들은 이 새로운 메시지에 어떻게 반응하였는가? "그 제자들은 아무 말도 하지 못했다. 그 가르침은 유대교 체계에 그 어떤 것보다 더 큰 충격을 주었다. 토라는 영원한 것이 아니다? 그 랍비가 바로 하나님이다? 말도 안 되는 소리다. 제자들 중에 경건한 유대인으로만 이루어진 적은 무리는 그 낯선 자를 추방하였다."

그러나 그것이 바울을 멈출 수는 없었다. "그는 굴하지 않고 로마의 이방인들 사이에서 그 랍비의 어떠함에 대한 자신의 이론을 전하였다. 그는 가장 적당한 때에 그의 활동을 시작했다." 그 결과는 놀라웠다. "그 새로운 메시지는 그들의 성향과 맞아떨어졌다. 그 메시지는 전례 없는 뜨거운 반응을 얻으며 급속히 퍼져나갔다."[8]

우리는 이 이야기를 어떻게 평가해야 하는가?

간단히 말하면, 이것은 단순한 허구가 아니라 판타지다. 나는 40년 이상 성경을 깊이 연구했으며, 많은 시간을 성경 본문과 최고의 학술 문헌들을 집중적으로 연구한 사람으로서 이렇게 말할 수 있다. 요컨대, 이 이야기는 신뢰할 수 없을 뿐만 아니라, (원래의 이야기에 대한) 모욕이다.

---

8. 위의 책, 10-11.

랍비 쉬물리는 그의 아이디어를 어디서 얻었는가?

나는 나의 존경하는 친구인 랍비 쉬물리의 의도가 무척 고상한 것임을 충분히 알고 있으며, 나는 그것에 대하여 깊이 감사하고 있다. 그는 우리 유대민족과 예수님 사이의 어떤 장벽을 없애기 위하여 그의 전문성에 대한 큰 위험을 감수하면서 용기 있게 자신의 입장을 밝혔다(물론, 이 예수님은 쉬물리가 이해한 역사적 예수를 말한다). 그는 예수님이 "기독교"라고 불리는 비유대적 종교를 만든 사람이라는 혐의를 없애고자 했고, 그것에 대한 책임을 전적으로 바울에게 돌렸다. 그러나 좋은 의도가 곧 좋은 연구가 되는 것은 아니며, 그것이 다른 종교의 신성한 문서의 내용을 바꾸는 것에 대한 타당한 변명도 될 수 없다.

그런데 쉬물리는 그의 책을 아무런 근거 없이 만들어낸 것이 아니다. 전에 언급한 것처럼, 그는 히암 맥코비의 작품을,[9] 특히 그가 1986년에 쓴 책 『신화 창조자: 바울과 날조된 기독교』[10]에 의존했다. 맥코비는 그의 책의 제목 "신화 창조자"를 바울을 가리켜 사용하였지만, 역설적이게도 그것은 의도치 않게 그 책 자체를 가리키는 것이 되어버렸다. 바울이 아니라, 고인이 된 맥코비 교수가 신화 창조자였던 것이다.

쉬물리가 이 이론을 지지한 유일한 사람은 아니었다. 또 다른 유명한 유대인 저자이자 언론인인 데이빗 클링호퍼도 2005년에 낸 그의 책 『왜 유대인들은 예수를 거부했는가: 서양사의 전환점』에서 이것을 적용하였다.[11]

9. 2장, 5장 및 7장의 앞 부분을 보라.
10. 5장의 각주 8을 보라.
11. David Klinghoffer, *Why the Jews Rejected Jesus: The Turning Point of Western History* (New York: Doubleday, 2005). Mishkan 44 (2005), 82-87에 나오는 나의 서평을 보라. 다음의 웹사이트에서도 볼 수 있다: http://realmessiah.com/read/review-david-klinghoffer-why-jews-rejected-jesus (2012년 2월 24일 접속, 현재 접속되지 않음). 나는 서평에 이렇게 썼다. "재미있는 것은, 맥코비도 클링호퍼의 연구의 주요 전제 중 하나를 약화

그런데 잘 알려진 신약학자들 가운데에서 맥코비의 『신화 창조자』는 무시되거나 아니면 가장 거친 표현으로 거부당했다. 이것이 더욱 의미가 있는 것은, 이 학자들이 맥코비가 초기 유대교와 복음서에 나오는 율법적 논쟁의 유대적 배경에 관하여 쓴 다른 글들을 자주 인용하였고,[12] 맥코비가 유명한 『바울과 그의 서신들에 관한 사전』의 기고자였다는 것이다.[13]

그러나 『신화 창조자』는 이 분야의 전문가들이 거의 거들떠보지도 않았고, 맥코비가 제안한 것들은 너무나 설득력이 없었다. 내가 여기서 말하는 사람들은 소위 말하는 편협한 "기독교 근본주의 신학자들"이 아니라, 모든 새로운 생각에 열려 있는 비판적인 학자들이다. 나는 실제로 최고의 신약학자들 중 몇 명과 『신화 창조자』에 대하여 이야기를 해보았는데, 그 사람들이 그 분야의 중요한 문헌들에 대하여 매우 잘 알고 있었음에도 불구하고, 이 책에 대해서는 한 번도 들어보지 못했다고 한다.

2006년까지 프린스턴 대학교에서 종교학 윌리엄 댄포스 석좌교수로 근무한 존 게이저(John E. Gager)는 The Jewish Quarterly Review에서 『신화 창조자』를 논평하면서, 이 작품은 관련된 문서들을 부분적으로 "삐딱하게 잘못 읽은 것"이라고 직설적으로 말했다. 게이저는 맥코비의 책에 대하여 "좋은 역사 기록도 아니고, 심지어 역사 기록이라고 할 수도 없다"고 결론내렸다. 학자들은 보통 이런 식으로 논평하지는 않는다. 일반적인 논평에 이런 험한 표현은 잘 사용하지 않는다. 『신화 창조자』에 제시된 이론들이 그만큼 터무니없다는 것이다.

게이저 교수는 그의 논평에서 "만약 크게 의식하지 않는다면, 모든 새로

시키는 *Jesus the Pharisee*라는 책을 썼다."

12. 가장 최근에 나온 것으로 Hyam Maccoby, "The Washing of Cups," *Journal of New Testament Studies* 14 (1982): 3-15가 있다.

13. G. F Hawthorne, R. P. Martin, and D. G. Reid, eds., *Dictionary of Paul and His Letters* (Downers Grove, IL: InterVarsity Press, 1993).

운 시도에는 심각한 위험이 존재한다. 그것은 그 시도들이 우리를 앞으로 또는 뒤로, 두 방향 중 어느 한 방향으로 데리고 가기 때문이다. 걱정되는 것은, 이 책이 우리를 거의 모든 영역에서 퇴보하게 한다는 것이다." 또 다시 거친 표현이 사용되었다!

게이저는 이 책이 살아남을 수 있는 한 가지 방법을 생각했다. "그럼에도 이 책은 책에 대한 설명을 아주 살짝 바꿈으로 살아남을 수 있을 것이다. 만약 저자가 이 책을 역사적 연구에 의한 작품이라고 하지 않고, 역사적 전기 소설 작품이라고 설명한다면… **우리는 이것을 소설로 즐길 수 있을지도 모른다**."[14]

소설이라니! 이 책은 쉬물리가 신약성경과 예수 운동의 초기 역사의 많은 부분을 다시 쓰는데 있어서 중요한 기반이 되는 자료이다. 맥코비의 『신화 창조자』를 이런 강한 어조로 무시하는 학자는 게이저 혼자만이 아니다.

영국 더럼 대학교의 신학부에서 신학 라이트풋 석좌교수로 수년 간 근무했던 제임스 던은 바울에 관한 최고의 권위자 중 한 사람이다. 그가 2006년에 낸 책 『사도 바울의 신학』(그가 바울에 관하여 쓴 많은 책들 가운데 하나)은 그 분량이 800쪽이 넘는다.[15] 던도 게이저와 마찬가지로 편협한 근본주의 기독교인 같은 표현으로 설명할 수 없는 사람이다. 오히려 반대로, 그는 "바울에 관한 새 관점"[16]의 대표 주자 중 한 사람이다. 이들은 전통적인 기독교의 이해에 대하여 지속적으로 의문을 제기하며 계속해서 바울에 관한 새로운 접근 방법들을 모색한다.

---

14. John G. Gager, H. Maccoby, *The Mythmaker: Paul and the Invention of Christianity*에 대한 서평, *Jewish Quarterly Review* 79, no. 2-3 (1988-1989): 248. 전체 서평은 248-250에 나온다.

15. James D. G. Dunn, *The Theology of Paul the Apostle* (Grand Rapids, MI: Eerdmans, 2006).

16. James D. G. Dunn, *The New Perspective on Paul*, rev. ed. (Grand Rapids, MI: Eerdmans, 2007). 이 책의 분량은 500쪽이 넘는다. Paul Page도 보라. http://www.thepaulpage.com/new-perspective/introduction-and-summary/ (2012년 2월 24일 접속).

바울이 유대교로 개종했으며, 그에게 바리새적인 배경이 없었다고 보는 맥코비의 이론에 대하여 던은 무엇이라고 말했는가? 그는 이렇게 썼다.

> 바울은 다른 사람들처럼 유대교 안에서 굳게 자리잡고 있었다. 그는 (그의 가문에서 유대교로 - 역자 주) 개종한 1세대도 아니며, 더구나 10대 후손도 아니다. 맥코비가 '바울은 이방인이었으며 그가 여기서 주장한 내용은 완전히 날조된, 지어낸 것'(신화 창조자 95-96쪽)이라고 한 의견은 **매우 비현실적**이고 바울이 로마서 전체에서 말한 것에 **전혀 주의를 기울이지 않은 것**이다. (던은 바울이 로마서 11:1에서 "나는 이스라엘 사람이요, 아브라함의 자손이며, 베냐민 지파 출신이다"라고 한 것을 말하고 있다.)[17]

그렇다. 바울이 아니라 맥코비가 신화 창조자인 것이다. 바울이 자신이 베냐민 지파 출신의 진정한 이스라엘 사람이라고 한 주장에 대하여 맥코비가 그것이 날조되었고 지어낸 것이라고 말하자, 던은 날조되고 지어낸 것은 맥코비의 이론이라고 적절하게 반박했다. 던의 말을 다시 인용하자면, 그것은 "매우 비현실적이고 바울이 로마서 전체에서 말한 것에 전혀 주의를 기울이지 않은 것이다."[18]

라이브러리 저널(*Library Journal*)의 한 논평가도 이와 비슷한 평가를 내렸

---

17. James D. G. Dunn, *Romans* 9-16, Word Biblical Commentary (Dallas: Word, 2002), 635-636.

18. Maccoby가 바울에 관하여 쓴 다른 작품인 *Paul and Hellenism* (London: SCM Press, 1991)은 그가 쓴 *Mythmaker*보다 조금 더 많은 관심을 끌었지만, 거기에 나오는 그의 핵심 논지 중 하나(54-89쪽)는 "기막히게 시대착오적인 연결"로 무시당했다. 그의 이론은 또 다시 다른 학자들에 의하여 매우 강한 비판을 받으며 무시되었고, 그의 관점 중 일부가 얼마나 터무니없는 것인지를 보여줬다. *Justification and Variegated Nomism: The Paradoxes of Paul* 413, 주 54를 보라. Dunn은 *The Theology of the Apostle Paul*, 603, 주 12에서, 맥코비의 *Paul and Hellenism*에 대하여 "유감스러우며", "매우 편향적이고 상당히 분별력이 결여된 주장"이라고 했다. 맥코비를 인용한 소수의 학자들 중 한 사람인 Barrie

다. 그는 "히암 맥코비의 『신화 창조자』에 나오는 논쟁이 많은 억측보다는 유대인 학자 알란 시걸의 책 『개종자 바울: 바리새인 사울의 사도직과 배교』[19]를 훨씬 선호했다. 시걸의 연구는 그 접근 방법에 있어서 전통적 방법과는 거리가 먼 것이었다.[20] 심지어 아담 그레거먼 교수와 같은 유대인 학자도 가장 오래된 유대인 일간지인 포워드(Forward)에서 『코셔 예수』에 대하여 평가하면서 "보테크는 (맥코비의) 이 이상하고 악의적인 해석이 발표된 이래로 그것이 거의 모든 학자들에 의하여 무시당했다는 것을 모르고 있는 것 같다"[21]고 했다.

내가 다시 한 번 언급하고 싶은 점은, 바울을 연구하는 학자들은 그의 기록과 그의 삶에 대하여 끊임없이 새로운 접근 방법을 찾고 있으며, 수년 간 나온 이론들 중에 어떤 것들은 점잖게 말하면 **매우 특이한** 것들이었다.[22] 바울이 깊이 있는 유대인 사상가라는 것은 의심의 여지가 없다. 그래서 신약에서 베드로가 쓴 책에는 "(바울의) 편지들에는 일부 이해하기 어려운 것들이 있어서 무지하고 굳세지 못한 자들이 다른 성경처럼 왜곡하여 스스로 망하게 된다"(벧후 3:16)고 써 있을 정도다. 베드로가 바울의 말이 쉽게 오해될 수 있다고 인정했다면, 다양한 학문적 배경의 학자들이 그의 글에 대하여 마음껏 떠들어 댈 수 있었다는 것을 짐작할 수 있을 것이다.

학자들의 이런 추측과 탐구의 환경 속에서도 맥코비의 『신화 창조자』는

A. Wilson이 그의 책 *How Jesus Became a Christian* (n.p.: Random House Canada, 2008)에서 바울을 거짓말쟁이로 만든 것은 놀랄 일이 아니다(그리고 이것은 그가 사람들의 관심을 끌기 위하여 낸 책에서 제기한 많은 음모 이론과 은폐 가운데 하나일 뿐이다).

19. Alan F. Segal, *Paul the Convert: The Apostolate and Apostasy of Saul the Pharisee* (New Haven, CT: Yale University Press, 1990).

20. *Library Journal*, June 15, 1986, 필자의 강조.

21. Gregerman, "It's 'Kosher' to Accept Real Jesus?"

22. Heikki Räisänen, *Paul and the Law* (Philadelphia: Fortress, 1986)에 나오는 논의를 참조하라.

언제나 거부되거나 무시당했다. 실제로, 단순히 바울에 관한 최근의 연구들을 요약하고 논하기 위하여 쓴 책들이 관련된 수십 개의 논문들을 인용했지만 『신화 창조자』는 논할 가치도 없는 것으로 간주되었다.[23]

이전에 존 게이저의 『신화 창조자』에 대한 신랄한 비판을 살펴보았는데, 그가 2000년에 쓴 『바울에 대한 재조명』[24]이라는 책에서 바울에 관한 가장 최근의, 새로운 접근 방법들을 평가하고 자신의 이론을 제시하였으나, 그 책에서도 맥코비의 책은 단 한 번도 인용되지 않았다. 그럼에도 불구하고, 신약성경의 근본적인 교리들을 훼손시키는 이 이론은 이런 모래 위에 지은 집과 같은 지식을 기반으로 하고 있다. 20억 이상의 사람들에게 그들의 종교적인 믿음이 완전히 잘못되었다고 말하는 것이 얼마나 주제넘은 일인지는 말로 표현하기 힘들다. 그 이론은 거의 모든 뛰어난 학자들이 거부하거나 무시하고 있는 책 하나만을 주된 근거로 삼고 있다. 그것은 정말로 꾸며낸 이야기에 불과하다.

랍비 쉬물리의 신약성경

확실한 증거와 전문적인 연구에 기반한 일반적인 역사 또는 종교적 가정과 믿음에 의문을 제기할 수 있다. 만약 우리의 믿음과 가정이 면밀한 조사를 통과할 수 없다면, 뭔가 잘못된 것이다. 그러나 변명의 여지가 없고, 옹호할 수 없으며, 거의 주목받지 못하는 이론을 내세우는 책을 기반으로 신약성

---

23. 예를 들면 Stephen Westerholm, *Perspectives Old and New on Paul: The "Lutheran" Paul and His Critics* (Grand Rapids, MI: Eerdmans, 2003); 같은 저자, *Israel's Law and the Church's Faith: Paul and His Recent Interpreters* (1988; repr., Eugene, OR: Wipf & Stock, 1998)을 보라. 아마도 맥코비의 책 *Mythmaker*는 Westerholm이 1988년에 낸 책에서 주목받았을 것이다.
24. John Gager, *Reinventing Paul* (New York: Oxford University Press, 2000).

경 전체를 근본적으로 재구성하고 재해석하는 것은 전혀 별개의 문제다.

여기서 당신은 속으로 이렇게 생각할 수도 있다. "만약 그 책이 그렇게 별로라면, 그 책에 대해서 왜 그렇게 많은 시간을 소비하는가? 다른 학자들이 그 책을 무시한 것은 그들이 단지 진실을 마주하고 싶지 않기 때문은 아닌가? 맥코비가 거부당한 것은 그가 그들에게 속해 있지 않거나 또는 그의 이론이 너무나 위험해서일 수도 있다."

이것은 확실히 타당하며 대답할 가치가 있는 질문들이다. 첫째로, 나는 이렇게 많은 시간을 들여 이 주제를 살펴보았다. 왜냐하면 정통 유대인 저자들이 쓴 유명한 책들(예를 들면, 데이빗 클링호퍼의 『유대인들이 예수를 거절한 이유』와 랍비 쉬물리의 『코셔 예수』)이 맥코비의 논문을 상당히 신뢰하고 있으며, 이 책들을 읽는 대부분의 유대인들에게는 맥코비의 과격한 주장을 검증할 능력이 없기 때문이다. 이것은 그들이 해당 분야의 전문적인 학자들이 아니거나 신약을 전문적으로 연구하는 사람들이 아니기 때문이다(우리도 우리의 전문 지식을 넘어서는 다른 많은 영역들에 있어서 마찬가지다).

둘째로, 무신론자에서 복음주의 기독교인에 이르기까지, 그리고 성경이 영감에 의한 것임을 믿지 않는 자유주의 비평가에서 바울을 종교적으로 믿지 않는 유대인 교수에 이르기까지, 그리고 심지어 "당신의 최근 이론을 들어봅시다"라고 말하는 매우 개방된 환경에 있는 사람들을 포함하여 온갖 종류의 배경을 가진 바울을 연구하는 학자들에게 있어서 맥코비의 책은 진지하게 고려할 대상이 아니었다. 내가 오랜 시간 동안 관련 문헌들을 연구하면서, 그 가운데 제기되었던 무모한 이론들 중에 어떤 것들은 만약 그 이론이 사실이라면 기독교의 믿음에 "위험한" 영향을 줄 수 있다. 한 저자는 바울이 말라리아 열을 앓고 그것으로 인하여 자기모순과 혼란에 빠지게 되었다고 주장하기도 했다![25]

---

25. Räisänen, *Paul and the Law*, 2-3, 주 20을 보라. 여기에는 3세기 철학자 Porphyry의

셋째로, 많은 유대인 학자들이 바울을 확고한 유대적 배경과 뚜렷한 유대적 사고 방식을 가진 바리새파 유대인으로 인정한다. 랍비 제이콥 엠덴(Rabbi Jacob Emden)은 1757년에 "바울은 학자이고, 랍반 가말리엘 1세(Rabban Gamaliel the Elder)의 제자이며, 토라의 율법에 능통한 사람이다"라고 했다.[26] (2장에서 말한 것처럼, 엠덴은 18세기에 가장 존경받는 권위 있는 랍비 중 한 사람이었다. 나는 그가 전통 유대인 공동체 안에서 맥코비보다 훨씬 더 권위가 있다고 확실하게 말할 수 있다.)

이런 의견은 랍비 엠덴만이 아니다. 히브리 대학교의 교수인 요셉 클라우스너(2장에서 언급되었다)는 예수님에 관한 책『예수에서 바울까지』를 썼는데, 그는 이 책을 히브리어로 썼다.[27] 그는 그의 이전과 이후의 학자들과 마찬가지로 "기독교"에 대해서는 예수님보다 바울에게 더 큰 책임이 있다고 생각했지만, 바울이 유대인이고 랍비들의 전통을 따른 것이 확실하다고 믿었다. 이것에 대하여 그는 이렇게 썼다.

> 참으로 바울은 외면적으로 유대인이었을 뿐만 아니라, 그의 사고와 그의 내면의 삶 전체도 전형적인 유대인이었다. 왜냐하면 사울-바울은 "바리새인이요 바리새인의 아들"이었고, 또한 그는 토라의 해석을 배운 탄나임의 제자들 중 하나로 죽을 때까지 그것을 귀중히 여긴 사람이었기 때문이다. 바울의 서신서들은 가장 전형적인 탈무드의 성경 해석 방식을 보여주고 있다.[28]

또한 클라우스너는 이런 의견을 말했다.

견해들도 인용되었다(위의 책, 2).
26. Falk, *Jesus the Pharisee*, 18에 번역된 내용, Auburn.edu, http://www.auburn.edu/~allenkc/falk1a.html (2012년 2월 21일 접속)에서도 볼 수 있다.
27. Joseph Klausner, *From Jesus to Paul* (New York: MacMillian, 1943).
28. 위의 책, 453-454, 이것에 대한 예가 454-458에 나온다.

바울은 다른 훌륭한 유대인들처럼 유대인의 율법을 지키는 삶을 살았다. 그는 또한 구약성경의 내용을 히브리어 원문으로 알고 있었고 그것을 깊이 묵상했다… 만약 바울이 "히브리인 중의 히브리인"이고 "바리새인이요 바리새인의 아들"이며, 예루살렘에서 교육을 받고 히브리어(또는 아람어)를 말할 수 있었다면, 그는 분명히 다양한 기독교 학자들이 그를 묘사하는 것과 같은 "70인역(을 읽는) 유대인"(Septuagint Jew, 즉 성경의 헬라어 번역본에 의존하는 유대인)이 아니었다.²⁹

최근에 알란 시걸은 "바울은 바리새인으로 교육을 받고 이방인의 사도가 되었다"³⁰고 썼고, 아람어 학자인 다니엘 보야린은 "바울은 우리에게 유대교 연구를 위한 극히 귀중한 문서들, 즉 1세기 유대인의 영적 자서전을 남겼다… 더군다나, 우리가 바울의 말을 그대로 받아들이자면(나는 그것을 받아들이지 않을 이유를 찾을 수 없다), 그는 1세기 유대교의 바리새파에 속한 사람이었다"³¹고 했다. 그리고 유대교 신학대학교(Jewish Theological Seminary)의 저명한 교수인 랍비 버튼 비소츠키 박사(Rabbi Dr. Burton Visotzky)는 "다소 출신의 바리새인 사울은 단언컨대 서양 문화사에서 가장 영향력 있는 종교적 인물 중 한 사람이다"³²라고 했다. 그러나 맥코비가 만든 신화 속의 바울은 히브리어조차도 읽지 못하는 사람이었다!

침례교 목사였다가 유대교로 개종한 줄리 갈람부쉬 박사는 다음과 같이 말했다.

---

29. 위의 책, 458.
30. Segal, *Paul the Convert: The Apostolate and Apostasy of Saul the Pharisee*, xi-xii.
31. Daniel Boyarin, *A Radical Jew: Paul and the Politics of Identity* (Berkeley, CA: University of California Press, 1994), 2.
32. Brad H. Young, *Paul the Jewish Theologian* (Peabody, MA: Hendrickson, 1997)에 그가 쓴 추천사.

20세기의 대부분 동안, 다소 출신의 바울은 기독교라는 새로운 종교의 창시자로 여겨졌다. 예수는 갈릴리의 선생이었으나, 소아시아의 헬라화된 유대인이었던 바울은 실제적으로 그리고 철학적으로 예수의 메시지를 이방인들에게 전했다. 근래에 "기독교인 바울"이라는 이미지는 퇴색되었다. 19세기와 20세기에 학자들이 예수님의 유대성을 재발견한 것처럼, 이제 그들은 바울의 유대성을 되찾기 시작했다. 유대인 바울의 본질, 자신의 선교적 열심으로 유대인의 믿음의 새로운 수준을 확산시키고자 했던 바울을 후대 기독교 역사에 비추어 보면 특별한 감동이 있다.[33]

이제 맥코비와 클링호퍼와 보테크가 재구성한 것이 맞다면 신약성경이 어떻게 바뀌었을지를 생각해 보자. 우리는 우선 신약성경에서 바울이 자신에 대하여 말한 많은 구절들을 빼야 한다. (위의 사람들의 말이 맞다면) 그 구절들은 모두 거짓말이기 때문이다.

- 내가 묻노니, 하나님이 그분의 백성을 버리셨는가? 그럴 수 없다! ~~나는 이스라엘인이요, 아브라함의 후손이며, 베냐민 지파에서 난 자다.~~ (롬 11:1)
- ~~그들이 히브리인인가? 나도 그러하다. 그들이 이스라엘인인가? 나도 그러하다. 그들이 아브라함의 자손인가? 나도 그러하다.~~ (고후 11:22)
- 너희는 내가 이전에 유대교에서 살던 방식, 내가 얼마나 심하게 하나님의 교회를 박해하고 그것을 없애려고 하였는지에 대하여 들었다. ~~나는 유대교~~

---

33. Julie Galambush, *The Reluctant Parting: How the New Testament's Jewish Writers Created a Christian Book* (San Francisco: HarperSanFranciso, 2005), 115. 이 인용문의 마지막 문장이 다음과 같다면 나는 동의할 것이다. "만약 바울이 여전히 기독교의 설립자로 언급되고, 그 기독교가 오랜 세월에 걸쳐 형성되었고, 원래의 유대적 뿌리에서 단절되어 유대인들을 박해하고 있는 것에 대하여 말하자면, 이제는 그것이 그의 의도와 무관하게 그렇게 되었다는 것이 확실하다."

에 있어서 내 또래의 많은 유대인들보다 앞서 있었고, 내 조상들의 전통에 대하여 극히 열심이었다. (갈 1:13-14)

- 만일 누구든지 자기가 육신을 신뢰할 이유가 있다고 생각한다면 나는 더욱 그러하다. 나는 8일째에 할례를 받았고, 이스라엘 족속이요, 베냐민 지파이며, 히브리인 중의 히브리인이요, 율법에 관하여는 바리새인이고, 열심으로는 교회를 박해하였으며, 율법의 의로는 흠이 없다. (빌 3:4-6).

- 나는 유대인으로 길리기아 다소에서 태어났으나, 이 성읍에서 자랐다. 나는 가말리엘 문하에서 우리 조상들의 율법을 철저히 교육 받았고, 오늘 너희 모든 사람처럼 나도 하나님께 열심이다. (행 22:3; 바울은 예루살렘 성전에서 많은 유대인 무리에게 이 말을 했다.)

- 내 형제들이여, 나는 바리새인이요, 바리새인의 아들이다. 나는 죽은 자들의 부활에 관한 나의 소망으로 인하여 재판을 받는다. (행 23:6; 바울은 예루살렘에서 이 말을 했으나 이번에는 유대인의 통치기관인 산헤드린에게 말했다.)

- 내가 내 나라와 또 예루살렘에서의 내 인생의 시작부터, 내가 어렸을 때부터 줄곧 내가 살아온 방식을 모든 유대인이 알고 있다. 그들이 오랜 시간 동안 나를 알고 있으니 그들이 하고자 한다면, 내가 우리 종교의 가장 엄격한 교파를 따라 바리새인으로 살았다는 것을 증언할 수 있다. 이제 내가 오늘 재판을 받는 것은 내가 하나님께서 우리 조상들에게 약속하신 것을 바라기 때문이다. (행 26:4-6; 바울이 아그립바 왕 앞에서 변론하며)

- 나는 유대인의 율법이나 성전이나 가이사에게 아무런 잘못을 하지 않았다. (행 25:8; 바울이 베스도 총독 앞에서 변론하며)

- 내 형제들이여, 내가 우리 민족이나 우리 조상들의 관습에 대하여 잘못한 것이 없는데도 불구하고 예루살렘에서 붙잡혀 로마인들에게 넘겨졌다. (행 28:17; 로마에 있는 유대인 지도자들에게 말하며)

당신은 기독교 성경에서, 그것도 자전적인 이야기에서 구절들을 빼버리는 것에 대하여 불편함이 없는가? 당신은 중세 가톨릭의 검열관들이 탈무드와 랍비들의 글에서 자기들에게 거슬린다고 생각하는 내용들을 삭제한 것과, 이제는 유대인 지도자들이 신약성경에서 명백한 거짓말이라고 말하는 구절들을 빼버리는 것에 만족하는가?[34] 이것은 단지 시작일 뿐이다.

『코셔 예수』에 제시된 허구적인 이야기에 의하면, 예슈아가 "완전한 신적인 존재, 말 그대로 하나님의 아들"이라는 것을 생각해낸 사람은 바울이었다. 이것은 신약성경에서 어떤 의미에서든지 예수님을 신적인 존재로 묘사하는 모든 구절만이 아니라, 주님을 하나님의 아들이라고 말하는 모든 구절들이 삭제되어야 한다는 것을 의미한다.[35] 또한 이것은 애초에 이 구절들이 어떻게 거기에 들어가게 되었는가에 대한 의문을 제기한다. 왜냐하면 그런 구절들 중에 상당수가 이른바 바울과 그의 신학을 거부했다고 하는 예슈아의 처음 유대인 제자들의 기록에 들어있기 때문이다.

지금 말하는 것의 의미를 조금 더 설명하자면, 만일 바울이 예수님이 하나님의 아들이라는 개념을 처음 생각한 것이라면, 그것은 복음서에서 예수님을 하나님의 아들로 말하는 모든 구절들이 후대에 삽입되었거나 수정되었다는 것을 의미한다. 즉, 후대의 편집자들 또는 저자들이 이 "낯선 자"의 새로운 신학과 조화를 이루도록 어떤 식으로든 "원래의" 신약성경을 수정했다는 것을 의미한다.[36]

---

34. 13세기 초에 가톨릭의 검열관들은 탈무드와 다른 랍비들의 기록에서 그들에게 거슬리는 부분을 삭제하였고, 랍비들이 가톨릭 지도자들의 심기를 불편하게 하는 일이 생기지 않도록 그들 자신의 기록을 검열하는 경우도 종종 있었다.

35. 예슈아가 하나님의 아들이라는 것과 그것이 의미하는 바에 대한 실제적인 문제 제기는 9장을 보라.

36. Boteach, *Kosher Jesus*, 204: "신약성경의 편집자들과 바울은 예수의 신적인 모습을 묘사했다."

쉬물리가 말하는 "원래의" 복음서 자료[37]로 돌아가려면, 우리는 복음서에서 이 구절들을 후대의 삽입구나 수정된 것으로 보고 삭제해야 할 것이다. 그런데 이 구절들은 인접한 문맥 안에서 깊숙이 뿌리를 내리고 있기 때문에, 그 구절들을 제거하면 그 구절 주변에 있는 대부분의 구절들도 빼버리게 되는 것이다. 이것은 메뉴도 없고 음식을 제공하지도 않는 식당에 혼자 남겨지는 것이나, 돈도 없고 대출이나 당좌 예금이나 저축 구좌를 제공하지 않는 은행과 같은 것이다.

그렇다면 복음서만 본다면 예수님은 얼마나 자주 "하나님의 아들"로 표현되고 있는가? 그 구절들은 다음과 같다. 마태복음 4:3, 6; 8:29; 14:33; 16:16; 26:63; 27:40, 43, 54; 마가복음 1:1; 3:11; 5:7; 15:39; 누가복음 1:32, 35; 4:3, 9, 41; 8:28; 22:70; 요한복음 1:34, 49; 5:25; 11:27; 19:7; 20:31. 상당히 많은 구절들이다! 그리고 그중에서 꽤 많은 구절들이 복음서 저자들이 같은 이야기를 다른 각도에서 쓴 병행 본문에 등장하는데, 이 본문들은 예수님을 하나님의 아들이라고 일컫는 내용과 조화를 이루고 있다.

그러면 이 구절들에서 예슈아를 "하나님의 아들"이라고 말하는 사람들은 누구인가? 그들은 아래와 같이 많은 수의 다양한 증인들이며 (예수님에 대하여 - 역자 주) 우호적인 사람들만이 아니라 적대적인 사람들도 포함되어 있다.

- 복음서의 저자들
- 모든 제자들
- 특정 인물들(베드로, 나다나엘, 마르다)
- 세례 요한
- 대제사장과 다른 수제사장들

---

37. 예를 들면 *Kosher Jesus* xviii, 9, 11, 12, 19, 116을 보라.

- 유대교의 교사들과 장로들
- 로마 군인
- 마귀들
- 사탄
- 천사 가브리엘
- 예슈아

정말 많은 사람들이 예수님을 하나님의 아들로 증언했다.

여기에 복음서에서 하나님께서 하늘로부터 예수님을 "내 아들"이라고 증언하신 구절들을 포함시킨다면, 마태복음 3:17; 17:5; 마가복음 1:11; 9:7; 누가복음 3:22; 9:35을 추가해야 할 것이다. (그리고 우리는 하나님도 증인들의 목록에 추가해야 할 것이다.) 이것만이 아니라 예수님께서 하나님을 (분명하게 특별하고 개인적인 의미로) "아버지"라고 부르거나 자신을 "아들"이라고 말씀하신 모든 구절들을 더하면 사복음서만 해도 상당히 많은 구절들이 추가가 된다.[38]

그리고 요한복음 3장 16-18절을 포함하여, 성경에서 가장 유명한 구절들을 완전히 엉망으로 만들게 될 것이다. 그것은 다음과 같이 바뀌게 된다.

하나님께서 이 세상을 무척 사랑하셔서 그의 독생자를 주시고, 누구든지 그를 믿는 자는 죽지 않고 영생을 얻게 하셨다. 이는 하나님께서 자가 아들을 세상에 보내신 것이 세상을 심판하시려는 것이 아니라 그를 통하여 세상을 구

---

38. David Flusser, *The Sage From Galilee*, 101, "예수님은 자신의 유일하고 결정적인 하나님의 아들로서의 지위와 역할을 분명하게 아셨다." 우리가 1세기 유대 세계에서 "하나님의 (독생자로서의 또는 자녀로서의) 아들"의 다양한 개념이 존재했다는 것을 인정한다 하더라도, 이 주제가 신약성경 전체에 나온다는 것과, 이것이 바울이 하나님의 아들 예수라는 개념을 만들었다는 랍비 쉬물리의 주장과 완전히 상충된다는 것은 확실하다.

원하시려는 것이기 때문이다. 누구든지 크를 믿는 자는 심판을 받지 않으나, 누구든지 믿지 않는 자는 이미 심판을 받았으니 이는 그가 하나님의 독생자의 이름을 믿지 않았기 때문이다.

사실 우리는 요한복음(다시 한 번 말하지만, 그들의 주장에 의하면 이른바 바울의 새 신학이라는 것을 거부한 사람들 중 하나이며, 예슈아의 처음 제자들 중 한 사람인 요한-요하난이 쓴 것으로 알려진) 전체를 버려야 할 것이다. 또한 우리는 요한의 서신서들도 버려야 할 것이다. 왜냐하면 다섯 장으로 이루어진 짧은 요한일서만 하더라도 스물한 번이나 예수님을 하나님의 아들로 언급하고 있기 때문이다.

게다가 우리는 아직 히브리서를 언급하지도 않았다. 히브리서는 예슈아를 믿는 유대인들에게 쓴 서신인데, 하나님의 아들로서의 예수님이 이 서신서의 중요한 주제이다. 이것은 바로 첫 부분부터 나타난다.

> … 이 마지막 날들에 (하나님께서) 아들을 통하여 우리에게 말씀하셨으니, 이 아들은 하나님이 만물의 상속자로 지명하시고, 또 그를 통하여 세상을 지으셨다. 아들은 하나님의 영광의 광채이고 하나님의 존재를 그대로 나타내며, 그의 능력의 말씀으로 만물을 붙드신다. 그는 죄들을 정결하게 하신 후에 하늘에서 지극히 크신 이의 우편에 앉으셨다.
> — 히브리서 1:2-3(1:5, 8; 3:6; 4:14; 5:5, 8; 6:6; 7:3, 28; 10:29도 보라)

히브리서에서 하나님의 아들로서의 예수님의 개념을 삭제하려면 말 그대로 핵심적인 내용들을 잘라 내야 할 것이다. 이 개념이 이 유대적인 책에 전반적으로 깊이 자리잡고 있기 때문이다.

그런데 어떤 사람들은 이 모든 구절들이 (소위 말하는 "편집자"들에 의하여)

본문에 삽입되었고, 그것이 계속해서 이어지는 책들과 이야기들과 가르침들의 핵심적인 내용 사이에 신기하게도 (전혀 어색하지 않게) 끼워맞춰진 것이라고 말한다. 그것은 마치 공산당 선언문을 미국 헌법에 끼워 넣는데 (원래의 선언문에 서명한 사람들이 새로 만든 문서의 내용을 지지할 수 있을 정도로) 아무런 편집의 흔적도 남기지 않고 그렇게 만드는 것이나, 다이애나 왕세자비의 얼굴을 다빈치가 그린 모나리자의 그림에 합성하는데 미술 비평가들이 그 차이를 발견할 수 없을 정도로 만드는 것과 같다고 할 수 있다. 이것은 내가 맥코비와 랍비 보테크가 지지하는 이론이 신뢰할 수 없을 뿐만 아니라 모욕적인 것이라고 말하는 이유 중 하나에 불과하다.

또 알아야 할 것은, 내가 말한 것은 그들이 "이 낯선 자"가 만들어 낸 것이라고 주장하는 것 중에 첫 번째일 뿐이다. 그리고 나는 신약성경 전체를 살펴본 것도 아니다(물론, 바울이 쓴 글은 제외하고).

그들이 바울이 처음 생각해 낸 것이라고 주장하는 두 번째 개념은 "그 랍비는 인류의 죄를 대신하여 죽기 위하여 보냄을 받았다"는 것이다. 그런데 이것 역시 신약성경의 핵심적이고 근본적인 진리다. (바울 서신 이외에서 같은 주제를 말하는 구절들을 몇 개만 살펴보면 마태복음 1:21; 20:28; 마가복음 10:45; 누가복음 22:20; 히브리서 9:15을 보라.)

그들이 바울이 만든 것이라고 주장하는 세 번째 개념은 "이 랍비가 이 땅에 온 것은 정치적 목적이 아니라 영적인 사명을 위해서다"라는 것이다. 이것과 관련하여 우리는 이미 신약성경 전체가 예슈아의 사명이 **정치적인 것이 아님**을 분명히 말하고 있다는 것을 살펴봤다[39](5장과 6장을 보라). 또 우리가 잊지 말아야 할 것은, 예수께서 잡히시던 밤에 자기 제자들을 불러 자신

---

[39] 다음 장에서 우리는 마지막 주장을 다룰 것이다. "그 낯선 자는 놀란 제자들에게 그들의 랍비가 죽음으로 토라의 모든 율법이 완성되었고, 그의 처형으로 율법에 명시된 모든 의무들이 폐지되었다고 하였다."

의 희생적 죽음을 기념하게 하신 것, 즉 우리가 "최후의 만찬"이라고 부르며 교회에서 "성찬" 또는 "성채"로 기념하고 있는 것에 대하여 바울은 이것을 "주께" 받았다고 분명하게 말했다는 것이다(고전 11:23-26을 보라). 제자들과 함께 한 이 마지막 유월절 만찬은 사복음서에 모두 기록되어 있고 초대교회에서 보편적으로 인정하는 성찬식이 되었다. 바울이 이것을 처음 만들어 낸 것이 아님은 확실하다. 또한 그는 예수님의 사명이 **정치적이 아니라**는 것도 알고 있었다.

요약하면, 이른바 "낯선 자" 바울이 만들어 냈다고 주장하는 이런 내용들이 사실은 바로 예수 운동의 기반이며, 이것은 토라의 개념, 즉 이스라엘의 택함 받음과 전통의 중요성이 랍비 유대교에서 핵심적인 것만큼, 신약성경 전체의 메시지에서 핵심적인 것으로, 나무에서 가지의 끝부분이 아닌 뿌리와 줄기에 해당하는 것들이다.

그렇다면, 바울이 모든 것을 바꾸지 않았다면 이것은 누구의 소행인가? 우리는 어떻게 율법에 맞는 예수(kosher Jesus)에서 이른바 율법에 맞지 않는 기독교(unkosher Christianity)에 이르게 되었는가? 이제 우리의 여정은 흥미로운 전환점에 이르렀다.

8

이스라엘의 하나님을 열방에 전한 천재 유대인

하나님께서 유대 백성을 택하신 이유는 무엇인가? 주님은 편애라는 잘못을 하셨가? 주님은 이 세상에서 오직 한 무리의 사람들만을 보살피셨는가? 오히려 그 반대다. 하나님은 아브라함을 시작으로 이스라엘 백성을 택하셨는데 그것은 주께서 온 세상에 복을 주고자 하셨기 때문이다. 유대 백성은 이방의 빛으로 부르심을 받았던 것이다.

어렸을 때 나는 우리가 유대인으로서 "택함 받은 민족"이라고 들었긴 했지만 우리가 무엇을 위하여 택함을 받았다는 것인지 정확히 들은 적이 없다. 이렇게 생각하는 사람은 나 혼자만이 아니다. 많은 유대인들이 "무엇을 위하여 택함을 받았는가?"라는 질문에 답할 수 없다.

매주 안식일에 회당에서 토라를 읽기 전에, 하나님께서 모든 민족 가운데 이스라엘을 택하시고 유대 민족에게 토라를 주신 것을 찬양하는 기도를 드린다. 그런데 이스라엘의 택함은 겨우 이 정도였는가? 다시 말해서, 유대 백성이 택함을 받은 것은 하나님의 토라[1]의 놀라운 선물을 받기 위한 것뿐이었는가? 그것은 무엇을 위한 것인가? 전능하신 하나님의 택하심에는 그 이상의 이유가 있는 것은 아닌가?

타나크, 즉 히브리 성경 또는 구약성경은 하나님께서 유대 백성을 택하신 목적에 대하여 이렇게 기록하고 있다.

---

1. 히브리어 '토라'는 지시, 가르침, 법을 의미하며, 특히 하나님께서 시내산에서 이스라엘에게 주신 하나님의 가르침/율법을 의미한다.

1. 하나님께서 아브라함(이 때는 아브람이라 부르셨다)에게 말씀하셨다. "내가 너를 큰 민족으로 만들고 내가 너에게 복을 줄 것이다. 내가 네 이름을 크게 하고, 너는 복이 될 것이다. 너에게 복을 주는 자에게 내가 복을 주고, 너를 저주하는 자를 내가 저주할 것이다. 그리하여 **땅의 모든 백성이 너를 통하여 복을 받게 될 것이다**"(창 12:2-3).[2] 주님은 그분의 목소리에 귀를 기울이고 그분의 명령을 지킬 한 사람을 찾고 계셨다. 그리고 하나님은 그 사람의 후손들을 통하여 온 세상에 복을 주기를 원하셨다.

2. 하나님께서 모세에게 이스라엘 백성에게 이 메시지를 전하라고 말씀하셨다. "너희는 내가 이집트에 행한 것과 내가 어떻게 독수리 날개로 너희를 내게로 데리고 왔는지를 보았다. 이제 너희가 나에게 온전히 복종하고 내 언약을 지키면, 모든 민족 가운데 너희가 나의 귀한 소유가 될 것이다. 온 세상이 내 것이나, 너희는 나에게 **제사장 나라이며 거룩한 백성**이 될 것이다"(출 14:4-6). 제사장은 다른 백성들과 하나님 사이의 중재자 역할을 하며, 그들에게 하나님의 길을 가르친다. 이스라엘은 이 세상의 다른 사람들에게 주의 길을 가르치는 **제사장 나라**로 부르심을 받았다.

3. 이사야서에는 주의 종이 이방의 빛이 될 것이라고 기록된 말씀이 몇 번 나온다. (이사야서에서 이 종은 어떤 때는 이스라엘로, 어떤 때는 이스라엘의 사명을 이루는 메시아로 기록되었다.) "이는 내가 붙드는 나의 종, 내

---

2. 번역상의 문제("너를 통하여 복을 받다", "너를 통하여 그들에게 복을 준다", "너를 통하여 복을 얻는다")에 대해서는 Willem VanGemeren, ed., *The New International Dictionary of Old Testament Theology and Exegesis* (Grand Rapids, MI: Zondervan, 1997), 1:757-767, 특히 759-760(창 12:3; 18:18; 28:14; 22:18; 26:4 언급)에 나오는 Michael L. Brown의 "*b-r-k*"를 보라. 여기에 나오는 어떤 번역이든지, 아브라함의 씨는 온 세상에 복을 주도록 예정되었다.

가 기뻐하는 나의 택한 자. 내가 내 영을 그에게 두어 그가 **이방에 정의**를 가져올 것이다… 나 주가 너를 의 가운데로 불렀고, 내가 네 손을 붙들 것이다. 내가 너를 지킬 것이며, 너를 백성을 위한 언약과 이방을 위한 빛으로 만들 것이다. 그리하여 보지 못하는 눈을 보게 하고, 사로잡힌 자들을 감옥에서 자유하게 하며, 어둠 속에 앉은 자들을 감옥에서 나오게 할 것이다"(사 42:1, 6-7). "네가 나의 종이 되어 야곱의 지파들을 회복시키고 이스라엘 중에 내가 지킨 자들을 돌아오게 하는 것은 매우 작은 일이다. 내가 또한 너를 **이방의 빛**이 되게 하여 네가 나의 구원을 **땅 끝**까지 이르게 할 것이다"(사 49:6).

이스라엘이 이방의 빛으로 부르심을 받은 것처럼, 시편은 땅 끝까지 하나님에 대한 찬양을 선포하도록 권하는 내용과, 그 일을 행하고 그 결과로 이방인들이 이스라엘의 하나님께로 돌아오게 하겠다고 마음을 정한 이스라엘 사람들의 선언으로 가득하다.

그러므로 주여 내가 이방 나라들 가운데 주를 찬양하며, 주의 이름을 찬송하리이다.

— 시편 18:49

내가 주에 대한 기억을 모든 세대에 영원하게 하며, 그리하여 민족들이 주를 영원히 찬송하게 하리이다.

— 시편 45:17

주여 내가 열방 가운데 주를 찬송하고, 백성들 가운데 주를 찬양하리이다.

— 시편 108:3(시 47:9도 보라)

하나님께서 우리에게 은혜를 베푸시고 복을 주시며 그의 얼굴이 우리에게 빛을 발하게 하소서… 그리하여 주의 도가 땅에, 주의 구원이 모든 민족들 가운데 알려지게 하소서. 하나님, 백성들이 주를 찬송하게 하소서. 모든 백성이 주를 찬양하게 하소서. 민족들이 즐거워하고 기쁨으로 노래할 것은 주께서 정의롭게 백성들을 다스리시며 땅의 민족들을 인도하시기 때문입니다. 하나님, 백성들이 주를 찬송하게 하소서. 모든 백성이 주를 찬양하게 하소서. 그러면 땅이 그것이 소산을 내고, 하나님, 우리의 하나님께서 우리에게 복을 주실 것입니다. 하나님께서 우리에게 복을 주시리니 땅의 모든 끝이 주를 경외하리이다.

— 시편 67:1-7

땅의 모든 끝이 기억하여 주께로 돌아오고, 모든 나라의 족속이 주 앞에 경배할 것은, 나라가 주의 것이며 주께서 민족들을 다스리시기 때문입니다.

— 시편 22:27-28

주여, 주께서 만드신 모든 민족이 주 앞에 와서 경배할 것입니다. 그들이 주의 이름에 영광을 돌릴 것입니다.

— 시편 86:9

유대 백성은 이방에 흩어져 살면서 회당에서 단체로 하나님께 기도를 드리고(열방을 위한 기도를 포함하여) 하나님에 대한 찬양을 부르거나, 심지어 이방인들의 눈 앞에서 토라를 지키는 삶을 살면서도(이것이 분명 성경에 나오는 유대인의 부르심의 일부분이긴 하지만), 위에 나온 시편의 말씀들을 행하지는 않았다.[3] 그 명령은 **이방이 하나님을 알도록 민족들 가운데 주에 대한 찬양을 선포**하는 것이었다.

---

3. 예를 들면 신 4:6-8을 보라.

그의 영광을 민족들 가운데, 그의 놀라운 행적을 모든 백성들 가운데 **선포하라**.

— 시편 96:3

그의 거룩함의 영화로 주께 경배하라. 온 땅이여 주 앞에서 떨라. **민족들 가운데 말하기를** "주께서 다스리신다" 하라. 세상이 굳게 세워지고 그것이 흔들리지 않는다. 주께서 공평으로 백성들을 심판하실 것이다.

— 시편 96:9-10

시온에서 보좌에 앉으신 주께 찬양을 드려라. **민족들 가운데 그가 행하신 일을 선포하라**.

— 시편 9:11

당신은 이 일, 즉 민족들 가운데 하나님께서 행하신 일을 선포하는 것, 그리고 그런 의미로 유대교가 "선교적인" 종교가 되는 것이 유대 백성의 거룩한 부르심의 일부였다는 것을 알고 있었는가? 바울은 이 명령을 이해했다. 이것은 그를 둘러싼 논쟁의 중요한 열쇠다.

바울의 영향력은 무시할 수 없는 것이다

지난 장의 시작 부분에서 나는 『역사상 가장 영향력 있는 유대인 100인』의 저자가 바울을 6위로 선정했다고 언급했다. 역사상 가장 영향력 있는 인물 100인(즉, 유대인과 비유대인 모두 중에서)을 나열한 책의 저자인 마이클 하트도 바울을 아인슈타인(10위), 모세(15위), 칼 마르크스(27위), 지그문트 프로이트(69위)보다 앞인 6위로 선정했다.[4]

---

4. Michael H. Hart, *The 100: A Ranking of the Most Influential Persons in History*

훌륭하다! 유대인 바울은 역사상 가장 위대한 인물 중 한 사람이다. 그는 **한 사람의 유대인으로서** 그러한 영향력을 끼쳤다. 그는 원래 유대인들이 했어야 하는 일, 즉 이방의 빛이 되어 이스라엘의 하나님과 이스라엘의 메시아의 메시지를 이방에 전하는 일을 했던 것이다. 그리고 이것이 바로 그가 비판과 공격을 받았던 이유 중 하나다.

사도행전은 무척 흥미로운 이야기를 기록하고 있다. 바울은 이방인들을 성전에 데리고 왔다는 거짓 고소를 당하였고, 그것에 분개하여 많은 유대인 무리가 그곳에 모여들었다.[5] 로마 군인이 바울이 군중에게 말하는 것을 허락했다(사실 거의 폭동이 일어난 것 같은 상황이었다). 그가 그들에게 아람어(또는 히브리어)로 말하자, 그들은 그가 어떻게 스데반이라는 예슈아의 유대인 제자를 죽이는 일에 가담하게 되었는지에 대하여 이야기할 때에도 그의 말을 주의깊게 들었다.

그리고 바울은 그의 간증의 결론에 이르렀다. "'그러자 주께서 내게 말씀하시기를 "가라. 내가 너를 멀리 이방인들에게로 보낸다" 하셨다.' 그 무리가 바울이 이 말을 하는 것까지 듣다가, 그들이 소리 높여 외쳤다. '이 세상에서 그를 없애버려라! 그를 살려두는 것은 합당하지 않다!'"(행 22:21-22). 그들은 **그 말**을 참을 수 없었던 것이다. 그의 이방인에 대한 부르심에는 그의 동료 유대인들을 분노하게 만든 무엇인가가 있었다. 그것은 무엇인가?

이것의 역사적 정황을 이해하는 것이 중요하다. 신약의 역사 및 문화적

(Revised and Updated for the Nineties) (New York: Hart Publishing Co., 1978).

5. 이것을 어기는 일이 얼마나 심각한 문제인지에 대해서는 Keener, *IVP Bible Background Commentary: New Testament*, Acts 21:28을 보라: "이방인들에게 개방된 바깥뜰과 여인의 뜰 사이의 장벽은 약 1.2미터 높이이며, 그 경계선에는 헬라어와 라틴어로 기록된 경고문이 있다. '이곳을 지나가는 모든 이방인은 자신의 죽음에 대하여 스스로 책임을 져야 할 것이다'(이 비문은 고대 문헌에 나오는 것이며 고고학자들에 의하여 발견되었다). 이것은 유대인 관리들이 사형을 내릴 수 있는 위반 사항들 중 하나이며, 심지어 로마 시민이라 하더라도 로마에 묻지 않고 형을 집행할 수 있었다."

배경에 관한 전문가인 크레이그 키너 교수는 이렇게 설명했다.

> 예루살렘은 사도행전 2장의 사건이 일어났을 때(즉, 25-30년 전)와는 상황이 달라졌다. 긴장이 고조되었고, 성전에서는 시카리 혹은 암살자들이 이방인들과 손을 잡은 혐의가 있는 귀족들을 죽였다. 유대 민족주의가 확산되고 있었고, 민족주의의 배타성으로 다른 민족 출신의 구성원들과 교제했다고 알려진 자기 민족의 신실한 구성원들은 용납될 수 없었다. 그래서 바울은 자신이 온전한 유대인임을 증명해야만 했다.[6]

이미 말한 것처럼, 바울은 이방인들을 성전에 데려왔다는 거짓 고소를 당한 참이었는데, 이런 긴장 상태 속에서, 그는 이제 하나님께서 자신을 이방인에게로 보내셨다고 주장하고 있다. 이것이 가능한 일인가? 사도행전 주석가인 조셉 피츠마이어는 이렇게 설명했다. "바울의 말을 듣던 사람들은 그가 자신이 하늘로부터 모세의 율법을 지키지 않을 사람들에게 구원의 메시지를 전하라는 명령을 받았다고 하는 말을 참을 수 없었다."[7]

또 다른 사도행전 주석가인 리처드 롱네이커 교수의 더 온전한 설명에 의하면, 이 유대인 무리는 바울이 하는 말을 "특별히 주의깊게 들었는데, 왜냐

---

6. 위의 책, Acts 21:20-22.
7. *The Acts of the Apostles*, The Anchor Bible (New York: Doubleday, 1998), 711. William Neill, *The Acts of the Apostles*, New Century Bible Commentary (repr., Grand Rapids: Eerdmans, 1987), 225에서는 더 과격한 접근을 시도하는데 아마도 바울에 대하여 "안 좋게 소문이 난 이단적 관점"을 너무 많이 취했을 수 있다. 그는 이렇게 썼다. "바울의 말을 듣는 사람들은 이방인들을 (유대교로) 개종시키는 것에 반대하지 않았다. 유대인들도 그 일을 행하기 때문이다. 여기서 그들에게 걷잡을 수 없는 분노를 일으킨 것은 신실한 유대인이라고 하는 자가 그에 대하여 안 좋게 소문난 이단적 관점, 즉 하나님의 백성에 속한다고 고백하는 모든 사람들은 거룩한 유대교의 율법을 의무적으로 지키지 않아도 된다거나, 할례 받지 않은 이방인들이 하나님의 눈에 유대인과 동일하게 여겨진다는 것 등을 이방 세계에 전하도록 하나님의 명령을 받았다고 말한 것이었다."

하면 그가 말한 것은 대부분 이스라엘의 메시아에 대한 소망에 관한 내용이었으며, 그가 그것을 철저히 유대적인 맥락에서 말했기 때문이다."

그런데 바울이 하나님의 계시로 예루살렘을 떠나 유대교와 무관한 이방인들에게로 멀리 가라는 명령을 받았다고 말했을 때, 그들은 더 이상 참을 수 없었다. 바울이 말한 것은 사실상 이방인들이 유대 민족과 그 체계와 관계 없이 구원의 메시지를 가지고 직접 나아갈 수 있게 되었다는 뜻이었다. 이것은 하나님 앞에서 유대인과 이방인이 같은 위치에 놓이게 된다는 것과 같으며, 유대교에게 있어서는 배교의 극치라 할 수 있다![8]

이제 우리는 문제의 핵심에 다가가고 있다. 바울이 그렇게 논쟁이 되었던 것은(그리고 논쟁이 되고 있는 것은) 그가 이방인들이 모세의 율법을 지키지 않고 그들이 유대인이 되지 않아도 유대인들과 이방인들이 메시아를 믿음으로 하나님 앞에서 동일한 지위를 얻을 수 있다고 말했기 때문인가?[9]

그런데 바울은 정말로 어떤 사람이었는가?

더 들어가기 전에, 이 사울–바울이라는 사람이 실제로 어떤 사람이었는지를 생각해 보자. 교회사의 최고 권위자라고 할 수 있는 야로슬라프 펠리칸 교수가 관련된 설명을 했다. 그는 바울을 주로 "복음의 탈유대화와 예수라

---

8. Frank E. Gaebelein, ed., *Expositor's Bible Commentary* (Grand Rapids, MI: Zondervan, 1984), 9:526에 나오는 Richard N. Longenecker의 "Acts".

9. 이것은 다른 핵심 제자들의 입장이었다. 바울의 사명은 복음을 이방인들에게 전하는 것이었고, 그는 유대인과 이방인이 예수님 안에서 하나가 되는 것의 의미를 매우 분명하게 말했다. 바울 서신과 사도행전도 이것을 확실히 말하고 있다는 것을 주목하라. 행 15:1-31, 갈 2:1-10을 보라.

는 인물을 유대적인 의미의 랍비에서 헬라적인 의미의 신적 존재로 바꾼 것에 대한 주된 책임이 있는 사람"으로 보는 이전의 학문적 관점과 달리, 최근 몇십 년간의 연구들은 상당히 다른 견해를 보인다고 썼다. 그래서 "학자들이 예수의 모습을 다시 1세기 유대교의 배경에 두고 보는 것만이 아니라, 그들은 또한 신약성경의 유대적 성격을 재발견하였는데, **그중에서도 특히 사도 바울에 대하여,** 특히 그의 로마서의 유대적 성격을 다시 보게 되었다."[10] 그렇다. 학자들은 바울의 유대적인 면을 새롭게 발견하고 있다.[11] 그러나 여전히 많은 사람들, 심지어 기독교인들 사이에도 잘못 알려진 사실들이 아직 많이 남아 있다.

나는 이것을 성경을 믿는 기독교인들에게 시험해 보기 위하여 그들에게 이런 질문을 했다. "여러분은 사울과 바울이라는 이름을 들으면 어떤 생각이 떠오르십니까?" 이 질문에 대한 일반적인 생각은 이렇다. '다소 출신의 사울은 그리스도인들을 박해한 유대교의 지도자였으나, 그는 회심하고 자기의 이름을 바울로 바꾸고 기독교의 지도자가 되었다.' 즉, 사울 = 유대교인 = 나쁜 사람, 바울 = 기독교인 = 좋은 사람이라는 것이다. 이것이 맞는 말인가?

전혀 아니다. 다소 출신의 사울은 유대교의 지도자였고 태어날 때부터 바울이라는 이름을 가지고 있었다. (사울은 히브리어 이름이고, 바울은 헬라어 이름이다. 이것은 헬라 도시에서 태어난 유대인들에게 있어서 매우 흔한 일이었다.)[12] 그의 인생에서 한 때 그는 예슈아가 유대인의 메시아라고 믿는 동료 유대인들을 박해했다(이 때는 그들이 처음 "그리스도인들"이라고 불리기 한참 전이었다). 그

---

10. Jaroslav Pelikan, *Jesus Through the Centuries: His Place in the History of Culture* (New Haven, CT: Yale University Press, 1985), 18, 필자의 강조.

11. Risto Santala, *Paul the Man and the Teacher: In Light of the Jewish Sources* (Jerusalem: Keren Ahvah Meshihit, 1995)도 보라; 책 전체의 내용을 http://www.ristosantala.com/rsla/Paul/paul01.html (2012년 2월 24일 접속)에서 볼 수 있다.

12. Keener, *IVP Bible Background Commentary: New Testament*, Acts 13:9, "로마 시민들은 세 개의 이름을 갖고 있다. 사울은 로마 시민으로서 로마식 셋째 이름(cognomen,

후에 그는 환상 중에 메시아 예수님을 만나고, 자신이 주를 거역한 죄를 회개했다. 그리고 그가 한 때 무척 심하게 반대했던 사람들이 기쁨과 놀라움을 느끼게 하는 일이 일어났다. 그가 예슈아의 신실한 사도가 된 것이다. 그는 다른 종교에 속한 사람들을 박해한 적이 없었고, 다른 종교로 개종한 적도 없으며, 그는 소위 말하는 그의 개종 사건 이후에 새로운 이름을 얻지도 않았다. 그에 관하여 기록된 마지막 순간까지 그는 유대인이었다(바울의 유대적 전통에 대한 더 자세한 내용은 7장을 보라).

바울에게 있어서 이방인에게 가는 것은 이스라엘의 제사장적 사역의 일부였으며, 그것은 하나님과 그분의 메시아를 전하는 일을 포함하고 있다. 그는 자신의 부르심에 대하여 이렇게 설명했다. "하나님의 복음을 전하는 **제사장의 임무**를 맡아서, 이방인들을 위한 메시아 예슈아의 종이 되어, **이방인들을 받으실 만한 제물이 되게 하여** [성령]으로 거룩하게 하려는 것이다"(롬 15:16, CJB 성경).

이스라엘의 선구적인 메시아닉 유대인 지도자인 요셉 슐람과, 그와 함께 책을 쓴 공동 저자이며 연구자인 힐러리 르코누는 이렇게 설명했다. "바울은 하나님께서 그분 앞에 '제사장 나라와 거룩한 백성'이 되게 하려고 택하신 (예를 들면, 출 19:6) 이스라엘 민족의 일원이다." 바울이 이방인들을 "바친 것(offering)"은 "이사야 61:6과 66:18-24의 예언적인 말씀의 성취다. 하나님의 백성인 이스라엘이 그들의 하나님과 그 땅에게로 돌아올 때, 그들은 이방을 섬기는 그들의 제사장의 직무를 이행하게 되고, 이방은 이스라엘이 하나

고대 로마에서 사용된 셋째 이름 또는 별명으로 나중에는 가문의 이름이 되었다 - 역자 주)을 가지고 있었다("바울", "작다"는 뜻). 그의 다른 로마 이름은 알려지지 않았다. 그의 로마 이름은 그의 유대식 이름(사울, 구약에서 가장 유명한 베냐민 사람의 이름에서 가져온 것)과 비슷하게 들렸다. 이것은 이름을 바꾼 것이 아니다. 이제 바울이 거의 로마의 영향권으로 들어가기 때문에, 그가 로마 이름을 쓰기 시작한 것이다. 누가의 글(바울이 등장하는 사도행전 - 역자 주)을 읽는 사람들 중 일부는 누가가 자기들이 이미 들어본 사람(사울 - 역자 주)에 대하여 쓰고 있다는 것을 처음 알게 되었을 것이다."

님께 바치는 예물이 된다."¹³

이사야 선지자는 그날에 주께서 유대 백성의 남은 자를 열방으로, "나의 명성을 듣지도 못하고 나의 영광을 보지도 못한" 자들에게 보내어 "그들이 이 민족들 가운데 나의 영광을 선포하리라"(사 66:19, NJV 성경)고 예언했다. 바울은 자기가 바로 그 일을 하고 있다는 것을 알았다! 그 결과, 그 이방 민족 사람들이 예루살렘으로 이끌려 와서 "이스라엘 사람들이 정결한 그릇에 예물을 담아 주의 집에 드리는 것과 같이, 주께 예물로 드려질 것이요. 그들 가운데서도 똑같이 내가 얼마를 택하여 레위 제사장으로 삼을 것이다. 주의 말씀이다"(20-21절, NJV 성경).

믿는 이방인들이 레위 제사장으로서 주님을 섬긴다니? 이방 민족들이 주님께 예물로 드려진다니? 이사야는 메시아의 시대에 이것이 이루어질 것이라고 예언했지만, 바울은 메시아의 시대가 이미 시작되었다고 생각했고(14장 "6000년의 비밀"을 보라), 그래서 그는 유대인으로서, 그리고 제사장 나라의 일원으로서 이 메시아의 메시지를 이방 민족에게 전하는 것이 그의 거룩한 의무였다. 다시 얘기하자면, 그는 이것을 그의 유대인으로서의 부르심의 일부로 여겼다.

신비가 밝혀지다

바울은 "신비"가 있다는 것을 깨달았다. 그것은 히브리 성경에 들어있는 진리이며 이제 메시아께서 오셔서 드러나고 있는 것으로, 유대인들과 이방인들이 예수님 안에서 하나가 되는 것과 관련이 있으며, 둘 다 그들의 정체성과 특수성을 잃지 않고 이루어지는 것이었다. 그는 그것에 대하여 이렇게

---

13. Joseph Shulam with Hillary LeCornu, *A Commentary on the Jewish Roots of Romans* (Baltimore: Messianic Jewish Publishers, 1998), 495.

말했다. "먼 옛날부터 감춰졌던 신비가 나타나는 것으로 영원하신 하나님의 명령으로 이제 (타나크의) 예언적인 글을 통하여 드러나고 알려지게 되어 **모든 민족이 주를 믿고 순종하게 하려는 것이다**"(롬 16:25-26).

그는 다음과 같이 더 자세히 기록했다.

> 내가 말하기를 메시아께서 유대 백성의 종이 되셨으니 이는 조상들에게 하신 하나님의 약속들을 이루심으로 하나님의 신실하심을 보이려는 것이며, 또 이방인들이 하나님께 영광을 돌리게 함으로 그분의 자비를 보이려는 것이다. 이는 타나크에 "이로 인하여 내가 이방 중에서 주를 인정하고 주의 이름을 찬양하리이다"(시 18:49 인용)고 기록된 것과 같다. 또 말하기를 "이방들아 그분의 백성과 함께 기뻐하라"(신 32:43 인용) 하였고, 또 "모든 이방인들아 아도나이(주)를 찬양하라! 모든 백성이 그를 찬양하게 하라!"(시 117:1 인용) 하였으며, 또 예샤야후(이사야)가 말하기를 "이새의 뿌리 곧 이방을 다스리기 위하여 일어나는 이가 나올 것이요, 이방이 그에게 소망을 두리라" 하였다.
>
> — 로마서 15:8-12, CJB 성경

그가 말한 것을 이해했는가? 바울은 히브리 성경에서 유대 백성과 함께 하나님을 경배하는 이방인들에 대하여 말하는 구절들을 인용하고 있다. 그런데 이 "신비"는 다른 사람들은 읽지 못했던 것이다. 그러나 그것은 유대인들의 성경에 매우 분명하게 기록되어 있던 것인데, 그의 눈 앞에서 그것이 이루어지고 있었다. 그렇지만 모든 사람들이 이 가르침을 기쁘게 받아들이지 않았을 것을 쉽게 상상할 수 있다. 많은 사람들이 바울의 방식과 그의 메시지에 대하여 그를 비판했다. 감사한 것은, 사울/바울이라는 이름의 이 천재 유대인은 유대인으로서의 자신의 제사장적 직무를 행하면서 자신이 하고 있는 일을 정확히 알고 있었다.

이와는 반대로, 유대인 저널리스트인 데이빗 클링호퍼는 이것을 완전히 잘못 이해하여 다음과 같이 말했다. "유대인들이 예수를 거부한 것은 잘된 일이다. 왜냐하면 그것으로 바울(클링호퍼는 바울이 유대교로 개종했으며 자신의 혈통에 대하여 거짓말을 했다고 생각했다)[14]과 같은 사람들이 그 메시지를 이방인들에게 전하게 되었고, 그 결과로 기독교는 강력한 종교가 되었으며, 궁극적으로 세상이 많은 중요한 부분에서 더 나아졌기 때문이다." 그리고 클링호퍼는 이렇게 설명했다. "그렇지 않고 만약 유대인들이 예수를 받아들였다면, 그들은 전 세계로 하여금 토라의 모든 계명을 지키게 했을 것이며, 그것은 이방인들에게 너무나 무거운 짐이어서 그들은 기독교라 불리는 이 훌륭한 종교를 발전시키지 못했을 것이다."[15]

그러나 사실은 정반대다. 하나님은 이방인들에게 메시아를 따르기 위하여 유대인이 되라고 하신 적이 없다. 다만 사울—바울과 같은 유대인 지도자들이 이 진리를 받아들였기 때문에 이방인들에게 모세의 율법의 의무를 지우지 않고 유일하고 참되신 하나님과 이스라엘의 메시아의 메시지를 그들에게 전할 수 있었던 것이다.

"유대인도 없고 이방인도 없다"

바울의 관점에서 예수님을 믿게 된 유대인은 이방인이 될 필요가 없으며, 예수님을 믿게 된 이방인은 유대인이 될 필요가 없었다. "각 사람은 하나님께서 그를 부르셨던 때와 같이 그대로 있으라"(고전 7:20; 17-19절도 보라).[16] 그는

---

14. 이것에 대한 논박은 7장 "바울이 이 모든 것을 바꾼 사람인가?"를 보라.
15. 이것이 Klinghoffer, *Why the Jews Rejected Jesus*의 근본적인 주장이다.
16. 사도행전 전체에서 바울은 신실한 유대인의 삶을 사는 것으로 묘사되었고, 행 21:18-26에서 그것을 확증하고 있다. 만약 바울이 토라를 반대하는 자였다면, 사도행전의 저자이자 바울 사역팀의 일원이기도 했던 누가가 바울을 유대인으로서 토라를 지지하는

또한 할례 그 자체는 아무것도 아니다, 즉 어떤 사람이 하나님 안에 있는 것이 할례의 여부에 영향을 받지 않는다고 분명히 말했다. "오직 하나님의 계명을 지키는 것이 중요하다"(고전 7:19). 그는 심지어 이방인들이 할례를 받아야 한다고 주장하는 교사들을 "몸을 훼손하는 자들"(빌 3:2)이라고 부르며, 하나님의 눈에 가장 중요한 할례는 "마음의 할례"(빌 3:3; 롬 2:28-29를 보라)라고 했다.[17]

확실히 이런 주장은 논쟁을 일으켰으며, 이런 이유로 메시아에 대하여 다른 믿음을 가졌던 초기의 유대인 집단 중 일부(예를 들면, 예슈아에 관한 다른 근본적 교리들을 거부한 것으로 알려진 에비온파)도 바울과 맞지 않는 부분이 있었다.[18] 그럼에도 바울은 주저하지 않고 그의 동역자 중 하나인 디모데가 할례를 받게 했다. 왜냐하면 사람들이 디모데의 유대인 신분을 의심했기 때문이다(디모데의 어머니는 유대인이고 아버지는 이방인이었다; 행 16:1-3을 보라).[19] 그러면서도 바울은 할례 받기를 거부한 디도라는 이름의 또 다른 동역자와 함께 했는데, 그것은 디도가 이방인이었기 때문이다(갈 2:3을 보라). 이제 메시아께서 오셨기 때문에, 이방인들은 유대인이 되지 않아도 그들과 동일하게 하나님께 가까이 나아갈 수 있었다. 그러나 모든 사람이 이 일을 기뻐하지는 않았다!

자로 묘사할 이유가 있겠는가? (누가는 바울을 사실 그대로, 토라의 지지자로 묘사한 것이다. - 역자 주)

17. David Stern은 지적하기를, 스데반이 그의 동족에 대하여 "할례 받지 않은 마음과 귀"(행 7:51)라고 책망할 때에 그는 히브리 성경에 하나님께서 이스라엘 자손을 책망하시는 구절들에 나오는 표현과 용어(레 26:41; 신 10:16; 30:6; 렘 4:4; 9:25[26]; 겔 44:7, 9을 참조하라)를 사용했다고 했다. Stern, *Jewish New Testament Commentary*, 245-246을 보라.

18. 이 다양한 "유대인 그리스도인" 그룹들과 관련된 모든 고대 문서들(원문과 번역문)의 전집은 A. F. Klijn and G. J. Reinink, *Patristic Evidence for Jewish-Christian Sects* (Leiden: E. J. Brill, 1973)를 보라. 이것을 잘 요약한 것으로 Ray Pritz, *Nazarene Jewish Christianity: From the End of the New Testament Period Until Its Disappearance in the Fourth Century* (Jerusalem: Magnes Press; Leiden: E. J. Brill, 1988)를 보라.

19. Shaye D. Cohen, "Was Timothy Jewish (Acts 16:1-3)? Patristic Exegesis, Rabbinic Law, and Matrilineal Descent," *Journal of Biblical Literature* 105 (1986): 251-268을 참조하라.

바울이 남긴 유명한 말이 있다. "유대인도 없고 이방인도 없으며, 종이나 자유인, 남자나 여자도 없으니, 이는 너희가 메시아 예슈아 안에서 연합되어 모두가 하나이기 때문이다"(갈 3:28, CJB 성경). 그는 어떻게 이런 말을 할 수 있었는가? 사실 그는 그의 서신서에서 유대인과 이방인, 종과 자유인, 남자와 여자를 자주 구분짓는다. 그러므로 그가 말한 것은 현실적인 수준에서 그런 구분이 없다는 것이 아니다. 그보다 그는 유대인 남성이 매일 아침 일어나서 하나님께 자신이 이방인이나 노예나 여자가 아닌 것에 감사하며 드리는 기도에 나타나는 영적 우월성의 사고 방식을 반박하고 있는 것이다.[20]

바울은 메시아 안에서 그러한 영적인 "계층적" 차별이 없다는 것을 분명히 했다. 그는 심지어 죄에서 구원 받는 것과 관련하여 "유대인과 이방인 사이에 아무런 차별이 없으니 이는 동일하신 주께서 모두의 주시며, 그분을 부르는 모든 사람에게 그분의 부요함을 주시기 때문이다. '누구든지 주의 이름을 부르는 자는 구원을 받을 것이다'"(롬 10:12-13, ESV 성경, 욜 2:32 인용).

이와 같은 발언들은 민족적 자존심과 영적인 엘리트 의식의 정곡을 찌르는 것이다. 동시에 그 발언들은 바울이 더 이상 유대인과 이방인의 구별에 관심이 없다는 인상을 줄 수 있다. 그러나 그와는 반대로, 바울은 그가 가는 모든 이방인 회중 가운데서 돈을 모아서 예루살렘에 있는 가난한 유대인 성도들을 돕기 위하여 그것을 가지고 가려고 했다.[21] 그는 이 이방의 기독교인들에게

---

20. 이 기도의 이면에 있는 긍정적인 부분은 오직 유대인 남자만 토라의 모든 계명을 지킬 의무(그리고 특권)가 있었다는 것이다. 왜냐하면 나머지 세 범주에 속하는 사람들(이방인, 노예, 여자)은 계명의 대부분 또는 일부를 지킬 필요가 없었기 때문이다. (고대 유대교 예배 의식의 발전과 관련하여) 이 기도의 연대에 대한 논의는 A. Z. Idelsohn, *Jewish Liturgy and Its Development* (repr., New York: Dover Publications, 1995)를 보라. Joseph Heinemann, *Prayer in the Talmud* (Berlin/New York: Walter de Gruyter, 1976)도 참고하라.

21. 예를 들면 행 24:17; 롬 15:25-28을 보라. 이 사람들은 예루살렘의 유대인 장로들이 바울에게 돌봐달라고 부탁한 "가난한 자들"임이 거의 확실하다(갈 2:10).

예루살렘의 제자들을 재정적으로 돕는 것이 그들의 최소한의 의무라는 것을 분명히 말하고(롬 15:27), 그가 자신의 유대 백성을 위하여 계속해서 가졌던 근심을 부끄러워하지 않고 나누며, 가능하다면 그들이 복을 받게 하기 위하여 자신이 저주를 받을 수 있다고 할 정도로 그것을 소망했다(롬 9:1-5를 보라).

율법을 지키는 문제는?

바울은 또한 우리가 하나님의 성령의 능력으로 하나님과 동행하면 우리는 자연스럽게 율법을 어기는 자가 아니라 율법을 지키는 자가 될 것이라고 강조하며, 율법을 핵심적인 원리들로 간추렸다. 그는 설명하기를 "성령의 열매는 사랑과 기쁨과 평화와 인내와 친절과 선함과 신실함과 온화함과 절제다. 이런 것에 반대되는 법은 없다"(갈 5:22-23)고 했다. 그는 또 이렇게 권면했다.

> 서로를 사랑하는 끊임없는 빚 외에는 아무 빚도 남기지 말라. 이는 다른 사람을 사랑하는 사람은 율법을 이루었기 때문이다. "간음하지 말라", "살인하지 말라", "도둑질하지 말라", "탐내지 말라", 그 외에 어떤 계명들이 있더라도 그 계명들은 "네 이웃을 네 자신과 같이 사랑하라"는 이 한 계명으로 요약된다. 사랑은 그 이웃을 해하지 않는다. 그러므로 사랑은 율법을 이루는 것이다.
> — 로마서 13:8-10

분명 이런 말씀들은 쉽게 오해될 수 있다. 마치 바울이 어떤 율법들이 더 이상 의미가 없다고 말한 것처럼 보일 수 있다. 그러나 그는 오히려 율법이 건물이 안정적으로 서 있게 하는 일종의 하나님이 만드신 비계(높은 건물을 지을 때 디디고 서도록 긴 나무 따위를 종횡으로 엮어 다리처럼 걸쳐 놓은 설치물 - 역자 주)처럼 작용하고 있다고 말한 것이다. 그런데 건물이 완성되면 그 비계는 더 이상 필요가 없는 것이다(갈 3:24-25를 보라).

위에 인용한 구절에서 바울은 사랑의 율법이 우리의 마음에 새겨지면, 우리는 본능적으로 다른 사람에게 죄를 짓지 않으며, 그렇게 함으로 네 이웃을 네 자신과 같이 사랑하라는 계명을 지키게 되고, 그것으로 우리가 다른 많은 계명들을 어기지 않게 된다고 가르치고 있는 것이다. 이것은 예레미야 선지자가 말한(렘 31:31-34) 것으로, 하나님이 그분의 율법을 우리의 마음과 생각에 기록하리라는 새 언약에 대한 메시아의 약속의 일부분이었다.

바울은 예수님을 믿는 사람들이 율법을 폐하지 않고 그것을 내면화하여, 그 계명의 첫 열매를 이미 경험할 수 있었다고 믿었다. 즉, 우리는 더 이상 하나님의 종이 아니라 아들이고, 주인이 아니라 아버지(이 단어가 갖는 가장 깊고 친밀한 의미로)이신 하나님과 함께 걸으며, 두려움보다 사랑으로 그분의 뜻을 행하는 것이다(갈 4:1-7을 보라). 또 바울은 다음과 같은 말로 비판을 받았다.

> 분명 율법은 그것이 주어진 자들에게 적용되는 것이니, 이는 그것의 목적이 사람들이 변명하지 못하게 하고, 온 세상이 하나님 앞에 죄가 있음을 보이려는 것이기 때문이다. 이는 누구도 율법이 명하는 것을 행함으로 하나님처럼 의롭게 되지 못하기 때문이다. 율법은 단지 우리가 얼마나 죄가 많은지를 보여주는 것이다.
>
> — 로마서 3:19-20, NLT 성경

바울이 농담을 하고 있는 것인가? 어떻게 토라, 즉 우리가 그것으로 기뻐하고(시 19:8), 우리가 주야로 묵상하며(수 1:8; 시 1:2-3), 우리에게 수천의 은금보다 더 귀한(시 119:72) 하나님의 완벽한 율법이 우리가 얼마나 죄가 많은지를 보여주는 하나님의 수단이 될 수 있는가? 당연히 일부 사람들은 바리새인만이 아니라 진정한 유대인이라면 그러한 말을 절대 할 수 없을 것이라고 주장했다.²² 내 생각은 다르다. 타나크(히브리 성경)는 여러 장에 걸쳐서 지겹도록 하나님의 율법이 완벽하고 거룩하다고 말하고 있지만, 그분의 백성은 그렇지 않다.

생각해 보라. 하나님은 이스라엘 백성을 이집트에서 이끌어 내시면서 역사상 가장 큰 권능을 보이시고, 이집트인들에게 열 개의 재앙을 내리시며, 바다를 갈라서 이스라엘 사람들이 건널 수 있게 하셨다. 그리고 나서 하나님은 시내 산에서 천둥과 번개와 함께 두려운 음성으로 이스라엘 백성에게 십계명을 말씀하셨다. 그러나 **며칠도 안 되어** 이스라엘 사람들은 첫 계명을 어기고 우상을 만들었고, 그 결과로 그들 가운데 삼천 명이 죽게 되었다. 토라는 이스라엘 사람들이 광야를 배회하는 동안 수천 명의 사람들이 죽은 일들을 기록하고 있고, 그 모든 사건은 하나님의 심판으로 일어난 것이었으며,²³ 그 결과로 이집트에서 구원을 받은 세대 전체에서 **오직 두 사람만** 약속의 땅에 들어갈 수 있었다. 율법은 선한 것이었지만, 하나님의 백성은 그렇지 않았다.

이것이 정말로 히브리 성경이 말하고 있는 것이다. 거기에는 가나안 정복 이후에 수백 년 동안의 영적인 혼란기와, 그 이후에 실패한 왕들과, 북이스라엘의 멸망과 열 지파의 대부분의 사람들이 흩어진 것과, 예루살렘 성전의 파괴와, 수만 명의 유대인들이 포로로 끌려간 일과, 포로에서 돌아오고 성전을 재건하자마자 그들이 지은 온갖 종류의 죄와 불순종에 대하여 기록되어 있다.

---

22. Klinghoffer, *Why the Jews Rejected Jesus*, 90-118.

23. Michael L. Brown, *Answering Jewish Objections to Jesus, Vol 5: Traditional Jewish Objections* (San Francisco: Purple Pomegranate, 2010), 35: "이스라엘이 광야에서 보낸 40년 동안, 열 번 이상 하나님의 심판을 받으며 최소한 42,000명의 이스라엘 사람들이 죽었다. 그 심판들은 다음과 같다. 전염병(민 14:36-37, 악평을 한 열 명의 정탐꾼들이 죽음; 민 16:41-50, 14,700명이 죽음; 민 25:1-9, 24,000명이 죽음; 죽은 자들의 수를 언급하지 않은 출 32:35; 민 11:33도 보라); 하나님의 불이 사람들을 태움(레 10:1-4, 아론의 아들들인 나답과 아비후가 죽음; 민 11:1, Rashi에 의하면, 섞인 무리 중 일부가 죽음; 민 16:35, 250명이 죽음); 땅이 사람들을 삼킴(민 16:1-34, 고라와 그의 모든 지휘관들과 그의 모든 가족이 죽음); 레위인들이 하나님의 심판의 대리자 역할을 함(출 32:19-29, 3,000명이 죽음)."

이스라엘 백성은 계속해서 하나님의 율법을 어겼고, 그것으로 그들의 죄악을 드러내고 있다. 그래서 바울은 로마서 7장에 이렇게 썼다. "그러면 우리가 무슨 말을 해야 하는가? 율법이 죄인가? 그렇지 않다! 내가 율법을 통하지 않고서는 죄가 무엇인지 알 수 없었을 것이다. 율법이 '탐내지 말라'고 하지 않았다면 나는 진정 탐내는 것이 무엇인지 알 수 없었을 것이다"(7절).

이스라엘 백성에게 "하지 말라"고 말함으로, 계명이 그들의 마음에 있는 죄의 욕망들을 드러내고, 그들의 죄를 하나님 앞에 나타내며 그들이 구세주가 필요함을 알게 한다. 그리고 하나님의 계획은 이것이었다. 하나님은 그분의 백성에게 필요한 것과 그들이 아무리 노력하더라도 스스로를 구원할 수 없다는 것을 알게 하시고, 그들에게 해결책을 알려 주셨다. 하나님은 우리를 대신할 속죄제물로서 메시아를 보내셔서, 우리가 그분의 이름을 믿음으로 용서를 얻고 새롭게 시작할 수 있게 하셨다.

그렇다. 바울은 의인의 죽음이 갖는 속죄의 능력(11장을 보라)이라는 성경적인 유대교의 교리를 알았고, 그는 사람의 약함으로 인하여 율법이 할 수 없는 것을 메시아는 하실 수 있다는 것을 알고 있었다. 하나님께서 이사야 선지자를 통하여 말씀하신 것과 같다. "땅의 모든 끝이여 **나에게 돌이켜 구원을 받으라**. 내가 하나님이며 다른 이는 없기 때문이다"(사 45:22, 필자의 강조). 바울은 그것이 매우 간단한 문제이며, 하나님께 돌이키는 회개와 메시아께서 흘리신 피를 믿음으로(행 17:30; 20:21) 유대인과 이방인 모두가 "구원" 받을 수 있다는 것을 믿었다.

이것은 믿음이 율법을 파기한다는 것을 의미하는가? 바울은 이것과 반대로 믿음이 율법을 세운다고 가르쳤다(롬 3:31). 이것은 우리가 자신의 행위가 아니라 믿음으로 구원을 받았기 때문에 선한 행위는 중요하지 않다는 의미인가? 오히려 바울은 사람들에게 그들의 행위로 그들의 믿음을 증명하라고 했다(행 26:20).²⁴ 이것은 우리가 죄를 지을수록 하나님께서 우리에게 더 많은 은혜를 부어주신다는 뜻인가? 반대로 바울은 이런 태도를 매우 위험한 것으로 여겼다. "그러면 우리가 무엇이라 말해야 하는가? 우리가 은혜를 더하게 하려고 계속 죄를 지어야 하는가? 절대로 그렇지 않다! 우리는 죄에 대하여 죽었다. 우리가 더 이상 어떻게 그것 가운데 살 수 있겠는가?"(롬 6:1-2).

바울이 율법은 끝났다고 가르쳤다는 것에 대해서는 모두 '텔로스'라는 하나의 헬라어 단어를 하나의 특정한 구절, 즉 로마서 10장 14절에서 어떻게 해석하느냐로 설명된다. 그것은 "끝"을 의미하는 것인가? 이것은 ESV 같은 성경에 영어로 번역된 것들과 일치한다. "그리스도는 믿는 모든 자에 대한 의를 위한 율법의 끝이다." 혹은 그것은 데이빗 스턴의 『유대인 신약성경』(*Jewish New Testament*)에 나온 것처럼 "목표"를 의미하는 것인가? "토라가 가리키는 목표는 믿는 모든 자에게 의를 주는 메시아다." 또는 NLT의 번역과 같은 것인가? "그리스도는 율법이 준 목적을 이미 이루었다. 그 결과로 그를 믿는 모든 사람은 하나님께 의롭게 된다." 작은 단어가 정말로 큰 차이를 만들어 낸다!

"율법에 맞지 않게"(Unkosher) 되다

바울 서신의 내용 중에 잘못 알려진 것들이 이것 말고도 많이 있다. 신약성경 자체에서도 이런 것을 언급하고 있다(벧후 3:15-16을 보라). 그러나 이것은 그가 무지해서가 아니라, 그가 지혜롭고 깊이가 있기 때문이다.²⁵ 그는 역사상 사랑에 관한 가장 간략하면서도 동시에 가장 포괄적인 설명(고전 13:1-8을

---

24. 더 자세한 내용은 약 2:14-26을 보라.
25. "바울과 율법"에 대하여 다루는 문서들은 상당히 많으며, 이 한정된 공간에서 최근 25년간 있었던 가장 중요한 연구들을 언급하는 것조차도 불가능할 것이다. 관련 내용은 7장의 주 23을 보라.

보라)을 쓸 수 있고, 유대인과 이방인 모두가 어떻게 각자의 뚜렷한 정체성을 잃지 않고 같은 영적인 가족 안에서 동등한 상대가 될 수 있는지를 보여줄 수 있으며, 문화적으로 민감한 부분의 중요성을 알고 자기의 핵심적인 신념을 잃지 않으면서 "모든 사람에게 모든 것"이 될 수 있는 사람이고(고전 9:20-22를 보라),[26] 그가 감옥에서 쓴 서신들로 수천만 명의 사람들에게 영향을 주고 그들을 가르칠 수 있었던 사람으로, 그는 분명 무지한(또는 음해하는) 사기꾼(또는 "신화 창조자")이 아니다.[27]

바울은 한 때 예수 운동에 반감을 가지고 있었고, 그가 부활한 메시아를 만나기 전까지 예수님을 믿는 그의 동족 유대인들을 박해했던 열심이 있는 유대인이었다. 바로 이 유대인이 이방인들에 대한 선교를 주도하고, 그들이 유대 백성에게 영적인 빚을 졌다고 항상 그들에게 말하며(롬 15:27), 그들에게 자신의 뿌리를 잊지 말라고 강조한 것이다(롬 11:17-25).[28]

그러나 불행하게도, 이방인 기독교인들이 예수님을 믿는 유대인들을 거의 다 몰아내고, 콘스탄틴이 로마를 "기독교화"하면서 4세기경에 이르자, 교회는 바울이 경고하고 권면하며 한 말들을 거의 잊어버리게 되었다. 그리하여 유대교에서 싹튼 예수 운동이 바울의 말에서 **벗어나고**, 그것에 주의를 기울이지 않게 되자 그것은 "율법에 맞지 않게"(unkosher) 되었다.[29]

---

26. 유대교의 관점에서 본 이것의 긍정적인 반영에 대해서는 Daube, *The New Testament and Rabbinic Judaism*, 336-337을 보라. 그는 여기서 말하기를, 바울은 그의 선교 방법을 "유대교의 가르침에서 가져왔다. 그것은 너는 네가 설득하려는 사람의 관습과 풍조를 받아들여야 한다는 생각과, 성공적으로 개종자를 만들어 내려면 너는 사람들의 종이 되고 겸손해야 한다는 생각이다." 더 자세한 내용은 Brown, *Answering Jewish Objections to Jesus, Vol. 4: New Testament Objections*, 192를 보라.

27. Hyam Maccoby, *The Mythmaker: Paul and the Invention of Christianity*에 나오는 표현.

28. Terrance Callan, *Forgetting the Root: The Emergence of Christianity From Judaism* (New York/Mahwah: Paulist Press, 1986)을 참조하라.

29. 실제로 "그 도에서 떠나는 것"이 시작된 시기가 언제인지에 관한 논쟁은 James D. G. Dunn, ed., *Jews and Christians: The Parting of the Ways A.D. 70-135* (Grand Rapids,

그러나 역사는 계속 진행 중이다. 1967년에 유대인들이 예루살렘을 회복한 이래로, 예수님을 믿는 유대인들이 점점 많아졌고, 그들은 자신들의 뿌리를 되찾으며, 바울을 다시 새롭게 읽고, 신실한 유대인으로서의 삶과 예슈아에 대한 믿음이 깊은 관련이 있음을 알게 되었다. 그리고 점점 더 많은 예수님을 믿는 이방인들이 자기들이 이스라엘에게 빚을 지고 있다는 것과, 이제 자기들이 예수님에 대한 믿음을 통하여, 하나님의 계획에서 이스라엘을 대체하는 것이 아니라, 이스라엘이 하나님의 계획을 이루는 것을 보기 위하여 주님과 함께 일하고 있다는 것을 깨닫게 되었다.

그리고 무엇보다 가장 흥미로운 것은, 메시아 예슈아의 제자가 된 모든 유대인과 모든 이방인이 바울이 말한 "이방인의 충만함"이 들어오고 "온 이스라엘이 구원을 받을"(롬 11:25-26, ESV 성경) 그날로 우리를 더욱 가까이 이끌고 있다는 것이다. 기록된 것처럼 "구원자가 시온에서 오실 것이며, 그가 야곱에게서 불의를 제거할 것이다. 내가 그들의 죄를 제거할 때에 내가 그들과 맺은 언약이 이것이다"(26-27절).[30]

바울은 하나님께서 메시아를 이스라엘에 보내시고, 이스라엘이 그분을 거절하여, 긍휼의 문이 이방인의 세계로 열리고, 이방인 기독교인들이 다시 이스라엘을 긍휼히 여기도록 부르심을 받는 이 모든 과정이 얼마나 놀라운 일인가를 깨달았다. 그래서 그는 로마의 믿는 이방인들에게 이렇게 설명했다.

> 너희가 전에는 하나님께 불순종하였으나, 이제 그들의 불순종으로 인하여 너희가 긍휼을 입은 것처럼, 그들도 이제 불순종하게 되어 그들도 하나님께서 너희에게 베푸신 긍휼로 인하여 이제 긍휼을 얻게 하려는 것이다. 하나님께

MI: Eerdmans, 1999); Becker and Reed, *The Ways That Never Parted*; Jackson-McCabe, *Jewish Christianity Reconsidered*을 보라.

30. 사 59:20-21; 27:9; 렘 31:33-34를 인용. 바울이 이 본문들을 사용한 것에 대해서는 1장의 주 22를 보라.

서 모든 사람을 불순종에 가두어 두신 것은 그들 모두에게 긍휼을 베푸시려는 것이다.

— 로마서 11:30-32

바울이 이것을 쓴 후에, 그는 글쓰기(실제로는 기록하는 자에게 말하는 것)를 멈추고 하나님의 놀라운 지혜와 은혜에 대하여 그분을 찬양한 것처럼 보인다.

하나님의 지혜와 지식의 풍성함이 참으로 깊도다! 그의 판단은 헤아릴 수 없고, 그의 길은 찾을 수 없다! "누가 주의 마음을 알았느냐? 아니면 누가 그의 모사가 되었느냐?" "누가 주께 드려서 주께서 그에게 갚게 하신 적이 있느냐?" 이는 만물이 주께로부터 나서 주 안에 있으며 주께로 가기 때문이다. 영광이 주께 영원토록 있을 것이다! 아멘.

— 로마서 11:33-36(사 40:13, 욥 41:11 인용)

바울이 이스라엘의 하나님과 이스라엘의 메시아를 열방에 전한 천재 유대인이라고 말한 이유가 바로 이것이다. 이제 그 민족들이 이스라엘의 메시아의 메시지를 다시 메시아의 백성에게 가져오고 있다. 역사는 이제 클라이맥스에 가까이 이르렀다.

이제 우리에게 메시아의 정체성과 사명에 대한 더 깊은 깨달음들을 알려줄 비밀들을 파헤쳐 보자.

III. 이스라엘의 숨겨진 메시아

9

보이지 않으나 볼 수 있는 하나님의 비밀

유대인들이 "예수님은 하나님이다"라는 말을 믿을 수 있는가? 만약 그것이 의미하는 바가 하나님께서 더 이상 하늘에서의 하나님이 아니고 고대 신화에서 제우스가 사람이 된 것처럼 사람의 형태로 이 땅에 내려오셨다는 것을 유대인들이 믿을 수 있는가라면, 그 대답은 확실히 아니오다. 왜냐하면 민수기 23장 19절과 사무엘상 15장 29절에 분명히 기록된 것처럼, 하나님은 사람이 아니시기 때문이다.

만약 이 질문이 사람들이 예수님을 볼 때 그들이 말 그대로 하나님을 그분의 형상과 본질로 보는 것을 의미한다면, 그 대답 또한 확실히 아니오다. 왜냐하면 모세가 신명기 4장에서 이스라엘 백성에게 말하기를, 하나님께서 시내 산에 나타나셨을 때 그들이 어떤 형상도 보지 못했고, 그렇기 때문에 그들은 동물이든 사람이든 주님의 형상을 만드는 것이 금지되었기 때문이다. 이것은 명백하게 십계명을 어기는 일이었을 것이다.[1]

그러나 만약 그 질문이 그 하나됨 안에 복합성을 갖고 계시고, 하늘의 보좌에 앉아 계시며, 그분의 임재는 온 세상에 가득하고, 그분의 위엄은 영원하고 무한한 하나님께서, 한 분이시면서 동시에 우리 가운데 사람의 몸의 장막 안에 그분의 영광을 나타내실 수 있는가라는 뜻이라면, 그 대답은 확실히 예이며, 이러한 믿음에는 전혀 우상숭배적인 요소가 없다. 그것은 히브리 성경의 내용과 일맥상통하고, 이것으로 타나크에 기록된 일부 수수께끼들을 설명할 수도 있다. 그리고 어떤 면에서 이것은 랍비들의 개념과도 비슷하다.

---

1. 출 20:2-6; 신 5:6-10을 보라.

실제로 시편 91편에 대한 미드라쉬(설교적 내용을 담은 주석)에는 이렇게 기록되어 있다.

> (모세가 성막 건설을 끝냈을 때에) 큰 질문이 떠올랐다. 전능자의 임재가 어떻게 벽과 장막으로 이루어진 성막에 거하실 수 있는가? 온 세상의 주께서 말씀하셨다. "온 세상이라도 내 영광을 담을 수 없지만, 내가 원하면 나는 나의 모든 본질을 하나의 작은 장소에 집중시킬 수 있다. 내가 지존자이나, 나는 (작은) 피난처, 성막의 그늘에 거한다."[2]

이것은 유대인들에게 거의 가치가 없는 어떤 어리석은 종교적 개념이 아니라, '엔 소프'(En Sof), 즉 시작과 끝이 없는 무한하신 하나님께서 친밀한 관계로 우리 가운데 거하시며, 모든 것 위에 계시면서 동시에 모든 것 안에 거하시고, 손댈 수 없으나 만질 수 있고, 보이지 않으나 볼 수 있는 것에 대하여 설명하는, 놀랍도록 풍부하고 깊은 영적 개념이다. 미드라쉬에서 인용한 내용을 다시 보면 "온 세상이라도 내 영광을 담을 수 없지만, 내가 원하면 나는 나의 모든 본질을 하나의 작은 장소에 집중시킬 수 있다."

그러므로 우리 앞에 놓인 진짜 질문은 이것이다. 무한하고 영원하신 하나님께서 어떻게 자신을 사람들에게 알리셨는가? 즉, 보이지 않는 하나님께서 어떻게 보이게 되었는가?

---

2. *The Complete ArtScroll Siddur* (translated with an annotated commentary by Rabbi Nosson Scherman) (Brooklyn: Mesorah Publications, 1984), 381에 인용 및 번역된 내용. Rabbi Scherman이 번역한 "나의 모든 본질"이라는 표현은 약간 넓은 의미이긴 하지만, 그가 전통 유대인으로서 본문을 이해한 것을 반영하고 있다.

하나님을 본다?

우리가 타나크, 즉 히브리 성경의 증거를 살펴보기 전에, 나는 온 힘을 다하여 우상숭배에 맞서고 한편으로 예슈아의 신성을 확실하게 인정한 유대인들인 신약성경의 저자들이 한 말 중 일부를 나누고자 한다. 이렇게 함으로 우리는 신약성경이 말하는 것과 말하지 않는 것이 무엇인지 알고, 흔히 잘못 알고 있는 것들을 치워버리고 본질적인 문제들에 집중할 수 있다.

요한복음 1장 18절에는 "하나님을 본 사람이 없다"(요일 4:12도 보라)고 나오고, 요한복음 5장 37절에서 예수님은 일부 유대인 지도자들에게 "너희는 그분의 음성을 듣지 못했고 그분의 형상을 보지 못했다"(요 6:46도 보라)고 하셨다. 바울은 디모데전서 6장 16절에 "(하나님은) 가까이 갈 수 없는 빛에 거하시고, 누구도 그분을 보지 못했고 볼 수도 없다"고 썼다. 또 바울은 디모데전서 1장 17절에서 하나님이 "보이지 않는다"고 했다. 그런데 예슈아께서는 요한복음 14장 9절에서 "누구든지 나를 본 자는 아버지를 보았다"고 하셨다. 이것은 정확히 무슨 뜻인가?

토라에서 시작해서, 이 놀라운 영적 진리들, 영원하신 하나님의 깊고 심오한 진리들을 살펴보자. 하나님께서 시내 산에서 그분의 백성들에게 말씀하실 때, 그들이 어떤 형상도 보지 못했다는 것을 하나님은 여러 번 강조하여 말씀하셨다. 그래서 어떤 것이든 나무나 돌로 하나님의 형상 또는 동물이나 사람의 형상을 만드는 것은 심각한 죄였다.[3] 이것과 함께 하나님은 모세에게 "아무도 나를 보고 살아 있지 못할 것이다"(출 33:20)라고 하셨다. 그러나 출애굽기 24장에서 하나님께서 시내 산에 나타나신 직후에 토라는 이렇게 기록하고 있다.

---

3. 특히 신 4:12-28을 보라.

모세와 아론, 나답과 아비후, 70인의 이스라엘 장로들이 (시내 산에) 올라가서 이스라엘의 하나님을 뵈었다. 그분의 발 아래는 청옥을 깔아 놓은 것 같았고, 하늘처럼 맑았다. 그러나 하나님께서 이 이스라엘의 지도자들에게 손을 대지 않으셨다. 그들이 하나님을 보고, 그들이 먹고 마셨다.

— 출애굽기 24:9-11

이것을 어떻게 설명할 수 있는가? 이 본문은 "하나님을 본" 74명의 사람들에 대하여 이야기하고 있다.

가장 존경받는 유대인 성경 주석가 중 한 사람인 아브라함 이븐 에즈라(Abraham Ibn Ezra)는 이 본문에 대하여 그들이 예언적 환상으로 하나님을 본 것을 의미한다고 해석했다. 그렇다면 하나님은 왜 출애굽기 24장 1절에서 실제로 그들에게 산에 올라 주께로 오라고 하시고, 그들은 멀리서 있고 모세만 홀로 가까이 오라고 하신 것인가? 그리고 본문은 왜 하나님께서 그들에게 손을 대지 않으셨다는 것을, 이 부분을 미리 예상했던 것처럼, 기록하고 있는 것인가? 분명 이것은 예언적 환상이라고 할 수 없는 그 이상의 일이었다.

메시아닉 유대인 지도자인 아셔 인트레이터는 이렇게 설명했다.

이것은 전례 없는 사건이다. 장로들이 사람의 몸의 형태이면서도 영광의 권능을 가지신 하나님을 보았다. 하나님의 권능에 그렇게 가까이 가는 것은 위험한 일이었다. 그들도 그 위험에 대하여 알고 있었던 것이 확실하다. 왜냐하면 하나님께서 "그들에게 손을 대지 않으셨다"는 것을 특별히 기록했기 때문이다.[4]

2천 년 전에 회당에서 읽었던 (히브리 성경의 - 역자 주) 아람어 번역(의역)본인 탈굼(*Targum*)은 이 구절들을 그대로 번역할 수 없었고, 대신 이렇게 번역

---

4. Intrater, *Who Ate Lunch With Abraham?*, 35.

했다. "그들이 이스라엘의 하나님의 영광을 보았고… 그들이 주의 영광을 보았다…" 그러나 성경 본문은 "그들이 이스라엘의 하나님을 보았고… 그들이 하나님을 보았다…"라고 기록하고 있다. 정답은 무엇인가? 본문을 계속 살펴보자.

성경에는 "주의 천사"가 하나님의 존재 자체를 나타내는 것처럼 보이며, 사람들이 그 천사를 만난 후에 그들이 "하나님을 보았기" 때문에 죽을까봐 두려워하는 이야기들이 많이 나온다(예를 들면, 출 3:1-6; 삿 13:15-23). 일부 유대 전승들은 이 천사를 "작은 야훼"라고 말하기도 한다.[5] 우리는 이 이야기들을 어떻게 이해해야 하는가?

아브라함이 하나님을 보다

창세기 18장은 무척 재미있는 이야기를 들려준다. 그 이야기에는 야훼, 즉 이스라엘의 하나님께서 실제로 아브라함에게 나타나셔서, 그와 그의 아내 사라와 말씀을 나누시고, 그들과 함께 먹고 마신다고 기록되어 있다. 본문은 이렇게 시작한다. "주(히브리어로 야훼)께서 마므레의 상수리나무 옆에서 그에게 나타나셨다. 그는 날이 뜨거워질 때에 장막 입구에 앉아 있었다. 그가 눈을 들어 보니, 그의 옆에 세 사람이 서 있었다"(창 18:1-2, NJV 성경).

---

[5]. 전통 유대교에서 설명한 이 현상에 대하여 벤자민 소머 교수는 이렇게 말했다. "어느 정도 야훼의 존재가 있으나 전체는 아닌 천사의 개념은 랍비 시대의 신비주의적 문서, 즉 메르카바(전차) 신비주의, 헤이칼롯(궁전) 신비주의, 그리고 쉬우르 코마([하나님의] 키나 몸을 측정하는 것)라 불리는 문서에서 가져온 것이다. 천사가 눈에 보이는 형상이 되는 것의 성경적 개념은 '임재의 천사(말라크 하파님)', '임재의 군주'(사르 하파님), 야호엘, 메타트론으로 다양하게 불린다. 일부 문서는 이를 '작은 야훼'라고 부르는데, 이것은 이 존재가 하나님과 공통되는 부분이 있지만, 하나님의 모든 속성을 갖고 있지는 않다는 것을 나타낸다." Benjamin Sommer, *The Bodies of God and the World of Ancient Israel* (Cambridge: Cambridge University Press, 2009), 128을 보라.

이 세 사람은 누구인가? 탈무드에 의하면, 그들은 세 천사로 각자가 맡은 일이 있었다. 그렇지만 바빌로니아 탈무드 바바 메시아(b. Baba Mesia) 86b에서 탈무드는 아브라함이 "**거룩하신 분, 그분에게 복이 있기를, 그분이 그의 장막 문에 서 계신 것을 보았다**"[6]고 기록하고 있기도 하다.

이 다음에 나오는 내용은, 이 세 사람 중 한 사람이 두 천사와 함께 아브라함을 방문한 **하나님**이었다는 것을 분명히 보여주고 있다. 주의깊게 읽어 보라. 그들 중 한 사람이 다음 해에 돌아와서 사라가 아들을 갖게 하겠다고 약속했다. 그녀는 이 불가능해 보이는 약속을 듣자 크게 웃었다. 그러자 주님께서 아브라함에게 왜 그의 아내가 주께서 다음 해에 은혜를 베푸셔서 그녀를 방문하겠다는 약속을 의심하며 웃었는지 물으셨다. 사라가 주께서 하시는 말씀을 듣고 웃지 않았다고 했다. 그러자 주께서 그녀에게 대답하셨다. 이것은 달리 해석할 방법이 없다. 아브라함과 사라와 하나님은 모두 그곳에 함께 있었던 것이다.

(이어지는 구절들에서 - 역자 주) 상황은 더욱 분명해진다. 16절은 "그 사람들이 거기서 일어나서 소돔 쪽을 바라보았고, 아브라함은 그들을 배웅하려고 함께 걸었다"(NJV 성경)고 말하고 있고, 다음 구절들은 주님께서 자신이 하시려는 일을 아브라함에게 알리시는 내용을 말하고 있다. 그리고 22절에는 "그 사람들이 거기서 떠나 소돔으로 향하였고, 아브라함은 주 앞에 서 있었다"(NJV 성경). 그리고 아브라함이 이 주님께 소돔을 위한 중보를 드렸다는 내용이 32절까지 이어진다. 그러므로 그 사람들은 소돔으로 떠났고, 주님은 아브라함과 함께 남아 계셨던 것이다.

이제 18장의 마지막 절과 19장의 처음 절을 보자. "주께서 아브라함과 말씀을 마치고 떠나셨다. 아브라함도 자기 처소로 돌아갔다. 저녁 때에 두 천

---

6. 여기 굵은 글씨로 나오는 부분은 Steinsaltz의 번역 및 주석에 나오는 탈무드의 실제 표현들을 나타낸다.

사가 소돔에 도착했고, 롯은 소돔 성문에 앉아 있었다"(NJV 성경).

이것이다! 성경은 주께서 아브라함에게 나타나셨고, 아브라함이 그의 장막 앞에서 세 사람을 보았는데, 그 세 사람 중에 한 사람이 아브라함과 사라와 함께 대화를 나누신 주님이라고 말하고 있다. 또 성경은 말하기를, 그들이 소돔을 향하여 갈 때에 아브라함이 그들과 함께 걸었고, 주께서 소돔과 고모라를 멸하실 것을 아브라함에게 알리셨으며, 그 사람들(즉, 다른 두 사람)은 계속해서 소돔으로 나아갔지만 아브라함은 머물러서 주님과 대화했고, 그 대화를 마치자 주님은 떠나셨고 아브라함은 집으로 갔으며, 두 천사는 소돔에 도착했다고 기록하고 있다. 다시 한 번 말하자면, 그 세 사람 중 한 사람은 야훼 주님이셨다.

이 본문에서 놀랍고 흥미로운 점은 본문에 아브라함과 사라가 주님과 대화했다는 것이 명시적으로 기록되었다는 것과, 주님께서 사람의 형태로, 발에 흙먼지를 묻히고 그들에게 나타나셨다는 것(창 18:4), 그리고 심지어 주님이 앉아서 그들의 음식을 드셨다는 것이다. 그러나 주님은 그 모든 순간에도 하늘에 계신 하나님이셨다.

이 본문을 솔직하게 있는 그대로 읽어보면 하나님께서는 원하시면 일정 기간 사람의 형태로 이 땅에 오실 수 있다는 것을 분명히 알 수 있다. 그리고 내가 이것을 증명하기 위하여 신약성경을 인용하지 않고, 단지 토라만 살펴보았다는 것을 주목하라. 우리는 여기에 기록된 것을 기꺼이 받아들이려고 하고 있는가?

(이 때에 - 역자 주) 주님은 하늘에 계신 하나님이 아니셨는가? 그렇지 않다. 주님은 영이 아니셨는가? 그렇지 않다. 이 무한하신 영이 잠시 동안 우리 가운데 육신의 형태로 거하셨는가? 그렇다! 그리고 주님은 온전한 영광의 형태는 아니지만, 일정 시간 동안 다양한 사람들에게 보이기를 허락하셨는가? 우

리가 유대인의 성경을 믿는다면 그것은 의심의 여지 없이 확실히 그렇다.[7]

말씀이 육신을 만들다

성육신(Incarnation)이라고 부르는 신약성경의 가르침은 이 하나님의 신비를 자세히 설명한 것으로, 하나님의 나타나심의 가장 큰 예다. 그러나 그것은 빛이 어둠과 다른 것처럼, 다른 종교의 우상과 다른 것이다. 나는 영적인 눈으로 이것을 보는 사람은 이것을 이해할 수 있을 것이라 믿는다.

물론 모든 전통 유대인들은 마이모니데스가 하나님은 어떤 형상도 가지고 계시지 않다고 한 말을 알고 있다.[8] 그러나 같은 토라에서 하나님께서 시내 산에 나타나셨을 때에 이스라엘이 어떤 '테무나'(temunah), 즉 형상이나 모양도 보지 못했다고 하면서, 동시에 모세가 "여호와의 테무나를 보았다"(민 12:8)고 기록한 것은 매우 흥미롭다. 그리고 다윗은 시편 17편 15절에서 그가 죽은 후에 하나님의 테무나를 보고 만족할 것이라고 했다. 우리는 이 모순되어 보이는 진리들을 어떻게 하나로 모을 수 있을까?[9] 하나님의 아들이신 예슈아께서 해답을 제시해 주셨다.

하나님께서 사람에게 보이신 최고의 현현인 메시아 예수님에 대하여 말하기 전에, 랍비 유대교가 하나님의 나타나심, 즉 감추어진 하나님께서 자신을 알리시는 것과 관련된 일부 질문들에 대하여 답한 것을 살펴보자. 먼저 볼 것은 하나님의 말씀을 의미하는 '멤라'(Memra')의 개념이다.[10] 우리가 타나크

---

7. Intrater, *Who Ate Lunch With Abraham*, 143-145에 의하면, 타나크에는 하나님의 나타나심이 50번 이상 나온다.

8. Marc B. Shapiro, *The Limits of Orthodox Theology: Maimonides' Thirteen Principles Reappraised* (Oxford: The Littman Library of Jewish Civilization, 2004), 45-70을 보라.

9. Shapiro, 위의 책은 마이모니데스가 많은 **랍비들의** 자료에서 모은 이 교리와 상당히 다른 것을 제시하고 있다.

10. Michael L. Brown, *Answering Jewish Objections to Jesus, Vol. 2: Theological*

를 보면 하나님의 말씀이 하나님의 일부분으로 등장하는 경우가 종종 있다. 예를 들면, 시편 107편 20절에 "그가 그의 말씀을 보내어 그들을 고치시고"라고 기록되어 있다. 이것은 하나님의 말씀이 그분의 입에서 나아가서 주어진 일을 이룬 후에 다시 돌아가는 것으로 말하고 있다. 또 창조의 이야기에서 하나님이 **말씀으로** 창조하셨다는 것을 주목해야 한다.

이런 하나님의 말씀의 개념은 히브리어를 잘 모르는 회당의 모임에서 말하고 읽는데 사용했던 아람어 탈굼(Aramaic Targums)에서 크게 발전하게 되었다.[11] 탈굼에서는 사람에게 다가가거나 사람과 직접적으로 소통하시는 하나님을 가리켜 말할 때, 하나님이 아닌 그분의 멤라, 즉 그분의 말씀으로 표현하는 경우가 상당히 많다.

다음에 나오는 몇 가지 예를 보라. 다음의 각 구절에서 위에는 히브리 성경의 본문이 나오고, 그 아래에는 탈굼에서 그것을 번역한 내용이 나온다.[12]

창세기 1:27　　하나님께서 사람을 창조하셨다.
　　　　　　　주의 말씀이 사람을 창조하셨다. (탈굼 슈도-요나단)
창세기 15:6　　아브람이 주를 믿었다.
　　　　　　　아브람이 주의 말씀을 믿었다.
창세기 31:49　주께서 너와 나 사이를 살피시기를 원한다.
　　　　　　　주의 말씀이 너와 나 사이를 살피시기를 원한다.

Objections (Grand Rapids: Baker, 2000), 16-22을 보라. 다른 접근방법들에 대해서는 다음의 자료들을 보라. Bruce Chilton, *Judaic Approaches to the Gospels* (Atlanta: Scholars Press, 1994), 271-315; John Ronning, *The Jewish Targums and John's Logos Theology* (Peabody, MA: Hendrickson, 2010); Robert Hayward, *Divine Name and Presence: The Memra* (Totowa, NJ: Allanheld, Osmun Publishers, 1981).

11. *The Eerdmans Dictionary of Early Judaism*, 1278-1281에 나오는 "Targum, Targumim"을 보라.

12. 따로 적지 않은 구절들은 모두 탈굼 온켈로스에서 인용한 것이다.

출애굽기 20:1	주께서 이 모든 말씀을 하셨다.
	주의 말씀이 이 모든 말씀을 하셨다.
출애굽기 25:22	내가 거기서 너와 만날 것이다.
	내가 거기서 너를 위하여 나의 말씀을 세울 것이다.
민수기 10:35	주여, 일어나소서!
	주의 말씀이여, 일어나소서!
민수기 10:36	주여, 돌아오소서!
	주의 말씀이여, 돌아오소서!
신명기 1:30	너희 앞에서 가시는 너희 하나님 주, 그가 너희를 위하여 싸우실 것이다.
	너희 앞에서 이끄시는 너희 하나님 주, 그의 말씀이 너희를 위하여 싸우실 것이다.
이사야 45:17	이스라엘은 주에 의하여 구원을 받을 것이다.
	이스라엘은 주의 말씀에 의하여 구원을 받을 것이다.

창세기 28장 20-21절에 나오는 야곱의 맹세도 살펴보자. 이것은 히브리어로 "**하나님이 나와 함께 계시면… 주는 나의 하나님이 되실 것이요**"라는 내용이다. 탈굼은 이것을 "**주의 말씀**이 나와 함께 계시면… **주의 말씀이 나의 하나님이 되실 것이요**"라고 번역했다. 주의 말씀이 야곱의 하나님이 되실 것이다! 그리고 이 탈굼들은 회당에서 수십 년 동안 읽혀졌다. 사람들은 매주마다 이 걷고, 말하고, 창조하고, 구원하고, 구속하시는 말씀에 대하여 들었는데, 이 말씀은 야곱의 하나님이셨다. 사실, 탈굼 네오피티(Targum Neofiti)에 의하면 사람은 주의 멤라의 형상대로 창조되었다.

신명기 4장 7절에 대한 탈굼 슈도 요나단의 번역 또한 흥미롭다. 히브리어 성경은 "우리가 우리 주 하나님께 기도할 때마다 주께서 우리에게 가까이 계신 것처럼 그들의 신들을 가까이 하는 큰 민족이 어디 있느냐?"라고 나온다. 그런데 탈굼은 "야훼의 멤라가 높고 높은 그의 보좌에 앉으셔서, 우리가 그분 앞에서 기도하고 간청할 때마다 우리의 기도를 들으신다"고 번역했다. 이것은 탈굼에 나오는 "말씀"의 개념의 일부일 뿐이다.

이제 신약성경으로 돌아가서 요한복음 1장을 읽으면서, 요한이 말한 하나님의 말씀을 아람어의 '멤라'로 바꿔보자. 이것은 그분의 일부이며 하나님 전체는 아니다. "태초에 멤라가 계셨다. 이 멤라가 하나님과 함께 계셨고, 이 멤라는 하나님이었다. 그가 태초에 하나님과 함께 계셨다. 그를 통하여 만물이 만들어졌고, 만들어진 것들은 그가 없이 만들어진 것이 없었다. 그의 안에는 생명이 있었고, 그 생명은 사람들의 빛이었다"(요 1:1-4).

이제 이 말씀은 상당히 유대적인 것으로 보인다! 예슈아를 통해서 일어난 기적은 이 하나님의 말씀, 즉 하나님의 나타나심이 33년 동안 우리 가운데 장막을 치고 계셨다는 것이다. "멤라가 육신이 되어 우리 가운데 거하셨다. 우리가 그의 영광, 아버지께로부터 오신 독생자의 영광을 보니 은혜와 진리로 가득했다"(요 1:14). 그리고 이 부분을 주목하라. "그가 우리 가운데 거하셨다." (여기서 "거하셨다"에 사용된 - 역자 주) '스케노오'(σκηνόω)라는 헬라어는 "장막을 치다, 임시로 거주하다"라는 뜻이다. 그러므로 주께서 옛날 이스라엘의 시대에 우리 가운데 그의 장막을 치시고, 그것을 그의 영광으로 채우시며(이것은 성막을 말하는 것으로, 그것은 실제로 장막이었다), 여전히 하늘에 하나님으로 계셨던 것처럼, 마찬가지로 주께서 우리 가운데 육신의 장막을 치시고, 그것을 그분의 영광으로 채우시며, 여전히 하늘에 하나님으로 계셨다. 하나님은 그분의 하나됨 안에 복합성을 갖고 계시다!

아람어 '멤라'의 개념과 관련된 것으로 유대식 헬라어 개념인 '로고스'(logos)가 있다. 이 단어는 요한이 예슈아에 대하여 기록할 때 사용한 것이며, 필로(Philo)가 이 로고스의 특징을 잘 설명했다. 유대교 옥스퍼드 사전에는 다음과 같은 설명이 있다.

> 로고스는 어떤 면에서 하나님과 같기도 하지만, 종종 독립적인 존재, 즉 하나님의 반(半)인간적 현현으로 나타난다. 이것은 유대교의 초월적인 하나님과 사람들이 경험한 하나님 사이의 간극을 메우기 위하여 필로가 사용한 개념이다. 이렇게 로고스를 하나님과 물질 창조 사이를 중재하는 것으로서 보는 관점은, 성경에서 언급하는 하늘을 만들고(시 33:6) 창조적인 능력이 있는 "하나님의 말씀"과 연결되고, 탈굼 문헌(특히 탈굼 온켈로스[Targum Onkelos])에 나오는 메임라(*meimra*, 아람어로 "말씀"을 의미함)의 개념과 연결된다.[13]

다시 말하지만, 하나님의 하나됨 안에는 복합성이 있다.

"그러면 신명기 6장 4절에 나오는 유대교의 핵심 고백인 쉐마(Shema)에서 말하는 하나님의 온전한 하나됨은 무엇인가?"라는 질문이 있을 수 있다.

사실 (이 구절의 - 역자 주) 가장 좋은 번역은 New Jewish Version 및 일부 전통 랍비 주석가들의 번역에 나온다. "주가 우리 하나님이다, 오직 주만이."[14] 그러나 우리가 "이스라엘아 들으라. 주 우리 하나님, 주님은 한 분이시다"라는 더 일반적인 번역을 따른다고 하더라도, 에하드(*'echad*)라는 단어가 절대적인 하나됨을 의미하지 않는다는 것을 이해하는 것이 중요하다. 그것은 단지 하루가 밤과 낮으로 이루어진 것이나(창 1:5), 남자와 여자가 합하여 하나가 되는 것(창 2:24), 또는 성막의 모든 부분이 한 막을 이루는 것(출 36:13)과 같은 **하나**를 의미한다. 마찬가지로, 하나님은 한 분이시지만(이것은 신약성경에서 예슈아와 바울과 다른 사람들이 직접적으로 인정한 진리다), 그분의 하나됨 안

---

13. R. J. Werblowsky and G. Wigoder, eds., *The Oxford Dictionary of Jewish Religion* (New York: Oxford University Press, 1997), s.v. "logos," 423.

14. NJV 성경은 Abraham Ibn Ezra와 Rashbam(Rabbi Samuel Ben Meir)을 지지하며 인용했다. 두 사람 모두 뛰어난 전통 주석가들이다.

에는 복합성이 있다. 후대의 기독교 신학자들은 이 성경의 진리들을 반영하여, 하나님이 자신을 아버지와 아들과 성령의 삼위일체로 우리에게 나타내셨다고 이해했다.

흥미로운 것은, 루바비처 레베(Lubavitcher Rebbe)로도 알려졌으며 그를 따르는 많은 사람들에 의하여 메시아로 일컬어지기도 했던 메나헴 멘델 슈니어손(Menachem Mendel Schneerson, 1902-1994)이 에하드라는 단어가 유일한 하나됨과 관계가 없다고 했다는 것이다.

에하드는 "하나"를 의미한다. 쉐마의 말씀은 하나님이 한 분이며 하나되신 분임을 말하고 있다. 이스라엘 백성은 이것을 세상에 알려야 하며, 이것은 모쉬아흐(Moshiach, 메시아 - 역자 주)의 시대에 온전히 나타날 것이다. 그런데 '에하드'는 하나님의 하나됨을 나타내는 이상적인 단어인가? 이 단어는 그것의 영어 표현과 마찬가지로 다른 것들의 존재를 배제하지 않고("하나, 둘, 셋…"의 연속적인 숫자들처럼), 그것이 가리키는 대상이 여러 부분으로 이루어져 있음을 부정하지 않는다(우리는 "한 민족", "하나의 숲", "한 사람", "나무 한 그루" 등이 여러 개체나 부분으로 이루어졌다는 사실에도 불구하고 이것을 "하나"라고 부른다). "오직 하나"와 "유일한"이라는 뜻을 의미하는 단어인 야히드(yachid)가 오히려 하나님의 "완전한 단일성"(마이모니데스가 유대교의 믿음에서 가장 근본적인 원리로 말한 것)과 "그분 외에 다른 이는 없다"(신 4:35)는 공리를 더 분명하게 나타내는 것으로 보인다.

이와 반대로, 하시드의 가르침은 에하드가 야히드보다 더 깊은 하나됨을 나타낸다고 설명한다. 야히드는 복수성(plurality)을 허용하지 않는 하나됨이다. 만약 또 다른 존재나 요소가 있으면 야히드는 더 이상 야히드가 아니게 된다. 반면 에하드는 다양한 요소들이 조화롭게 합쳐져 하나가 된 것을 말한다. 에하드의 하나됨은 복수성에 의하여 변질되지 않는다. 오히려 복수성은 에하

드의 하나됨을 이루는 중요한 요소다.[15]

이것은 어쩌면 우리 시대에 가장 영향력 있는 하시드 랍비라고 할 수 있는 사람의 입에서 나온 말이다.

세피롯과 쉐키나

(멤라에 더하여) 감추어진 하나님과 나타나신 하나님 사이의 간극을 메우는데 도움이 되는 다른 랍비적인 개념들이 있다. 예를 들면 열 개의 세피롯(sefirot)이라는 유대교의 신비로운 개념이 있다. 하시딤 백과사전은 이것을 "완전히 영적이고 알 수 없는 창조주와 물질 세계 사이의 매개체 또는 단계

---

15. Chabad.org, "The Numerology of Redemption," http://www.chabad.org/parshah/article_cdo/aid/2741/jewish/The-Numerology-of-Redemption.htm (2012년 2월 24일 접속). 그는 또 이렇게 말했다. "한 하시드 사상가가 말하기를, 하나님은 세상을 야히드가 되도록 창조하실 필요가 없었다. 주님은 세상이 창조되기 전에 홀로 유일한 한 분이셨고, 이후에도 동일하시다. 주님께서 세상을 창조하시고, 사람을 창조하시며, 그에게 선택의 자유를 주시고, 그에게 토라를 명하신 것은 주님의 에하드됨을 나타내시려는 것이었다. 주님은 존재들을 창조하셨는데, 적어도 그들의 인식으로는 하나님과 구별되게 창조하셨고, 그들이 하나님의 뜻에 온전히 따르는 삶을 살도록 도구들을 주셨다. 다양하고 여럿으로 된 세상이 자신의 의지로 하나님과 연합하기를 택할 때, 하나님의 하나됨은 새롭고 더 깊은 표정을 나타낸다. 그것은 하나님은 에하드라는 것이다." 내가 레베의 사람 중 한 사람에게 그가 말한 것이 무엇인지 묻자 그는 이렇게 대답했다. "나는 그 글을 읽었다. 거기서 하시드의 표현으로 말하고 있는 것은 세상과 하나님이 분리된 것이 아니라 하나라는 것이다. 즉 '하나님이 모든 것이고, 모든 것이 하나님이다.' 나는 당신이 믿는 것을 설명하는 방식으로 당신이 이것을 알 수 있도록 설명할 수 있다. 복수성의 개념은 하나님의 하나됨을 약화시키지 않는다. 그러나 문제는 창조의 복수성 안에서 하나님의 하나됨을 찾는 이 개념은 하나님의 속성을 말하지 않는다. 그것은 세상의 속성과 하나님께서 우리에게 세상의 진리를 알게 하시려는 방법을 말하고 있다. 이 세상은 하나님과 모순되지 않는다. 그것의 유일한 목적은 창조주의 뜻을 이루는 것이다."

적 연결"이라고 설명하고 있다.¹⁶

또 이 백과사전은 세피롯에 대하여 추가적으로 "하나님은 유기적으로 하나를 이루시지만, 그분의 능력은 다양하게 나타난다. 이것은 마치 사람의 생명이 하나지만, 눈과 손과 다른 지체들을 통하여 다양하게 나타나는 것과 같다"고 설명했다. 하나님과 그의 세피롯은 사람과 그의 육체와 같다. "그분의 지체는 많으나 그분은 한 분이시다."¹⁷ 이것도 무척 흥미로운 개념이지만, 히브리 성경에서 그 근거를 찾을 수 없으며, 솔직히 말하면, 하나님께서 그 아들 메시아 예수를 통하여 자신을 나타내신 것만큼 숭고하고 직접적이지는 않다.

이외에도 하나님의 여성적, 모성적인 면을 나타내며, 이 땅에 하나님의 임재하심을 의미하는 쉐키나(shekhinah)라는 개념이 있다. 랍비들은 유대 백성이 이방으로 끌려갈 때 쉐키나가 그들과 함께 가서, 이방 땅에서 "그녀의" 자식들과 함께 고통을 겪었다고 가르쳤다. 이 개념에 의하면, 하나님은 그분의 백성이 물리적, 영적 방황에서 돌아오고 성전이 재건될 때까지 "하나됨"을 이루실 수 없다.

이것은 "쉐키나가 하나님인가?"라는 질문에 간단하게 답할 수 없다는 것을 의미한다. 이와 관련하여 유대교 신학 대학교의 교수인 벤자민 소머는 이렇게 말했다. "하나님과 쉐키나는 같지만, 쉐키나가 하나님의 전부를 의미하는 것은 아니다. 그러므로 사람들은 편하게 '하나님'이라 언급하고 이어서 '하나님과 쉐키나'라고 말할 수 있다."¹⁸

"하나님과 쉐키나는 같지만, 쉐키나가 하나님의 전부를 의미하는 것은 아니다"라는 설명에 비추어 보면, 한 보수적인 랍비가 나에게 했던 말이 이해

---

16. Simon Herman, "Sefirot," in Tzvi M. Rabinowicz, *The Encyclopedia of Hasidism* (Northvale, NJ: Aronson, 1996), 436.

17. 위의 책, 436-437.

18. Sommer, *The Bodies of God*, 254, 주 21, 탈굼 슈도-요나단의 신 31:3에 대한 주석.

가 된다. "당신의 말을 들어보면, 예수는 걸어다니는 쉐키나와 같군요!" 정확한 표현이다.[19]

내가 알기로는 가장 권위 있는 유대인 고등 교육기관 중 하나에서 가르치는 유대인 학자인 소머 교수는 타나크와 유대인의 전승에 나오는 증거들을 종합하여 다음과 같은 중요한 말을 했다.

> 어떤 유대인들은 기독교가 유일신을 믿는 종교라고 주장하는 것을 심각한 혐의로 보는데, 그것은 삼위일체의 교리(어떻게 셋이 하나와 같을 수 있는가?)와 하나님이 사람의 형태를 취하셨다는 기독교의 핵심적인 믿음 때문이다… 유대교 자체의 고전적인 자료를 중요시하는 유대인 중 누구도 기독교가 성령과 거룩한 현현만이 아니라 세속적인 육체를 가지고 계신 하나님을 믿는 믿음을 인정하는 것에 채용한 신학적 모델을 나무랄 수 없다. 왜냐하면, 우리가 살펴본 바와 같이, 그 모델은 완벽히 유대적인 것이기 때문이다. 경전 안에 가변성의 전승(즉, 하나님이 사람의 몸의 형태로 다양한 시간과 장소에 나타나는 것)을 갖고 있고, 그 가르침이 쉐키나의 다양성을 강조하며, 그 사상가들이 세피롯에 대하여 이야기하는 종교는 삼위일체의 하나님을 섬기는 종교와 그 신학적 본질에 있어서 다르지 않다.[20]

그러므로 소머에게 있어서 "유대교"와 "기독교"의 차이의 핵심은 하나님의 본성은 무엇인가 또는 하나님이 사람의 형태로 나타나실 수 있는가 또는 하나님은 (나의 표현으로 말하면) 복합적인 단일성을 가지실 수 있는가라는 질문들에 있는 것이 **아니다**.[21]

---

19. CJB 성경의 히 1:3을 보라, "이 아들은 쉐키나의 광채요, 하나님의 본질의 나타남이요, 그의 권능의 말씀으로 모든 존재를 붙드심이라."

20. Sommer, *The Bodies of God*, 135.

21. Brown, *Answering Jewish Objections to Jesus, Vol. 2: Theological Objections*, 3-14.

우리가 아직 살펴보지 않은 성경 구절들 중에는 이사야 9장 6절에 나오는 유명한 메시아에 대한 예언이 있는데, 여기서 약속된 아이를 가리키는 여러 칭호들 가운데 엘 기보르('el gibbor), 즉 전능하신 하나님이 있다. 재미있는 것은, 이 히브리어 본문을 보이는 그대로 읽으면 "전능하신 하나님"(엘 기보르)을 포함한 그 칭호들은 왕 자신에 대하여 설명하는 것들이다. 이런 관점은 탈무드(b. Sanhedrin 94a)와 후대 랍비들의 글에서도 발견할 수 있으며, 아브라함 이븐 에즈라도 이것을 확실하게 지지했다.[22] 그런데 어떻게 사람이 "전능하신 하나님"이라고 불릴 수 있는가? 오직 예슈아만이 그것에 대한 해답을 갖고 계시다.

또 주목할 말씀은 시편 45편 7절로, 메시아의 원형이며 다윗의 후손인 왕이 하나님(엘로힘)으로부터 기름 부음을 받는 것만이 아니라, 거룩하신 분인 하나님(엘로힘)으로 일컬음 받는다는 것이다. 이것이 어떻게 가능할 수 있는가? 거듭 말하자면, 오직 예슈아로만 설명될 수 있다.[23]

놀라운 하나님의 신비

신약성경의 저자들은 하나님께서 자신을 나타내시는 것이 심오한 신비라는 것을 알았고, 그렇기 때문에 그들은 절대로 "하나님께서 사람이 되셨다"고 말하지 않았다. 그렇게 말하면 마치 주님이 더 이상 온 세상에 충만하지 않으시거나 하늘에서 다스리지 않으시거나, 이 땅에 거하기 위하여 자신의 보좌를 버리셨다는 잘못된 생각을 갖게 했을 것이다. 그래서 요한은 그렇게 말하지 않고 하나님의 말씀이 사람이 되었고, 우리는 그 말씀을 통하여 하나

---

22. Huppat Eliyahu in Otsar Midrashim의 9장에서 이 모든 이름들은 메시아의 칭호로 주어졌다.

23. Brown, *Answering Jewish Objections to Jesus, Vol. 2: Theological Objections*, 14-48을 보라.

님을 개인적으로 알게 된다고 말했다. 그렇기 때문에 요한은 "아무도 하나님을 본 적이 없다. 그러나 그 자신이 하나님이며, 아버지의 마음 곁에 계신 유일하신 분이 우리에게 하나님을 나타내셨다"(요 1:18, NLT 성경)고 쓸 수 있었던 것이다.24

그리고 예수님은 약 2천 년 전에 태어나셨지만, 그 시대 사람들에게 "내가 너희에게 진실을 말한다… 아브라함이 태어나기 전부터 내가 있다!"(요 8:58)고 말하실 수 있었던 것이다. 주님이 "아브라함이 태어나기 전에 내가 **있었다**(I was, 과거 시제 - 역자 주)"고 하시지 않은 것에 주목하라(이것 또한 충분히 놀라운 일이다. 아브라함은 예수님보다 2천 년 전에 태어났기 때문이다). 주님은 "아브라함이 태어나기 전에 내가 **있다**(I am, 현재 시제 - 역자 주)"고 하시면서, 이스라엘에게 "나는 있다(I am, 또는 '나는 존재한다')"25로 알리신 야훼와 자신을 연결시키신 것이다.

또 이런 이유로, 주님의 핵심적인 제자 중 한 사람이었으며, 주님이 부활하셨다는 소식을 들었을 때 자신의 눈으로 예슈아를 보기 전까지 그것을 믿지 않으려 했던 도마는 주님이 부활하신 후에 주님을 "나의 주요 나의 하나님입니다!"라고 말한 것이다. 즉, 그는 하나님께서 그분만의 전례 없는 방법으로, 메시아 예수님의 몸으로 이스라엘 백성에게 오셨다고 인정한 것이다. 그런데 이보다 몇 구절 전에 예수님은 또 다른 주요 제자 중 한 사람인 미리암(마리아 - 역자 주)에게 "내가 내 아버지, 즉 네 아버지, 내 하나님, 즉 네 하나님께로 돌아간다"(요 20:17)고 말씀하셨다. 그러므로 도마는 예수님을 나의 하나님이라고 부르고, 예수님은 하늘에 계신 아버지를 **나의 하나님**이라고 부르신 것이다.

---

24. 위의 책, 25와 주 40을 보라.
25. 특히 출 3:14을 보라. 70인역에서 사 43:10을 요 8:58과 같이 에고 에이미, "나는 있다"로 번역한 것도 참고하라(70인역은 예수님 시대보다 약 200년 전에 유대인들이 히브리어 성경을 헬라어로 번역한 것이다).

이미 말한 것처럼, 이것은 심오하고 놀라운 신비이다. 그러나 그분은 바로 우리가 있는 그곳에서 우리를 만나주신다. 무한하고 영원하신 하나님은 하늘의 보좌에 앉아 계시고, 온 세상에 충만하시며, 그의 영으로 온 세상을 돌아다니시지만, 또한 예슈아라는 이름으로 이 세상에 태어나신 그분의 아들의 몸으로 우리에게 오셨다. 그래서 우리가 그분을 볼 때 우리는 하나님을 보는 것이다.

바울은 이런 예수님에 대하여 이렇게 기록했다. "그는 보이지 않는 하나님의 형상이요… 그는 만물보다 먼저 계셨고, 그의 안에서 만물이 존속된다… [메시아] 안에서 하나님의 모든 충만함이 육신의 형태로 거하신다"(골 1:15, 17; 2:9). 바울은 또 기록하기를 "하늘이나 땅에 신이라 불리는 것들이 있다 하더라도(실제로 많은 '신'과 많은 '주'가 있는 것처럼), 우리에게는 오직 **한 하나님**, 아버지가 계시니, 만물이 그에게서 났고 우리가 그를 위하여 산다. 또한 오직 **한 주**, 예수 그리스도가 계시니, 만물이 그에 의하여 났고, 우리가 그에 의하여 산다"(고전 8:5-6, 필자의 강조).[26] 히브리서 1장 3절도 이렇게 기록했다. "아들은 하나님의 영광이 비추는 빛이요, 하나님의 본질이 정확히 나타난 형상이다…"

이것은 영광스러운 계시이며, 전혀 우상적인 것이 아니다. 이것은 감추어

---

26. 더 자세한 논의는 Larry W. Hurtado, *One God, One Lord* (Philadelphia: Fortress, 1988)를 참조하라. 더 온전한 내용은 같은 저자의 *Lord Jesus Christ: Devotion to Jesus in Earliest Christianity* (Grand Rapids, MI: Eerdmans, 2003); Richard Bauckham, *Jesus and the God of Israel: God Crucified and Other Studies on the New Testament's Christology of Divine Identity* (Grand Rapids, MI: Eerdmans, 2008)을 보라. James F. McGrath, *The Only True God: Early Christian Monotheism in Its Jewish Context* (Urbana: University of Illinois Press, 2009)는 신약성경의 증거(히 1 등)를 전체적으로 고려하지 않아서 복음서에 나오는 예슈아의 신적 정체성이 (타나크에 나오는 하나님의 나타나심의 의미만이 아니라) 메시지를 전하는 대리인의 역할을 훨씬 뛰어 넘는다는 것을 깨닫지 못했다. 예수님은 아버지 하나님과 더불어 "알파와 오메가요, 시작과 끝이요" (또는 "처음과 마지막이요")라고 계시되었다. 계 1:8; 21:6; 22:13을 보라.

졌으나 드러난, 보이지 않으나 보이는, 만질 수 없으나 육체로 이루어져 만질 수 있는, 한 분이며 유일하신 하나님의 스스로 나타나심의 비밀을 설명한 것이다.

모든 일의 마지막

우리는 신약성경의 마지막 책인 계시록의 마지막 장에서 하늘에서 땅으로 내려오는 새 예루살렘에 대한 말씀을 읽을 수 있다. "하나님과 어린 양(예수님)의 보좌가 그 성읍 가운데에 있으며, **그의** 종들이 **그를** 섬길 것이다(**그들이** 아니라 **그**). 그들이 **그의 얼굴**(**그들의 얼굴**이 아니라)을 볼 것이며, **그의 이름**(**그들의 이름들**이 아니라)이 그들의 이마에 있을 것이다"(계 22:3,4, 필자의 강조).

하나님도 한 분, 보좌도 하나, 얼굴도 하나인 것이다. 아들은 개별적인 하나님도 아니고 경쟁 관계의 하나님도 아니다.[27] 아버지께서 아들을 통하여 자신을 나타내셨고, 우리가 이 영광스러운 하나님의 아들이 우리의 타락한 세상에 오셔서 우리의 죄를 위하여 죽으신 것을 볼 때, 그 때에 비로소 우리는 하나님이 우리를 얼마나 많이 사랑하시는지를 알 수 있다.

그 비밀이 이제 밝혀진다.

---

27. 고전 15:28 "만물이 아들에게 복종될 때에, 그가 만물을 자기에게 복종시키신 아버지께 복종할 것이며, 그리하여 하나님이 모든 이들 가운데 모든 것이 되실 것이다"(CJB 성경).

10

고난 당하는 메시아의 비밀

두 명의 메시아에 대하여 말하는 고대 유대 전승들이 있다는 것을 알고 있는가? 또한 오늘날 많은 유대인들이 여전히 두 명의 메시아가 있을 것이라고 믿고 있다는 것을 알고 있는가? 그리고 이 메시아적 인물들이 받을 고난에 대하여 말하는 유대 전승들이 있다는 것을 알고 있는가?

사해문서는 아론의 메시아와 이스라엘의 메시아(즉, 제사장 메시아와 왕 메시아)에 대하여 언급하고 있는데,[1] 제사장 메시아의 개념은 전통 유대교에서 거의 사라졌다(더 자세한 이야기는 12장 "제사장 메시아의 비밀"을 보라). 대신에 남은 것은, 탈무드까지 거슬러 올라가면, 요셉(또는 에브라임)의 자손 메시아와 다윗의 자손 메시아라는 두 메시아가 있을 것이라는 가르침이 있다. 그리고 두 메시아가 모두 겪어야 하는 고난에 대하여 말하는 중요한 랍비 전승들이 있다. 거기서 고난 당하는 메시아는 대개 요셉의 자손 메시아로 보고 있으며, 그는 마지막 큰 전쟁에서 죽고, 그후에 다윗의 자손 메시아가 그를 죽은 자들 가운데서 일으킨다(b. Sukkah 52a를 보라).

메시아 텍스트

뛰어난 유대인 인류학자인 라파엘 파타이는 그의 독보적인 문집 『메시아

---

1. The Testament of the Twelve Patriarchs도 다윗 가문에서 나오는 메시아와 함께 레위 지파에서 나오는 메시아(제사장 메시아)에 대하여 말하고 있다. 그러나 학자들은 이 작품의 저자가 유대인인가 아니면 기독교인인가 (아니면 유대인 기독교인인가)를 두고 나누어졌다.

텍스트』에서 "고난 당하는 메시아"(Suffering Messiah)라는 주제로 한 장 전체를 할애했다.² 그보다 50여년 전에 구스타프 달만(그는 유대교 문헌을 연구하는 기독교인 학자로 그의 작품들은 오늘날까지 유대인 학자들에 의하여 사용되고 있다)은 책 한 권 전체에서 유대교 전승에 나오는 고난 받는 메시아라는 주제를 다루었다.³ 메시아의 고난을 설명하는 그 글들은 일부 비주류 유대인 그룹들의 관점이나 의견을 나타내는 잘 알려지지 않은 글들이 아니었다. 오히려 그 글들은 탈무드와 미드라쉬와 중세 및 현대의 성경 주석을 포함하여 랍비 문헌의 가장 중요한 분야들에 등장했다.⁴

파타이는 메시아의 고난과 관련하여 다음과 같은 놀랄 만한 말을 했다.

---

2. Raphael Patai, *The Messiah Texts* (Detroit: Wayne State University, 1979), 104-121. 현대의 유대 학자들 가운데 사해문서 안에 고난을 당하고, 심지어 죽임을 당하고 부활하는 메시아적 인물에 대하여 말하는 자료들이 있다고 믿는 학자들이 일부 있다. (거기에는 각각 다른 인물을 가리키는 다른 문서들이 존재한다.) Michael O. Wise, *The First Messiah: Investigating the Savior Before Christ*; Israel Knohl, *The Messiah Before Jesus: The Suffering Servant of the Dead Sea Scrolls*; 같은 저자, *Messiahs and Resurrection in "The Gabriel Revelation"* (New York: Continuum, 2009)을 보라. Matthias Henze, ed., *Hazon Gabriel: New Readings of the Gabriel Revelation* (Atlanta: Society of Biblical Literature, 2011)도 보라. 몇몇 사람들은 예수님 **이전에** 고난받는 메시아를 발견하는 것이 예수님이 어떤 분인가에 대한 문제에서 관심을 돌리게 될 것이라고 생각하지만, 나는 오히려 반대로 생각한다. 그것은 일부 유대인들이 고난받는 메시아를 **기다리고 있었다**는 것을 가리키는 것으로 볼 수 있다.

3. G. H. Dalman, *Der leidende und der sterbende Messias der Synagoge im ersten nachchristlichen Jarhtausend* (Berlin: Reuther, 1888). 같은 저자, *Jesaja 53: das Prophetenwort vom Sühnleiden des Gottesknechtes mit besonderer Berücksichtung der jüdischen Literatur*, 2nd ed. (Leipzig: J. C. Hinrichs', 1914)도 참조하라. 이 주제에 대한 1987년까지의 자세한 참고문헌은 Emil Schürer, *The History of the Jewish People in the Age of Jesus Christ (175 B.C.-A.D. 135)*, rev. Eng. vers. by Geza Vermes, Fergus Millar, and Matthew Black (Edinburgh: T & T Clark, 1973-1987), 2:547-549을 보라.

4. 더 자세한 논의는 Brown, *Answering Jewish Objections to Jesus, Vol. 2: Theological Objections*, 220-231을 보라. 나는 여기서 "유대인들은 고난받는 메시아를 믿지 않는다"는 반대에 대하여 다루었다. 227-228에서 "Rabbi Moshe Ibn Krispin"라고 한 것은 "Jewish philosopher Moshe Ibn Krispin"으로 바뀌어야 할 것이다.

메시아의 시대에 이스라엘이 겪어야 하는 고난은 일시적인 것이다. 탈무드의 견해에 의하면 그것은… 7년간 지속될 것이다. 후대의 아가다(Aggada, 전통 유대교의 랍비 문헌에서 율법 이외의 내용을 다루는 글 - 역자 주)는… 이 기간을 겨우 45일로 단축시켰다. 반면 메시아는 그의 삶 전체를, 그의 창조의 순간부터 수백 년 또는 어쩌면 수천 년 후에 그가 강림할 때까지 계속해서 극심한 고난의 상태 가운데 보내야 한다.[5]

파타이는 메시아의 고통과 괴로움에 관한 랍비들의 핵심적인 가르침을 다음과 같이 요약했다.

그는 위대한 로마의 성문에 앉아서, 치유되지 않는 상처를 입은채 멸시당하고 고난당하며, 그의 곪은 상처들에 붕대를 감고 풀었다. 미드라쉬의 표현에 의하면 "고통이 그를 받아들였다." 모든 메시아에 관한 전설 가운데 가장 감동적이고 동시에 정신적으로 의미 있는 것이 있다. 하나님께서 메시아를 창조하셨을 때에, 그가 이스라엘의 죄를 위하여 고난 받는 것을 받아들일지를 선택할 수 있게 하셨다. 그러자 메시아가 대답했다. "내가 그것을 기쁨으로 받아들여, 이스라엘 가운데 한 사람도 죽지 않게 할 것입니다." … 후대에 이 전설은 조하르(유대교 신비주의)에 기록되기를, 메시아가 이스라엘의 모든 질병과 고통과 고난을 자기에게 오도록 하여, 이스라엘의 괴로움을 덜었는데, 그렇게 하지 않았다면 그들이 그것을 견딜 수 없었을 것이라 하였다.[6]

후대의 유대 전승은 메시아의 고난을 더 자세히 설명했다. 천국의 낙원(유대교의 개념)에 있는 한 집을 묘사하는 이 미드라쉬는 전형적인 것이다.

---

5. Patai, *The Messiah Texts*, 104.
6. 위의 책.

… 다윗의 자손 메시아와 엘리야와 에브라임의 자손 메시아가 그곳에 앉았다. 거기에는 모세가 광야에서 만든 성소와 같은 훈향목(薰香木, 방향성 수지가 있는 각종 나무 - 역자 주)들이 장막처럼 우거져 있었다. 그것의 모든 그릇과 기둥은 은색이고, 그것의 덮개는 금색이며, 바닥은 자주색이었다. 예루살렘을 사랑한 이는 바로 다윗의 자손 메시아였다. 지금은 고인이 된 엘리야가 그의 머리를 자기 무릎에 두고 그에게 말했다. "이스라엘의 죄로 인하여 당신의 주께서 당신에게 겪게 하신 고난과 형벌을 인내하십시오." 그리고 이렇게 기록되었다. 그가 찔림은 우리의 허물 때문이요, 그가 상함은 우리의 죄악 때문이니(사 53:5), 마지막 때가 올 때까지 그가 그러할 것이다.

매주 월요일과 목요일, 매주 안식일과 휴일에 세상의 아버지들(즉, 아브라함과 이삭과 야곱)과 모세와 아론, 다윗과 솔로몬, 선지자들과 경건한 자들이 그에게 와서 그와 함께 운다. 그리고 그는 그들과 함께 운다. 그리고 그들은 그에게 감사하며 이렇게 말한다. "당신의 주의 형벌을 인내하십시오. 마지막이 가까이 왔기 때문입니다. 당신의 목에 있는 사슬은 끊어질 것이며, 당신은 자유하게 될 것입니다."[7]

이 미드라쉬가 메시아가 고난 당하는 이유를 설명하기 위하여 이사야 53장 5절을 인용한 것에 주목하라. 이 구절은 예슈아를 믿는 사람들이 그분이 우리를 위하여 받으시는 고난을 설명하기 위하여 가장 많이 사용하는 구절이다. 그 고난은 바로 이스라엘의 죄 때문이다!(이것에 대한 더 자세한 내용은 11장 "의인의 죽음의 속죄하는 능력의 비밀"을 보라).

유대교 신비주의의 가장 신성한 책인 조하르도 메시아의 고난에 대하여 이사야 53장 5절을 사용한다.

---

7. Midrash Konen, Bet HaMidrash, 2:29-30, Patai, *The Messiah Texts*, 114에 번역되어 있다.

그들(고난받는 의인들)이 사로잡힌 이스라엘의 고난과 그들의 주의 지식을 구하지 않는 악한 자들에 대하여 메시아에게 이야기할 때에, 메시아는 그들 가운데 있는 저 악한 자들에 대하여 소리 높여 우셨다. 기록하기를, **그가 찔림은 우리의 허물 때문이요, 그가 상함은 우리의 죄악 때문이라**(사 53:5) 하였다.[8]

이사야 선지자는 하나님께서 그의 백성 이스라엘의 고난에 얼마나 깊이 공감하셨는지에 대하여 기록하기를 "그는 그들의 모든 고통 가운데 고통받으셨다"(사 63:9, ESV 성경) 또는 "그는 그들의 모든 환난 가운데 환난받으셨다"(CJB 성경)고 하였다. **메시아께서도 그의 백성의 고난에 동참하셨다.** 이것은 "기독교적인" 개념이라고 볼 수 없고, 오히려 성경적이며, 유대적인 것이다.

아래에는 탈무드와 다른 고대 유대 자료에서 메시아의 고난, 즉 다윗의 자손 메시아("중심적인" 메시아, 어떤 이들에게는 유일한 메시아)와 요셉의 자손 메시아(어떤 때는 그냥 "에브라임"이라고 부르기도 함)의 고난에 대하여 말하는 핵심 구절들이 있다.

파타이가 요약한 탈무드의 유명한 본문에서(이전 내용을 보라), 랍비 예호슈아 벤 레비(Rabbi Yehoshua ben Levi)는 선지자 엘리야가 동굴에 앉아 있는 것을 보고 그에게 메시아가 언제 오시는지를 물었다. 엘리야는 "가서 그분에게 물어보라"고 대답했다. 랍비 예호슈아는 "그분은 어디 앉아 계십니까?"라고 물었다. 그러자 엘리야는 그가 도시의 입구에 앉아 계시다고 하면서 다음과 같이 메시아에 대한 더 구체적인 특징을 설명했다. "… 그는 질병의 고통을 당하는 가난한 자들 가운데 앉아 계신다. 그들 모두가 (그들의 모든 상처의 붕대를) 풀고 다시 감고 있는 동안, 그는 그들을 한 사람씩 풀어주고 감아주며 말하기를, '나를 불렀다면, 지체함이 없었을 것이다' 하였다"(b. Sanhedrin 98a).

---

8. Zohar 2:212a, Patai, *The Messiah Texts*, 116에 번역되어 있다. 의인의 죽음의 속죄하는 능력과 관련하여 조하르에서 이사야 53장을 인용한 내용은 11장을 보라.

이것은 메시아께서 그의 백성과 함께 고통과 질병을 겪으시면서, 그들에게 나타나기를 간절히 원하고 언제든지 그렇게 하실 수 있다는 그 마음을 잘 전달해 준다. 이것은 다음에 나오는 가슴 아픈 이야기로 끝난다. 랍비 예호슈아가 가서 메시아를 발견하고 그에게 물었다. "주(메시아)는 언제 오십니까?" 메시아께서 답하셨다. "오늘이다." 랍비 예호슈아는 그것이 솔직하지 않은 대답이라고 생각하고 이후에 엘리야에게 말했다. "메시아께서 나에게 거짓말을 하셨습니다. 그가 '오늘 내가 갈 것이다' 하였으나 그가 오지 않으셨습니다." 엘리야가 말했다. "그가 너에게 말씀하신 것은 이것이다. '**네가 오직 그의 목소리를 청종하면 오늘이다**'(시 95:7)."9

아트스크롤 메소라에서 출판한 방대한 양의 정통 주석인 쇼텐스타인 탈무드는 이 이야기에 대하여 이렇게 설명했다.

> 그들(메시아와 함께 앉은 사람들)은 짜라아스(피부에 반점이 생기는 등의 증상이 있는 질병; 레위기 13장을 보라)로 고통받았다. 이사야서(53:4)에 나온 것처럼, 메시아께서도 똑같이 고통을 겪으셨다… "**참으로 그가 지닌 것은 우리의 질병이며 그가 겪는 것은 우리의 고통이다. 그러나 우리는 그가 질병**(짜라아스; 98b, 주 39를 보라)**에 걸리고, 하나님께 맞으며, 고통을 당한다고 생각했다.**" 이 구절은 사람들이 그들의 죄로 인하여 겪어야 했던 질병을 메시아께서 대신 감당하셨다는 것을 가르쳐 주고 있다.10

이 고난받는 메시아의 개념은 어디에서 나온 것인가? 파타이에 의하면 다음과 같다.

---

9. Patai, *The Messiah Texts*의 번역.

10. *The Schottenstein Talmud Sanhedrin 3a (Folios 84b-99a)* (Brooklyn: ArtScroll Mesorah, 1995), 98a[5], 랍비 주석들 참고. Schottenstein Talmud에 나오는 본문은 사 53:4의 히브리어 원문을 포함하고 있다. 본문에서 삭제된 것은 없다.

심리학적으로 고난받는 메시아가 고난당하는 이스라엘의 투영이자 의인화라는 것은 의심의 여지가 없다… 이와 비슷하게, (탈무드에서 말하는) 나병에 걸린 메시아와 거지 메시아도… 고난당하는 이스라엘이 고난받는 메시아로 의인화된 것의 다른 형태들이다. 그리고 조하르에서 말하는 것처럼, 메시아가 이스라엘의 고난을 받아들임(메시아에 대한 그들의 투영)으로 그 고통을 덜어 주었으며, 그렇지 않았으면 그들은 그것을 견딜 수 없었을 것이라는 것은, 심리학적으로 의심할 수 없는 사실이다.[11]

히브리 성경에 나오는 고난받는 메시아

그러나 이것이 전부가 아니다. 고난받는 메시아의 개념은 히브리 성경에 가장 먼저 나왔다. 거기에 기록된 것은, 죄 없고 의로운 주의 종이 스스로 속죄제물이 되어 그 백성의 죄를 위하여 죽고(사 52:13-53:12를 보라), 그 종이 맞고 모욕을 당하나 굴하지 않으며(사 50:4-10을 보라), 많은 선지자들이 주께 복종한 것으로 인하여 고난을 받고 거절당하고(4장을 보라), 한 의로운 사람이 심한 고난을 당하는 것이 시편 22편과 같은 곳에 길게 기록되어 있는데, 그는 결국 사망의 입으로부터 구속받고 그의 구원은 너무나 위대하여 그 결과로 세상 모든 민족에서 난 사람들이 주께로 돌아올 것이다.[12] 그렇다면 예수님의 처음 제자들이 타나크의 이 구절들에 그분이 묘사된 것을 보고, 신약성경에서 그 구절들에 주목하는 것은 놀랄 일이 아니다.[13] 타나크는 메시아의 고난과 고통을 예언한 것이다.

---

11. Patai, *The Messiah Texts*, 105.

12. Michael L. Brown, *Answering Jewish Objections to Jesus, Vol. 3: Messianic Prophecy Objections* (Grand Rapids, MI: Baker, 2003), 117-127.

13. G. K. Beale and D. A. Carson, eds., *Commentary on the New Testament Use of the Old Testament* (Grand Rapids, MI: Baker Academic, 2007)을 참조하라.

시편 22편은 특별히 예슈아의 십자가와 부활에 해당한다. 이 시편 기자는 이런 말들을 남겼다. "나를 보는 모든 자가 나를 조롱하고, 그들이 머리를 흔들며 욕설을 퍼붓고", "포효하는 사자들이 그들의 먹이를 찢으며 나를 향하여 크게 입을 벌리고", "나는 물 같이 쏟아졌고, 내 모든 뼈는 어긋났으며", "내 힘은 질그릇 조각처럼 바싹 말랐고, 내 혀는 내 입천장에 붙었으며, 주께서 나를 죽음의 티끌 가운데 두셨나이다", "개들이 나를 둘러쌌으며, 악한 자들의 무리가 나를 에워싸고, 그들이 내 손과 발을 찔렀나이다"(또는 "그들이 사자와 같이 내 손과 발에 있나이다"),[14] "내가 내 모든 뼈를 셀 수 있나이다. 사람들이 나를 노려보고 흡족해 하나이다", "그들이 내 겉옷을 나누고, 내 속옷을 두고 제비를 뽑나이다"(시 22:7, 13-18).[15] 공개적인 모욕의 장면과 육체적, 정신적 고통이 너무나 생생하게 묘사되어 있다. 이것은 십자가에 달린 사람의 고통과 너무나 놀라울 정도로 흡사하다.

이 시편의 마지막 부분의 내용도 놀랍다. 거기에는 이 시편 기자가 죽음에서 구원 받은 것으로 인한 결과가 다음과 같이 기록되어 있다.

> 땅의 모든 끝이 주를 기억하고 돌아오며, 모든 나라의 족속이 그의 앞에 절할 것이다… 땅의 모든 부유한 자들이 즐겁게 먹고 경배할 것이며, 티끌로 내려가는 모든 자들, 곧 스스로 살아 있지 못한 자들이 그의 앞에 무릎을 꿇을 것이다. 후손들이 그를 섬길 것이며, 장래의 세대들이 주에 대하여 들을 것이다. 그들이 아직 태어나지 않은 백성들에게 그의 의를 전할 것이니, 주께서 그것을 행하셨기 때문이다.

---

14. Brown, *Answering Jewish Objections to Jesus, Vol. 3: Messianic Prophecy Objections*, 122-127을 보라.

15. 고대 이스라엘에서 십자가형은 알려지지 않았다. 그것은 페르시아인들이 고안한 것으로, 그리스인들과 그 뒤를 이어 로마인들이 도입하였으나, 그것은 그들에게도 너무나 잔인한 형벌이어서 결국에는 금지시켰다.

— 시편 22:27-31

정말로 고무적인 반응이다! 만약 이 구절들이 궁극적으로 메시아의 죽음에서의 구원을 예표하고, 그 결과 온 세상이 하나님을 찬양하게 되는 것을 말하는 것이 아니라면, 이것은 누구의 구원을 예언적으로 말하는 것이란 말인가?

그래서 시편 22편은 신약의 저자들에게 중요한 의미가 있다.[16] 그런데 이 시편은 랍비 문학 중에서 메시아의 고난을 가장 길게 기록한 글에 수 차례 언급되었는데, 그것은 페시크타 랍바티(Pesikta Rabbati)라고 알려진 8-9세기 경의 미드라쉬로 34, 36, 37장에 나온다.[17] 아래는 전통 유대인들이 소중히 여기는 랍비들의 글로, 메시아께서 (우리를) 대신하여 받으시는 고통을 매우 생생하게 서술하고 있다.

아래는 파타이가 번역한 것이다(인용된 내용은 그중 일부다).

> 그들이 말했다. 다윗의 자손이 오는 7년간, 그들이 철로 만든 기둥들을 가져다가 그의 목에 지우기를 그의 몸이 굽혀지고 그가 울기까지 그러할 것이다. 그의 목소리가 높은 곳에 이르고 그가 주님 앞에 말하였다. "온 세상의 주여! 나의 힘이 얼마나 더 견딜 수 있겠습니까? 나의 영은 어떻습니까? 나의 혼은 어떻습니까? 나의 팔과 다리는 어떻습니까? 나는 단지 혈과 육에 불과한 존재가 아닙니까?…"

---

16. 주 12를 보라.
17. 여기서 자주 언급되는 에브라임은 다윗의 자손 메시아를 말하는 것으로 보인다. 하시드 학자인 Rabbi J. Immanuel Schochet은 이렇게 설명했다. "여기서 에브라임이라는 용어는 이스라엘 전체를 가리키는 것일 수도 있지만, 또한 마쉬아흐 벤 다비드(다윗의 자손 메시아 - 역자 주)를 가리키고 있다." 그는 *Mashiach*, (Brooklyn: S.I.E., 1991) 92-93, 주 2에서 두 메시아를 설명하는 이름에서 일부 용어상의 공통점을 지적하기도 했다.

10. 고난 당하는 메시아의 비밀　235

그때에 거룩하신 분, 찬양 받으실 이가 말씀하셨다. "나의 진정한 메시아 에브라임아, 너는 이미 창조의 여섯째 날에 (이 고난을) 받아들였다. 이제 너의 고난은 나의 고난과 같을 것이다. 사악한 느부갓네살이 올라와서 나의 성전을 무너뜨리고 나의 성소를 불태우며, 내가 내 자녀들을 세상의 민족들 가운데로 흩은 그 날 이래로, 네 생명과 네 머리의 생명을 두고 말하니, 나는 나의 보좌에 앉지 않았다. 네가 믿지 않거든, 내 머리에 있는 이슬을 보아라…"

그 때에 그가 그분 앞에서 말했다. "온 세상의 주여! 이제 내 마음이 평안합니다. 이는 종이 그의 주인과 같으면 족하기 때문입니다!"[18]

유대교가 이런 고난받는 메시아를 믿었다는 것을 알고 있었는가? 미드라쉬는 계속해서 이렇게 말한다.

세상의 아버지들(아브라함과 이삭과 야곱)이 장래에 니산 월에 일어나 그에게 말할 것이다. "우리의 진정한 메시아 에브라임이여! 우리가 당신의 조상들이지만, 당신은 우리보다 위대합니다. 이는 당신이 우리의 자녀들의 죄로 인하여 고난을 받고, 이전이나 이후 세대의 누구도 겪지 못한 심한 징벌을 받았으며, 이스라엘로 인하여 세상의 민족들에게 조롱과 멸시를 당하고, 어둠과 흑암에 앉게 되어 한줄기 빛도 볼 수 없으며, 당신의 살은 뼈가 드러날 정도로 갈라지고, 당신의 몸은 나무처럼 말랐으며, 당신의 눈은 굶주림으로 인하여 어두워지고, 당신의 기운이 다하여 질그릇처럼 되었기 때문입니다. 그 모든 것이 우리 자손들의 죄 때문입니다. 당신은 우리의 자녀들이 거룩하신 분, 찬양 받으실 분께서 이스라엘에게 주기로 정하신 행복을 누리기를 원하

---

18. Pesikta Rabbati 162a, in Patai, *The Messiah Texts*, 112-113. 마 10:22-25와 요 15:18-21에서 예슈아께서 제자들에게 고난에 대하여 하신 말씀을 참조하라. 이와 비슷한 내용의 방대한 랍비들의 자료에 대해서는 5장의 주 32를 보라.

십니까? 아니면 그들 때문에 당신에게 임한 큰 고통으로 인하여, 그리고 그들이 당신을 옥에 가둔 것으로 인하여, 당신의 마음이 그들과 불화하게 되었습니까?

그러자 메시아가 그들에게 대답했다. "세상의 아버지들아! 내가 한 모든 일은 오직 너희와 너희 자녀, 그리고 너희의 영광과 너희 자녀의 영광을 위하여 한 것이다. 그리하여 거룩하신 분, 찬양 받으실 분이 이스라엘에게 주기로 정하신 이 행복을 그들이 누리게 하려는 것이다."

그러자 세상의 아버지들이 그에게 말했다. "우리의 진정한 메시아, 에브라임이여! 당신의 마음을 평안하게 하십시오. 당신이 우리의 마음과 당신의 창조주의 마음을 평안하게 하였기 때문입니다!"[19]

이 장들, 특히 36장과 37장 시작 부분에서 고난받는 의인의 고통과 그가 죽음의 입에서 구원을 받는 것을 기록한 시편 22편이 많이 인용되었다.[20] 여기서 메시아가 그의 백성의 죄 때문에(또는 그들의 죄를 위하여) 기꺼이 거절과 멸시와 모욕을 견디며 고난을 당하고, 결국에는 높임 받는 것을 주목하라.

그러나 중요한 것은 이 미드라쉬가 예수님에 대하여 말하는 것이 아니라는 점이다. 그것은 확실하다. 이것을 기록한 랍비들은 예슈아가 진정 어떤 분인지에 대하여 알지 못했고, 그들이 그 시대의 교회를 통해서 주님을 알게 되었더라도 그들은 거부했을 것이다. 내가 말하고자 하는 것은, **고난받는 메시아는 유대교 전통에서 잘 알려진 개념**이었고, 예슈아는 고난을 받으신 후 높임을 받으셨기 때문에 주님이 자신을 메시아라고 하시는 것에 대하여 유대인들이 그것을 거부할 근거가 없다는 것이다. 오히려 반대로, 이것은 히브

---

19. Patai, *The Messiah Texts*, 113에 나오는 Pesikta Rabbati 36장에서 발췌.
20. Rivka Ulmer, "Psalm 22 in Pesikta Rabbati: The Suffering of the Jewish Messiah and Jesus," in Garber, *The Jewish Jesus*, 106-128을 보라.

리 성경에 분명하게 나오는 패턴이고, 또한 후대 랍비 전승의 일부에서도 발견되는 것이다.

고난받는 백성들을 위한 고난받는 메시아

그러므로 고통 가운데 있는 우리에게 손을 내미신 분은 메시아, 즉 예수-예슈아이다. 그분은 우리와 같이 약함 가운데 거하셨고, 우리를 위하여 자기 목숨을 속죄제물로 주셨다. (11장 "의인의 죽음의 속죄하는 능력의 비밀"을 보라.) 그리고 바로 그 유대인 예수께서 맞으시고, 채찍질 당하시고, 모욕을 받으시고, 십자가에 못박히셨다.

주님은 유대인으로서 유대인들의 고난을 아셨고, 또한 주님은 메시아로서 그 동료 유대인들이 공감할 수 있는 분이었다. 그리고 주님은 우리가 있는 곳으로 내려오셨기 때문에, 주님은 우리를 그분이 있는 곳으로 이끌어 올리실 수 있다. 예슈아는 그분을 믿는 모든 사람들에게 생명과 구원과 영원한 승리를 가져다 주실 수 있는 고난받는 메시아다. 이것에 대하여 베드로(시몬 게바)는 이렇게 기록했다. "그는 그 나무 위에서 우리의 죄를 자신의 몸에 짊어지셔서, 우리가 죄에 대하여 죽고 의에 대하여 살게 하셨다. 그가 상함으로 너희가 낫게 되었다. 너희는 잃어버린 양과 같았으나, 이제 너희는 목자요 너희 생명의 감독자 되신 이에게 돌아왔다"(벧전 2:24-25).

그리고 여기에 아주 중요한 진리가 있다. 고난받는 메시아와 통치하고 다스리는 메시아라는, 두 명의 메시아가 존재하지는 않을 것이다. 멸시를 당한 후에 높여지며, 상함을 받은 후에 영광을 얻는 오직 한 분의 메시아만이 존재할 수 있고, 한 분만이 있게 될 것이다. 이사야는 이것을 단 세 구절로 훌륭하게 표현했다.

진실로 나의 종이 형통하며,
높임을 받고 매우 존귀하게 될 것이다.

그의 모습이 크게 상하여 다른 사람과 같지 않고
그의 모양이 다른 사람들보다 심하여
많은 사람들이 그를 보고 크게 놀란 것처럼

그가 많은 민족들을 놀라게 할 것이다.
왕들이 그로 인하여 침묵할 것이니
이는 그들에게 전해지지 않은 것을 그들이 보고
그들이 듣지 못한 것을 알게 될 것이기 때문이다.

— 이사야 52:13-15, NJV 성경

우리가 메시아 예수님을 보면, 누구도 그와 같이 끔찍하게 낮아진 사람은 없다는 것을 깨닫게 된다. 그분은 온 인류의 죄를 자기 어깨에 짊어지시고, 그와 그의 하늘 아버지께서 창조하신 백성들로부터 모욕을 당하고 십자가에 달리셨다. 그러나 그가 낮아질수록, 그는 그만큼 높임을 받으셨다. 바울은 이렇게 설명했다.

그가 사람으로 나타나셨을 때에, 그는 순종함으로 자기를 더욱 낮추기를 범죄자로 나무기둥에 달려 죽는 죽음에 이르기까지 하셨다. 그러므로 하나님께서 그를 지극히 높은 곳으로 높이셨고, 모든 이름 위에 있는 이름을 주셨다. 그리하여 하늘과 땅 위와 땅 아래에서 모든 무릎이 예슈아에게 주신 이름에 경의를 표하여 꿇을 것이며, 모든 혀가 메시아 예슈아를 아도나이(주)로 인정하여 아버지 하나님께 영광을 돌릴 것이다.

— 빌립보서 2:7-11, CJB 성경

이것이 고난받는 메시아의 비밀이다. 그는 또한 통치하고 다스리실 메시아다.

11

의인의 죽음의 속죄하는 능력의 비밀

　나는 정통 유대인 가정에서 자라지 않았기 때문에, 어른이 되어서 우리 민족의 전통적인 믿음을 공부하며 많은 것을 배웠다. 그래서 나에게 있어서 전통 유대교가 의인의 죽음의 속죄하는 능력을 믿었다는 것은 놀라운 발견이었다. 나는 기독교인들만이 그런 것을 믿는 줄 알았다! 결국 기독교인들은 우리가 달려야 할 십자가에 달리셔서, 세상의 죄를 위하여 죽으신, 온전한 의인이신 메시아 예수를 전한 사람들이었다. 고대 유대교 전승에는 이 개념과 유사한 중요한 내용이 있으며, 그것은 근본적으로 히브리 성경에까지 거슬러 올라간다.

　랍비 베렐 웨인은 17세기 동유럽에서 유대 백성이 어떻게 대학살의 공포 가운데 살아남았는가에 대하여 설명한 존경받는 정통 유대 역사가다. 그는 이렇게 말했다.

　유대인들이 자기 민족이 죽임당하는 것에 대한 반응과 관련하여 또 하나 고려할 것이 있다. 그것은 성경 시대로 거슬러 올라가는 옛 유대 전통으로, 의롭고 죄 없는 사람의 죽음이 민족 또는 세상의 죄를 속한다는 것이다. 이삭의 이야기와 나답과 아비후의 이야기는 오랫동안 고통받는 주의 종으로서의 이스라엘과 성전에서의 희생 제사에 대한 예언적인 이야기들이다. 이 모든 것은 의인의 죽음이 다른 사람들의 죄를 속한다는 기본적인 개념을 강화시키는 역할을 한다.

　유대인들은 이 속죄의 죽음이라는 전통적인 생각을 발전시켰고, 그들 자신의 비극에 대한 이런 태도는 그들의 고된 방랑 생활 동안 항상 함께 했다. 그래서 불합리한 학살이라는 전적으로 암울한 상황에서 죄 없는 사람들이 헛되이 죽은 것이 아니라, 그들이 "죽임을 당하고자 목을 내민 것"으로 인하여 어떻게든 이스라엘과 인류의 삶이 더 나아졌다는 사실로 어느 정도 안도하게 되었다. 놀라운 것은 이 추상적이고, 복잡하며, 철학적인 생각이 그 사람들의 정신에 너무나 깊이 뿌리 내려서 유대인들 가운데 최소한의 교육을 받은 사람들과 가장 무지한 사람들도 그 교훈을 이해하고 그것을 따라 행동하여, 원대한 신념에 따른 행동과 더 나은 내일에 대한 확신으로 소중한 목숨을 내던지게 되었다. 유대인의 이러한 정신은 그 시대의 역사 속에 확실하게 반영되어 있다.

"거룩하신 분, 찬양 받으실 분께서 정의 없이 심판을 내리실 것인가? 그러나 우리는 말하기를 하나님께서 사랑하시는 자는 벌을 받을 것이라 할지도 모른다. 이는 성전이 무너진 이래로, 그 세대의 죄악으로 인하여 죽음이 의인들을 사로잡았기 때문이다"(예벤 메줄라[Yeven Metzulah], 15장의 끝부분).[1]

그래서 (전혀 예수님을 믿지 않는) 한 정통 랍비가 우리에게 말하기를, 성경과 유대 전통에 의하면, 의인의 죽음은 다른 사람들의 죄를 속하고, "민족과 세상의 죄를 속하는" 역할을 한다고 했다. 또한 중세 연대기인『예벤 메줄라』에 나오는 표현에 주목하라. "그 세대의 죄악으로 죽음이 의인들을 사로잡은" 때는 **성전이 무너진 이후**였다. 이것의 연관성은 매우 분명하다. (성전이 무너져서 - 역자 주) 더 이상 속죄제물이 없었기 때문에, 의인들의 죽음으로 속죄가 이루어진 것이다.

조하르는 이와 비슷한 방식으로 말하고 있다. "이스라엘이 거룩한 땅에 거

---

1. Berel Wein, *The Triumph of Survival: The Story of the Jews in the Modern Era 1650-1990* (Brooklyn: Shaar, 1990), 14.

하는 동안에는, (성전에서) 행한 의식들과 드려진 제물들이 세상의 모든 질병을 없앴다. 그러나 이제는 메시아가 세상의 자녀들에게서 그것을 없앤다."[2]

이것은 "기독교 교회"가 만든 새로운 교리가 아니다. 이것은 철저히 성경적이고, 매우 유대적인 것으로, 예슈아의 죽음의 목적과 의미를 설명하고 있다. 탈무드도 "의인의 죽음이 죄를 속한다"고 가르친다. 탈무드의 유명한 논쟁(b. Mo'ed Qatan 28a)에서 탈무드는 민수기에 붉은 암송아지에 대한 말씀 바로 뒤에 미리암의 죽음이 기록된 이유가 무엇인가에 대하여 묻는다(민 19:1-20:1을 보라). 그 대답은, 붉은 암송아지가 죄를 속하는 것처럼, 의인의 죽음이 죄를 속한다는 것이다(민 20:1에 대한 라쉬의 주석을 보라).[3] 또 탈무드는 아론의 죽음이 토라가 언급하는 제사장의 의복과 함께 기록된 이유에 대하여 묻는다(민 20:25-28을 보라). 그 대답은, 대제사장의 의복이 죄를 속하는 것처럼(출 28, 특히 38절을 보라), 의인의 죽음이 죄를 속한다는 것이다(어떤 랍비 문서들은 위에 인용된 모든 곳에서 "이스라엘의 죄를 속한다"고 기록했다).

실제로 이 주제는 랍비 문헌에서 상당히 자주 등장한다. 예를 들면, 레위기 랍바(Leviticus Rabbah) 20:12를 보라. 이것은 다른 곳들[4]에서도 그대로 반복해서 나온다.

랍비 히야 바르 아바(Hiyya Bar Abba)가 말했다. 아론의 아들들(나답과 아비후)은 니산 월 첫째 날에 죽었다. 토라가 그들의 죽음을 속죄일(티슈레이월 10일; 레 16:1을 보라)과 함께 언급한 이유는 무엇인가? 그것은 속죄일이 죄를 속하는 것처럼, 의인들의 죽음도 죄를 속하기 때문이다.[5]

---

2. 2:212a, Patai, *The Messiah Texts*, 116의 번역.
3. Rashi의 주석에 대한 주석인 *Siftey Hakhamim*에는 이렇게 기록되어 있다. "진짜 희생제물이 아닌 붉은 암송아지가 대속하는 것처럼, 의인의 죽음도 대속한다."
4. 예를 들면, y. Yoma 2:1, Pesikta DeRav Kahana 26:16.
5. Louis Ginzberg, *Legends of the Jews* (n.p.: Nabu Press, 2010), 3:191의 Sifre

조하르도 예수님을 믿는 사람들이 가장 많이 인용하는 메시아에 대한 예언인 이사야 53장을 인용하면서 이 개념을 지지하고 있다.

> 세상의 자녀들은 서로의 지체다. 거룩하신 분이 세상을 치유하고자 하실 때, 그분은 그들 가운데 한 의로운 사람을 치셔서, 그로 인하여 나머지 모든 사람들을 치유하신다. 우리는 이것을 어디서 배웠는가? 그것은 이 말씀으로부터다. "그가 상처를 입은 것은 우리의 범죄 때문이요, 그가 멍든 것은 우리의 죄악 때문이다"(사 53:5), 즉 사람이 그의 팔에서 피를 흘릴 때처럼, 그가 피를 흘림으로 우리, 곧 그 몸의 모든 지체에 치유가 일어났다. 대개 의로운 사람이 맞는 것은 오직 그 세대 전체에 치유와 속죄를 주기 위함이다.[6]

기독교 전도자라도 이보다 더 잘 말할 수는 없었을 것이다.

이것이 복음이 전하는 메시지의 핵심이다. 주의 거룩하고 의로운 종인 메시아가 세상의 죄를 위하여 맞고, 그의 죽으심을 통하여 우리는 우리의 죄를 속함받고 우리의 생명이 치유함을 얻을 수 있다. 오직 그분만이 죄 많은 세대와 범죄하는 세상을 대신할 수 있는 온전한 의인이다.

아세렛 멤롯(Assereth Memrot)이라는 후대의 미드라쉬는 이렇게 기록했다.

Deuteronomy 31 인용, "이스라엘에게 있어서 경건한 자의 죽음은 성전이 불에 타서 재가 되는 것보다 더 큰 불행이다." 의인의 죽음의 속죄하는 능력에 대한 더 세부적인 자료는 위의 책, 6:75, 주 386; 107, 주 602를 보라.

6. S. R. Driver and Adolph Neubauer, eds. and trs., *The Fifty-Third Chapter of Isaiah According to the Jewish Interpreters*, 2 Vols. (repr., New York: Ktav, 1969), 2:15에 인용되었다. 조하르는 이것으로 전도서의 말씀(7:15)이 설명된다고 했다. "나의 이 허무한 인생 가운데 나는 이 두 가지 일을 모두 보았다. 그것은 의인이 그의 의로움 가운데 죽는 것과, 악인이 그의 악함 가운데 오래 사는 것이다." b. Shabbat 33b도 참조하라. "의인들은 그 세대의 죄악으로 사라진다."

메시아께서는 그들(아담과 다윗) 모두를 속죄하기 위하여 **자신의 생명을 속건제물로 드리실 것**이다. 이는 "보라 내 종이"(사 52:13-53:12)라는 파라샤(Parashah, 성경 본문)에서 그 옆에 아샴(속건제물), 즉 카발라적으로(랍비들의 성경의 수의 개념을 사용하여) 암미엘의 아들 므나헴(탈무드에 나오는 메시아의 칭호)이 기록되었기 때문이다.[7]

메시아께서 우리를 대신하셨다. 우리가 범죄하였으나, 그가 죽으셨다. 우리에게 죄가 있으나, 그가 벌을 받으셨다. 우리는 죽어 마땅하나, 그가 우리에게 그의 생명을 주셨다. 우리는 그를 거절하였으나, 그는 우리를 받아들이셨다. 얼마나 놀라운 메시지인가! 이것은 믿기 힘들 정도로 훌륭한 메시지다. 그러나 그것은 사실이고, 그것은 성경적이며, 또한 그것은 유대적이다.

랍비 학자 솔로몬 쉐크터가 탈무드에 나오는 가르침에 대하여 말했는데, 그 내용은 고난과 죽음이 죄를 속하며, 특히 의인의 죽음이 그렇다는 것이다.

고난과 죽음의 속죄는 고난받는 사람에게 국한된 것이 아니다. 그 속죄는 모든 세대에까지 적용된다. 이것은 특히 그 고난받는 자들이 그들의 의로운 삶이나 그들의 젊음으로 인하여 그들이 겪은 고난을 받을리가 없었던 사람들인 경우에 더욱 그러하다. 의인들의 죽음은 어떤 제물들처럼 속죄의 역할을 한다(b. Moed Katan 28a). "그들은 그 세대의 죄를 위하여 고난을 겪었다. 만약 의인이 없으면, 학교의 어린 아이들(즉, 죄 없는 어린 아이들)이 그 세대의 죄를 위하여 고난을 받았다"(b. Shabbat 32b). 모세에게 적용되는 성경 말

---

7. Driver and Nebauer, *The Fifty-Third Chapter of Isaiah According to the Jewish Interpreters*, 1:394-395 (속건제물의 숫자값은 341로 므나헴 벤 암미엘의 값과 같다); 원문의 강조는 성경 인용을 가리킨다. 이 미드라쉬는 사 53의 다른 구절을 인용함으로 끝맺는다. "그 다음에는 무엇이라 기록되었느냐? **그가 자기 씨를 볼 것이요, 그의 날이 길 것이며, 그의 손에서 주의 기쁨이 풍성할 것이다.**"

씀이 있다. "그가 많은 사람의 죄를 감당하고"(사 53:12). 그가 이스라엘이 금송아지를 만든 죄를 위하여 자신을 속죄물로 드렸기 때문에, 그는 기꺼이 이스라엘을 위하여 자신의 생명을 바치고자 했다. 그는 이렇게 말했다. "그렇게 하지 않으시려면, 내가 주께 구하니, 나를 주께서 기록하신 주의 책(즉, 생명책)에서 지워주십시오"(출 32:32; b. Sotah 14a; b. Berakhot 32a). **이스라엘을 위하여 자신을 기꺼이 희생하고자 하는 것은 이스라엘의 모든 위인들의 특징이다. 그 위인들, 즉 족장들과 선지자들은 똑같이 행동했다. 또한 몇몇 랍비들도 어떤 경우에 있어서 "보십시오. 나는 이스라엘의 속죄물입니다"**(Mekhilta 2a; m. Negaim 2:1)라고 선언했다.[8]

다시 한 번 말하지만 이것은 신약성경이 아니라 탈무드의 가르침이다. 그리고 바로 이 가르침은 이것이 얼마나 성경적이고 유대적인 교리인가를 우리에게 보여주고 있다.

의로운 순교의 힘

대부분의 유대인들은 기원전 2세기에 이스라엘을 압제하는 헬라의 통치자들에게 대항하여 싸운 숭고한 용사들인 마카비 가문을 알고 있다. 하누카(Hanukkah, 수전절 - 역자 주) 절기에는 그들의 승리를 기념한다. 그러나 우리 가운데 얼마나 많은 사람들이 마카비 4서(기원전 100년에서 기원후 100년 사이에 유대인 저자가 기록함)가 그들의 죽음의 의미에 대하여 무엇을 기록하고 있는지 알고 있는가? 거기에는 그들이 이렇게 기도했다고 기록되어 있다. "우리가 받는 징벌이 그들을 위한 속죄가 되게 하소서. 나의 피로 그들을 정결하

---

8. Solomon Schechter, *Aspects of Rabbinic Theology* (New York: MacMillan, 1909), 310-311, 필자의 강조.

게 하시고, 나의 생명을 그들을 위한 속전으로 취하소서"(마카비 4서 6:28-29). 이 의로운 순교자들에 관하여 이렇게 기록되었다. "그들은 우리 민족의 죄를 위한 속전이 되었고, 이 의로운 자들의 피와 그들의 죽음의 속죄에 의하여 하나님의 뜻이 이스라엘을 구원하셨다"(마카비 4서 17:22).

이 의인의 순교의 개념은 어디서 처음 생긴 것인가? 유대 전통에 의하면, 그것은 이삭이 결박당한 것으로 거슬러 올라간다. 아브라함이 그의 아들을 하나님께 제물로 드리려고 했을 때에 대하여, 이 마카비 4서는 이렇게 기록했다. "이삭은 의를 위하여 자신을 드렸다… 이삭이 자기 아버지의 손에 있는 칼이 자신을 향하여 올라간 것을 보았을 때 그는 두려워하지 않았다"(마카비 4서 13:12; 16:20).

이것이 랍비들이 이해한 것이었다. 그들은 하나님께서 아브라함을 시험하셔서 그에게 모리아 산에서 이삭을 바치라고 명령하셨을 때(창 22)에 이삭이 성인이었다고 믿었다(실제로 그는 37세였다). 성경의 이야기는 아브라함의 순종을 강조했지만, 랍비들은 이삭의 순종 역시 중요하게 생각했다. 어떤 미드라쉬에는 창조의 때에 하나님께서 인간을 만들려고 하실 때에 천사들이 인간을 만드는 의미에 대하여 묻는 이야기가 있다. 하나님의 대답 중 하나는 이것이었다. "나의 이름을 거룩하게 하기 위하여, 아비가 자기 아들을 죽이고, 아들은 그 죽음을 받아들이는 것을 너희가 보게 될 것이다"(Tanhuma, Vayyera, sec. 18). 이것이 바로 최고의 희생제사였다. 하나님의 영광을 위하여 아버지는 자기 아들을 바치고, 아들은 기꺼이 자기의 생명을 드린다. 그렇다. 이것은 복음처럼 들린다. 실제로 미드라쉬는 번제(이삭 자신!)를 위한 나무를 어깨에 메고 간 이삭을 "자기 십자가를 자기 어깨에 메고 간 사람"과 비교했다.[9]

---

[9] 이런 문맥에서 Jon D. Levenson, *The Death and Resurrection of the Beloved Son: The Transformation of Child Sacrifice in Judaism and Christianity* (New Haven, CT: Yale

그리고 여기에 아주 흥미로운 내용이 있다. 이삭이 제물로 바쳐지지 **않았지만** 랍비들은 이렇게 가르쳤다. "성경은 이삭이 죽고 그의 재가 제단 위에 놓인 것으로 인정했다"(창 22:19에 대한 미드라쉬 하가돌[Midrash HaGadol]). 그렇다. "하나님은 이삭의 재가 제단 위에 놓인 것으로 여기셨다"(Sifra, 102c; b. Ta'anit 16a).

그러나 문제가 있었다. 게자 버메쉬 교수는 세계적으로 유명한 초기 유대교 전승 전문가다(이전에 몇 번 언급한 이삭의 결박에 대한 내용은 그의 연구에서 인용한 것이다). 그는 피 흘림 없이 속죄는 있을 수 없다는 성경의 교리 때문에 랍비들이 이것에 대하여 한 걸음 더 들어갈 필요가 있었다고 설명했다.[10] 그래서 랍비들은 이삭이 실제로 그의 피를 흘렸다고 가르칠 필요가 있었다. 그리고 그들은 그렇게 했다!

예수님의 죽음 이후 2백 년이 되기 전에 편찬된 한 고대의 자료는 이렇게 기록했다. "거룩하신 분, 찬양 받으실 분께서 모세에게 말씀하셨다. '나는 제단에서 자기 피의 사분의 일을 내어준 아브라함의 아들 이삭에게 보답하기 위하여 약속을 지킨다'"(Mekhilta d'Rashbi, p. 4; Tanh. Vayerra, sec. 23).[11]

버메쉬는 또 말하기를 "이삭의 결박의 피"가 랍비 이스마엘의 메킬타(Mekhilta of Rabbi Ishmael)라 부르는 초기 유대교의 미드라쉬에서 네 번 언급되었다고 했다. 출애굽기 12장 13절에서 하나님은 이집트 사람들의 장자를 치기 위하여 그 땅을 지나가실 때에 유월절 어린 양의 피를 그 집의 상인방과 문설주에 바른 이스라엘 사람들의 집은 넘어갈 것이라고 이스라엘 사람들에게 약속하셨다. 이 미드라쉬는 그 구절을 이런 뜻으로 해석했다. "'내가 피를 보면, 내가 너를 넘어갈 것이다' — 내가 이삭의 결박의 피를 본다"(I, 57).

University Press, 1993), 105에 인용된 Genesis Rabbah 56:3을 보라.

10. 더 자세한 논의는 Brown, *Answering Jewish Objections to Jesus, Vol. 2: Theological Objections*, 103-123을 보라. 버메쉬는 이것 또한 고대 랍비들의 교리였다고 생각했다.

11. Solomon Buber의 Midrash Tanhuma에 나오는 이 구절에 대한 주석을 참고하라.

하나님은 어린 양의 피를 보고 계신 것이 아니었다. 그분은 이삭의 피를 보고 계셨던 것이다.

버메쉬는 이렇게 말했다.

> 고대 유대교의 신학에 의하면, 어린 양을 바치는 모든 제사 중에서, 그리고 아마도 기본적으로 제물의 속성과 관계 없이 모든 속죄 제사 중에서, 타미드 제사(Tamid offering, 고정적인, 매일 드리는 제사)의 속죄의 효력은 아케다(Akedah, 이삭의 결박), 즉 하나님께서 온전한 번제의 온전한 희생제물로 여기신 그 어린 양이 자신을 드린 것으로 인하여 나타나는 것이다.[12]

이와 함께, 여러 탈굼(Targums, 고대 회당에서 읽었던 것으로 히브리 성경을 아람어로 알기 쉽게 풀어낸 번역본) 중에서 하나는 아브라함의 입에서 다음과 같은 기도가 나왔다고 기록했다. "오 주 하나님, 이제 내가 주님 앞에 긍휼을 구하오니, 이삭의 자녀들이 고통의 때에 이르게 되면, 주께서는 그들의 아버지 이삭이 그들을 대신하여 묶였던 것을 기억하셔서, 그들을 풀어주시고 그들의 죄를 용서하여 주시며 그들을 모든 고통에서 구원하여 주십시오."[13]

이 전통은 탈무드의 랍비인 비비 바르 아바(Bibi bar Abba)의 신년 기도에도 나타났다. "그러므로 이삭의 자녀들이 죄를 범하고 악을 행할 때에, 그들을 대신하여 이삭이 묶였던 것을 기억하시고… 그들에게 온전한 긍휼과 자비를 베풀어 주십시오."[14]

---

12. Geza Vermes, "Redemption and Genesis xxii," 211. 버메쉬의 책에서 내용이 아니라 주로 일부 관련 자료의 연대에 대한 비판적인 의견에 대해서는 Bruce Chilton, "Recent Discussion of the Akedah", *Targumic Approaches to the Gospels: Essays in the Mutual Definition of Judaism and Christianity* (Lanham, MD: University Press of America, 1986), 39-49을 참조하라.

13. 조각 탈굼을 인용한 Vermes, "Redemption and Genesis xxii," 206을 보라.

14. Leviticus Rabbah, 29:9, Vermes, 위의 책, 213에 인용.

이 개념은 유대교의 새해(Rosh Hashanah, 로쉬 하샤나)의 특별 예배에 여전히 포함되어 있는 기도에서 계속해서 이어지고 있다. 그 기도는 이렇게 끝을 맺는다. "오늘 이삭의 결박을 기억하여 주시고 그의 자손들에게 긍휼을 베푸소서." 우리는 이삭의 희생 덕에 용서를 받은 것이다! 또 랍비들은 죽은 자들이 최후에 부활하는 일은 "제단 위에 자신을 바친 이삭의 공로로"(Pesikta de Rav Kahane, 32) 일어날 것이라고 가르쳤다. 나는 성인이 될 때까지 나의 동족 유대인들 가운데 그런 전통이 있었다는 것을 전혀 몰랐다.

앞서 언급한 것처럼, 솔로몬 쉐크터는 "일부 (탈무드의) 랍비들이 어떤 경우에 '보십시오. 나는 이스라엘의 속죄물입니다'라고 선포했다"고 했다. 오늘날에도 한 랍비 지도자가 죽으면 그를 애도하는 사람들이 "그의 죽음이 속죄가 되기를 바랍니다!"라고 말하는 것은 매우 흔한 일이다. 또 홀로코스트 때에 있었던 감동적인 이야기가 있다. 그를 따르는 자들 사이에서는 잘로쉬쩨르 렙베(Zaloshitzer Rebbe)라고 불렸던, 랍비 쉠 클링버그(Rabbi Shem Klingberg)는 그를 죽이려는 나치들에 의하여 끌려나왔다. 그 짧은 순간에, 그가 그의 마지막 기도를 하고 나면 그는 총에 맞아 죽게 된다. 그러나 그는 먼저 멈춰서 자기 눈을 들어 하늘을 보고, 날카로운 목소리로 외쳤다. "나를 이스라엘을 위한 속죄물로 삼아 주소서!"[15] 그렇다. 의인의 죽음이 죄를 속한다는 개념은 유대교의 전통에 깊이 뿌리 박혀 있다.

성경과 랍비 전승 모두는, 어떤 경우에는 죽음이 한 개인의 죄에 대한 징벌로 작용하지만[16], 공동으로 죄를 지은 경우, 어떤 상황에서는 대표적인 죄인들의 죽음이 하나님이 그 공동체 전체에게 내리시는 심판이 되기도 한다는 것을 인정하고 있다.[17] 그렇다면 의인의 죽음은 어떠한가? 어떤 공동체에

---

15. Avraham Yaakov Finkel, *Contemporary Sages* (Northvale, NJ: Aronson, 1994), 84.
16. 예를 들면 창 9:6; m. Yoma 8:8; b. Yoma 85b-86a을 보라.
17. 민 25:1-9을 보라. 이 장에서 다루고 있는 전체 주제에 대한 더 자세한 내용은 Brown, *Answering Jewish Objections to Jesus, Vol. 2: Theological Objections*, 153-167을 보라.

서 가장 의로운 지도자가 자신의 생명을 속죄물로 드린다면 어떻게 되겠는가? 그가 "나를 죽이고, 그들을 보내 주소서"라고 말한다면 어떻겠는가? 그의 죽음은 얼마나 가치가 있는 것인가?

테러범들이 인질을 잡을 때 그들은 지위와 명성이 있는 사람을 인질로 삼아서, 그 한 사람의 생명을 큰 협상 카드로 사용한다. 가톨릭 교회의 눈에 교황의 생명은 얼마나 큰 가치가 있는가? 하시드 랍비의 생명은 그의 제자들에게 얼마나 소중한 것인가? 큰 가톨릭 또는 하시드 공동체에 속한 모든 사람들의 생명이 위협을 받을 때에, 그들의 교황이나 랍비가 그들을 대신하여 **자신의 목숨을 내놓는다면** 어떻겠는가? 그 한 생명, 그리고 죽음이 그를 따르는 수백만 명의 생명보다 훨씬 더 큰 가치가 있는 것으로 여겨지지 않겠는가? 당연히 그럴 것이다. 그리고 그 생명은 훨씬 더 중요한 것으로 여겨질 것이다.

세상을 위한 대속물

하나님의 눈에 그의 의로운 종들의 생명은 큰 가치가 있고, 그들의 죽음은 중요한 의미가 있다. 사실, 유대 전승에는 "조상들의 공로" 또는 "의인들의 공로"에 관한 자료들이 상당히 많다.[18] 그리고 모든 생명 가운데 가장 가치 있는 것은 온전히 의로우신 이, 메시아의 생명이며, 그의 죽음보다 더 중요한 죽음은 없다.

그가 죽었을 때에, 그의 죽음은 온 세상의 죄를 위한 대속물로 치러졌다. 그것이 바로 그가 이 세상에 온 이유다. 그는 섬김을 받으려는 것이 아니라, "섬기고 자기 목숨을 많은 사람들의 대속물로 주려고 하셨다"(막 10:45).

예수님은 우리의 위대한 대제사장으로서 이 일을 행하셨다. 우리는 민수

---

18. 예를 들면, 출 32:7-13에 대한 Rashi의 주석을 참조하라.

기 35장에서 이 깨달음을 얻을 수 있다. 거기서 우리는 대제사장의 죽음이 속죄의 능력이 있음을 발견한다. 여기서 말하는 내용은 의도적인 또는 의도하지 않은 살인에 대한 것이다. 의도적인 살인의 경우, 그 살인한 자는 죽여야 한다. 왜냐하면 "피 흘림이 그 땅을 더럽히며, 피 흘림이 있었던 그 땅은 그 피를 흘리게 한 사람의 피가 아니고서는 속함을 받을 수 없다"(민 35:33).

그 피 흘림으로 더럽혀진 것을 없애는 유일한 방법은 처음에 그 피를 흘리게 한 사람의 피로만 가능하다. 그 외에 다른 방식의 속죄는 허용되지 않는다. 그러나 의도하지 않은 살인의 경우에, 그 살인한 사람은 도피성이라 부르는 보호처로 도망하여, 남은 일생을 그곳에서 지내야 한다(민 35:1-15, 22-25). 그가 그 도피성에서 나올 수 있는 방법은 단 하나 뿐이다. 그것은 대제사장의 죽음이다! "그 고발당한 사람은 대제사장이 죽을 때까지 그의 도피성에 머물러야 한다. 오직 대제사장이 죽은 후에야 그는 자기 소유로 돌아갈 수 있다"(민 35:28).

이것은 매우 중요하다. 의도하지 않게 피 흘림이 일어났다. 어떤 사람이 죽임을 당했고, 그 땅은 더럽혀졌으며, 유일한 속죄 방법은 그 살인한 사람의 죽음이었다. 그러나 그는 죽임 당할 사람이 아니었다. 그 살인은 뜻하지 않게 일어난 것이었다. 그래서 그 죄 없는 살인자는 평생 도피성에서 유배 생활을 하게 되었다. 그것은 그 백성의 대표적인 영적 지도자이며 그 민족을 위하여 중보했던 대제사장이 죽을 때까지 계속된다. 대제사장의 죽음으로 그는 자유하게 된다. 대제사장의 죽음이 그의 죽음을 대신하게 되는 것이다.

탈무드[19]는 이렇게 질문한다. 죄 없는 살인자가 [도피성에] 유배되는 것이 죄를 속하는 것이 아닌가? 대답은 아니오다. "죄를 속하는 것은 그 유배 생활이 아니라 대제사장의 죽음이다." 제사장 문헌 전문가인 제이콥 밀그롬 교수는 다음과 같이 설명했다. "대제사장이 그의 생애에 그가 드리는 제사(의식)

---

19. m. Makkot 2:6; b. Makkot 11b; Leviticus Rabbah 10:6도 참고하라.

로 이스라엘의 죄를 속하는 것처럼(출 28:36; 레 16:16, 21), 그는 그의 죽음으로 살인의 죄를 속한다."[20]

16세기의 영향력 있는 랍비였던 모셰 알셰크(Moshe Alshekh)는 스가랴서 12장 10절에 대한 그의 주석에서 요셉의 자손 메시아의 죽음의 속죄의 능력에 관하여 놀라운 설명을 했다.

> 내가 이제 세 번째 일을 할 것이니, 그것은 "그들이 나를 바라볼 것이다"라는 것이다. 이는 그들이 자기들이 찌른 그 사람, 즉 요셉의 아들 메시아를 볼 때에, 그들이 온전히 회개하여 눈을 들어 나를 볼 것이기 때문이다. 돌아가신 우리의 랍비께서 말하기를, 그가 **이스라엘의 모든 죄를 떠맡고, 죄를 속하기 위하여** 전쟁 중에 죽어서, **그것이 마치 이스라엘이 그를 찌른 것처럼 여겨질 것인데, 그것은 그들의 죄로 인하여 그가 죽었기 때문**이라고 했다. 그리고 **그들에게 그것이 온전한 속죄로 여겨지도록**, 그들은 회개하고 찬양받으실 분을 바라보며, 말하기를 **그들의 죄를 위하여 죽은 그분**으로 인하여 애곡하는 그들을 용서할 사람은 그분 외에는 아무도 없다고 말할 것이다. 이것이 "그들이 나를 바라볼 것이다"가 의미하는 바다.[21]

놀라운 말이다. 그리고 이 말은 크게 존경받는 전통 랍비가 한 말이다.

조하르도 이스라엘을 대신하여 고난받는 메시아의 생생한 그림을 기록했다. 조금 전에 인용한 이사야 53장 5절에 관하여 조하르는 이렇게 기록했다.

---

20. Jacob Milgrom, *The JPS Torah Commentary: Numbers* (Philadelphia: The Jewish Publication Society, 1993), 294. "유대교의 가르침 어디에도 후대의 죄에 대한 희생을 치른다는 내용은 없다"는 반대에 대한 답변은 Brown, *Answering Jewish Objections to Jesus, Vol. 2: Theological Objections*, 165을 보라.

21. David Baron, *The Visions and Prophecies of Zechariah* (repr., Grand Rapids, MI: Kregel, 1972), 442에 인용되었다. 필자의 일부 수정 및 강조.

메시아가 (질병의 아들들[병든 사람들 - 역자 주]의 방으로) 들어가서 이스라엘의 모든 질병과 모든 고통과 모든 고난을 불러 자기에게 오도록 하자, 그 모든 것이 그에게 왔다. 만일 그가 그렇게 이스라엘에게 안식을 가져오고 고들의 고통을 자신이 떠맡지 않았다면, 이스라엘이 겪어야 했을 그 고통을 누구도 견디지 못했을 것이다. 그것은 그들이 토라를 무시했기 때문이다.[22]

메시아께서 우리를 대신하여 고통을 받지 않으셨다면, 우리는 오래 전에 멸망했을 것이다.

그러므로 "기독교의 복음"은 실제로는 유대적인 것이고, 진정한 의인, 우리의 위대한 대제사장이며 온전한 희생제물인 메시아의 죽음이 죄를 속하는 것이다. 이것은 하나님께서 싫어하시는 가증한 풍습인 인간을 바치는 제사가 아니다. 이것은 우리의 의로운 메시아께서 자신을 온 인류를 위한 대속물로 주신 것이다. 그리고 이것은 선지자 이사야의 말에 의하면, "죄를 위한 제물"(사 53:10, ESV 성경; 히브리어로 아샴), 즉 우리 모두의 죄를 위한 제물이 되신 것이다.

이것이 온 유대 세계에 선포되어야 할 비밀이다.

---

22. Patai, *The Messiah Texts*, 116을 보라.

12

제사장 메시아의 비밀

성경의 메시아를 믿는 모든 사람들은 그를 가리키는 **왕에 대한** 예언, 즉 그가 왕이 될 것이라는 예언을 받아들인다. 그런데 고난을 받고 죽기까지 하는 한 사람에 대하여 말하는 예언들은 어떠한가? 이 구절들이 메시아와 무슨 상관이 있는가? 그 대답은 고난과 죽음에 대한 예언들은 메시아의 제사장적 임무를 가리킨다는 것이다. 왜냐하면 백성들을 위하여 중보하고 그들의 죄를 속하는 것이 대제사장의 임무였기 때문이다.[1]

고대 이스라엘에서 왕들과 제사장들은 모두 맡은 일을 위하여 기름 부음을 받았다. 그리고 기름 부음 받은 자라는 뜻을 나타내는 단어는 마쉬아흐(mashiach)인데, 여기서 메시아(Messiah)라는 단어가 나왔다(헬라어로는 그리스도[Christ]다). 그러므로 그런 의미에서 왕들과 제사장들은 모두 "기름 부음 받은 자들"이었다. 그러나 제사장 메시아에 대한 증거는 이보다 훨씬 더 위로 거슬러 올라간다. 그리고 1세기까지 **왕** 메시아만이 아니라 **제사장** 메시아가 올 것이라는 믿음이 널리 퍼져 있었다.

우리가 이전에 지적한 것처럼(10장을 보라), 사해문서를 쓴 신앙심이 깊은 유대인들은 아론과 이스라엘의 메시아라는 두 종류의 메시아적 인물을 찾고 있었다.[2] 여기에 더하여, 1세기의 중요한 문서인 열두 족장의 증언(Testaments

---

1. 예를 들면, 출 28-29; 레 16을 보라.
2. 사해문서의 저자들이 아론과 이스라엘의 **한** 메시아를 기다렸다는 개념에 대한 반박은 Collins, *The Scepter and the Star*를 보라. L. H. Schiffman, "Messianic Figures and Ideas in the Qumran Scrolls," in Charlesworth, *The Messiah*, 116-129도 보라. 다른 쿰란의 문서들이 다섯 계통의 메시아와 제사장을 언급하고 있다는 것도 주목할 만하다(Collins, *The*

of the Twelve Patriarchs)도 이 제사장 메시아(레위 지파에서 나오는)와 고대하던 왕 메시아(유다 지파에서 나오는)에 대하여 말하고 있으며, 두 사람 모두를 찬양하는 표현으로 기록했다.[3] 이런 개념들은 근본적으로 히브리 성경에서 나온 것이지만, 랍비 유대교는 제사장 메시아에 대하여 거의 잊어버리게 되었다.[4]

그러면 이 제사장 메시아라는 개념의 성경적 배경은 무엇인가? 시편 110편 4절에 의하면 주님은 예루살렘의 다윗 가문의 왕이 멜기세덱의 계열을 따라 영원한 제사장이 될 것이라는 확실한 맹세를 하셨다. (멜기세덱은 고대에 살렘 혹은 예루살렘의 제사장이자 왕이었다; 창 14). 이 시편에 기록된 것처럼 "주께서 맹세하시고 그의 마음을 바꾸지 않으실 것이다. '너는 멜기세덱의 계열을 따라 영원한 제사장이 될 것이다'"(시 110:4). 다시 한 번 말하면, 그 **왕**은 영원한 **제사장**이 될 것이다.

문제는 이스라엘의 정통성이 있는 왕들은 유다 지파에서 난 다윗의 자손인 반면, 제사장들은 레위 지파에서 난 아론의 자손이라는 것이다. 그러면 어떻게 왕이 제사장이 될 수 있는가? 이제 이 질문을 마음 속에 담아두고 성경의 증거를 살펴보자.

시편 110편의 한 해석에 의하면, 이 하나님의 맹세는 영감을 받은 한 궁정 시인이 다윗에게 말한 것이고, 그렇다면 다윗이 제사장과 왕으로 선포된 것이다. 또 다른 해석에 의하면, 이 시편 전체는 다윗이 메시아에 대하여 말한 것이다. 그래서 서두에 나오는 "주께서 내 주에게 말씀하시기를 '내가 네

Scepter and the Star, 74-101을 보라).

3. 중요한 발췌문에 대해서는 Patai, *The Messiah Texts*, 191-192을 보라. 열두 족장의 유언의 전문은 다음의 자료들을 보라. James H. Charles-worth, ed., *The Old Testament Pseudepigrapha*, Volume One (Garden City, NY: Doubleday, 1983), 775-828 (ed. and trans. by H. C. Kee, 그는 이것의 기본적인 내용의 기록 연대를 기원전 100년경으로 본다); H. F. D. Sparks, ed., *The Apocryphal Old Testament* (Oxford: Clarendon, 1984), 505-600 (trans. by M. de Jonge).

4. 이와 관련된 드문 예로 Avot d'Rabbi Nathan 34:6을 보라.

원수들을 네 발판으로 만들 때까지 너는 내 오른편에 앉아 있으라'"(시 110:1)는 다윗이 한 말이며, 하나님께서 다윗의 주 메시아에 대하여 약속을 선포하신 것으로 이해되었다.[5] 그리고 멜기세덱처럼 영원한 제사장으로 세워진 이는 왕 메시아로, 이것이 성경에서 가장 처음 언급된 제사장 왕이다.

어느 경우든지, 다윗이 제사장의 역할을 했다는 것은 흥미로운 일이다. 예를 들면, 다윗은 제물을 드렸는데(삼하 24:25 등을 보라), 이것은 오직 제사장들만이 행할 수 있는 하나님께 제사 드리는 일이다.[6] 또 사무엘하 8장 18절에 의하면 다윗의 아들들은 제사장이었다[7](개역개정에는 '대신들'로 번역되었지만 히브리 성경에는 '코하님', 즉 '제사장들'이라고 기록되었다 - 역자 주). 그러므로 메시아의 원형인 다윗은[8] 제사장 왕이었던 것이다. 그러나 아직 살펴봐야 할 성경적 증거들이 더 있다.

스가랴서 3장 8절에 기록된 예언적 환상에 의하면, 주께서 이렇게 말씀하셨다. "대제사장 여호수아야, 너와 네 앞에 앉은 네 동료 제사장들은 잘 들어라! 그 사람들은 내가 나의 종인 싹이 나게 할 것에 대한 징표다"(NJV 성경). 이 "싹"은 누구인가? 그는 다름 아닌 다윗의 자손 메시아이며, 이것은 성경

---

5. 예를 들면, Midrash Tehillim 2:9; 18:29을 참조하라. 시 110을 아브라함에게 적용하는 미드라쉬적 해석에 대한 반박은 Brown, *Answering Jewish Objections to Jesus, Vol. 3: Messianic Prophecy Objections*, 139-140을 보라. 나는 여기서 그런 해석에 대하여 "터무니 없을 정도로 흥미롭다"고 했다.

6. 중요한 것은 다윗 바로 전의 왕인 사울 왕이 제사장적 권한이 없는데도 희생제물을 드린 일로 큰 곤경에 빠진 것(삼상 13:14)과, 웃시야처럼 신실한 왕이 제사장의 직무를 침해하려고 한 일로 하나님의 벌을 받았다는 것(성전에서 분향하려고 한 일, 대하 26:16-26을 보라)을 알아야 한다.

7. 더 자세한 논의는 Brown, *Answering Jewish Objections to Jesus, Vol. 1: General and Historical Objections*, 86, 226의 주 35를 보라.

8. 전통 유대교 및 기독교 학자들 모두가 이것을 인정하고 있다. 메시아 왕이 실제로 "다윗"으로 불린 중요한 구절들은 렘 30:8-9; 겔 34:20-24; 37:24-28; 호 3:5을 보라. 사 9:5-6[6-7]; 11:1; 렘 23:5; 30:20-26 등의 구절도 참고하라.

주석가들에 의하여 널리 인정된 바다.⁹ New Jewish Version 성경은 이것에 대하여 간단히 "즉, 다윗의 계보에서 나올 미래의 왕. 슥 6:12; 렘 23:5-6, 33:15-16을 보라; 사 11:1을 참고하라"고 설명했다. 그러므로 대제사장과 그의 동료 제사장들은 싹, 즉 다윗의 자손 메시아가 오는 것에 대한 징표다.

스가랴서의 바로 다음 장에서 선지자는 또 다른 흥미로운 환상을 보고 천사에게 묻는다. "'하나는 등잔대 오른쪽에 있고 하나는 왼쪽에 있는 저 두 올리브나무는 무엇입니까? … 두 금관으로 금을 흘려주는 올리브나무의 두 가지는 무엇입니까?' 그가 나에게 물었다. '너는 그것들이 무엇인지 알지 못하느냐?' 내가 대답했다. '내 주여, 모릅니다'"(슥 4:11-13, NJV 성경).

이 두 개의 상징이 의미하는 것은 무엇인가? "그러자 그가 대답했다. '그들은 온 세상의 주를 섬기는 기름 부음 받은 두 고관들이다'"(14절). New Jewish Version 성경에 의하면 이것은 "대제사장과 왕… 직역하면, '기름의 아들들'"을 가리킨다.¹⁰ 이 두 명의 핵심적인 인물들이 함께 등장하는 것을 다시 한 번 볼 수 있다.

그러나 가장 중요한 장면은 스가랴서 6장 11-13절에서 볼 수 있다. 여기서 선지자는 다음과 같은 명령을 받는다.

> (사로잡혀 간 유대인들 가운데서) 은과 금을 취하여 면류관을 만들고, 그것을 여호사닥의 아들 대제사장 여호수아의 머리에 씌워라. 그리고 그에게 말하라. "만군의 주께서 말씀하신다. '보라, 싹이라 이름하는 사람이 있으니, 이는 그가 자기 곳에서 돋아날 것이기 때문이며, 그가 주의 전을 건축할 것이다. 그가 주의 전을 건축하고 왕의 영광을 가져 그의 보좌에 앉아 다스릴 것이다. 그리

---

9. 탈굼 요나단은 실제로 "싹" 대신에 "메시아"로 기록했다.
10. Avot d'Rabbi Nathan 34:6, 주 381을 참조하라. 여기서 두 "기름의 아들들"은 아론과 메시아로 해석되었다.

고 그의 보좌에 제사장이 있으리니, 둘 사이에 평화의 논의가 있을 것이다.'"

— ESV 성경

여기서 무슨 일이 일어나고 있는지 알겠는가? (1) 선지자가 대제사장 여호수아의 머리에 **면류관**을 씌우라는 명령을 받는다(면류관을 쓰는 사람은 왕이며, 제사장은 그렇지 않다!). (2) 그 대제사장은 싹이라 불린다. 이것은 메시아를 나타내는 상징적인 이름인데 메시아는 왕이다. (3) 이 대제사장에 대하여 이렇게 말씀하셨다. "그가 그의 보좌에 앉아서 다스릴 것이다. 그리고 그의 보좌에 제사장이 있을 것이다." 면류관을 쓴 제사장이 보좌에 앉아서 다스린다? 이것이 어떻게 가능할 수 있는가? 이 본문은 다음과 같이 끝난다. "둘 사이에 평화의 논의가 있을 것이다", 즉 제사장과 왕 사이를 말하는데, 둘 다 대제사장 여호수아를 나타내는 것이다. 그는 상징적으로 싹이라 불렸으며, 이것은 제사장 왕인 메시아가 성육신한 것을 말한다.

두 메시아… 또는 한 메시아?

사해문서와 열두 족장의 증언에 보존된 후대 유대교 전통은 다윗의 계보에서 나오는 왕 메시아와 아론의 계보에서 나오는 제사장 메시아라는 두 메시아에 대하여 말하면서, 이 제사장적 인물의 중요성을 인정하고 있다. 그에 반하여, 전통 유대교 문헌은 오직 다윗의 자손 메시아에 대해서만 말하고, 제사장 메시아에 대한 안목은 잃어버렸다(일부 문서에서는 요셉의 자손 메시아도 말한다; 10장 "고난 당하는 메시아의 비밀"을 보라).[11]

---

11. 또 기억해야 할 것은 2차 성전 시대, 특히 하스모니아 왕조 시대에 유대 백성을 다스리던 왕은 실제로는 대제사장이었다. 그리고 시몬의 때(기원전 143/2-135/4년)부터 대제사장직은 세습이 되어 요한 히르카누스 1세, 2세와 아리스토불루스까지 이어졌다(문제의 시기 전체에 대해서는 Schürer, et al., *History of the Jewish People*, 1:137-242을 보라).

그러나 사실은 이 모든 전통들이 잃어버린 무언가가 있다. 성경은 오직 다윗의 계보에서 나오는 왕이라는 한 메시아에 대하여만 말하고 있다. 그러나 이 메시아가 제사장이기도 하다는 것은 분명하다. 그래서 다윗은 제사장 왕의 원형을, 여호수아는 왕 제사장의 원형의 역할을 했고, 예수-예슈아는 이 두 개의 그림을 성취하셨다.

그러나 이것이 끝이 아니다. 제사장과 왕으로서의 메시아의 이미지를 구체적으로 나타낸 인물이 이 사람 여호수아(히브리어로 '예호슈아')는 히브리 성경에서 보통 더 짧은 형태의 이름으로 언급되는데 그 이름은 예슈아다![12] 그렇다. 싹이라 불리고, 대제사장으로서 면류관을 쓰고 보좌에 앉았으며, 왕과 제사장이 하나가 되었고, 메시아의 원형이 된 이 사람은 예슈아라고 불렸다. 정말 놀라운 일이다!

예수-예슈아는 우리의 위대한 대제사장으로서 이 땅에 오셔서 고난을 당하시고 죽으심으로, 제사장이 해야할 일을 하셨다. 그것은 죄를 속하고, 우리의 죄악을 떠맡으시며, 죄인들을 위하여 중보하는 것이다. 그것은 이사야 53장 12절(NJV 성경)에 잘 표현되어 있다.

> 그가 자신을 사망에게 드러내고
> 죄인들 가운데 계수되었다.
> 그러나 그는 많은 사람들의 죄악을 떠맡고
> 죄인들을 위하여 중보하였다.

그는 다윗의 자손 메시아로서 유대인들의 왕으로 태어나 유대인들의 왕으

---

12. 랍비 이쯔학 카두리(이스라엘에서 가장 존경받는 신비주의 교사로 2006년에 약 110세의 나이로 세상을 떠났다)가 메시아를 만났는데 그의 이름이 예호슈아였다는 이야기의 예로, WND.com, "Messiah Mystery Follows Death of Mystical Rabbi," May 18, 2007, http://www.wnd.com/2007/05/41669/ (2012년 2월 25일 접속)을 보라.

로 죽으셨다.[13] 그러나 그는 제사장 왕이었으며, 그의 처음 사명은 죄의 문제를 해결하는 것이었다. 그의 제사장의 사역의 온전한 결과가 온 세상에 끼치면, 그는 그의 나라를 이루기 위하여 돌아오실 것이다.

신약의 서신서인 (믿는 유대인들을 대상으로 기록된) 히브리서는 "이 예수는 우리가 하나님의 사자와 대제사장으로 선포한 분"이라고 말한다. 또 말하기를 "우리에게는 하늘에 들어가신 위대한 대제사장이 계시니, 하나님의 아들 예수라", 그는 "우리의 약함을 아시니, 이는 그가 우리가 받은 것과 동일한 모든 시험을 받으셨으나 죄는 짓지 않으셨다"(히 3:1; 4:14-15, NLT 성경)고 했다. 그렇다. "그는 우리에게 필요한 대제사장이시니 그는 거룩하고 흠이 없으며 죄로 더럽혀지지 않았기 때문이다. 그는 죄인들과 구별되시고 하늘에서 가장 높은 영광의 자리를 얻으셨다"(히 7:26, NLT 성경).

예슈아의 제사장으로서의 사역의 영향력에 대하여 생각해 보라.

만일 (토라의 의례를 따라) 부정한 자들에게 염소와 황소의 피와 암송아지의 재를 뿌리는 의식으로 그들의 외적인 정결함을 회복한다면, 영원하신 성령으로 자신을 흠 없는 제물로 하나님께 드린 메시아의 피는 죽음으로 인도하는 행위에서 우리의 양심을 더욱 정결하게 하여 우리가 살아 계신 하나님을 섬길 수 있게 하지 않겠느냐!

— 히브리서 9:13-14, CJB 성경

정말로 놀라운 대제사장이시다!

히브리서의 말씀을 한 번 더 인용한다. "사람이 한 번 죽고, 그 후에 심판이 있는 것처럼, 메시아께서도 많은 사람들의 죄를 떠맡기 위하여 한 번 드려졌고, 죄를 해결하기 위함이 아니라 그를 간절히 기다리는 자들을 구원하

---

13. 예를 들면, 마 2:2; 27:11, 29, 37을 보라.

시기 위하여 두 번째 나타나실 것이다"(히 9:27-28, CJB 성경).

사해문서는 그것을 온전히 설명하지 못했고 탈무드와 랍비들의 글도 마찬가지다. 그러나 히브리 성경은 기초를 놓고 그 길을 가리켰으며, 메시아 예슈아께서 오셔서 그 일을 행하셨고, 신약성경의 저자들은 후대를 위하여 유대인들에게 보내는 서신에 우리의 위대한 대제사장에 대한 이 놀라운 깨달음을 보존하여 기록했다. 왜냐하면 모든 민족 가운데 그들이 자기들이 읽는 것의 중요한 의미를 이해할 것이기 때문이다.

메시아는 왕이며 제사장이다. 이것이 왜 비밀이어야 하는가?

13

모세보다 위대한 선지자의 비밀

이스라엘 자손에게 위기가 왔다. 주의 강한 손으로 그들을 이집트에서 이끌어 내고, 그들에게 하나님의 뜻을 선포한 그들의 강력한 구속자 모세가 죽을 때가 가까이 왔다. 그들은 어떤 일이 있어도 그들이 해서는 안 되는(신 18:9-14), 이교도의 풍습으로 가득한 땅인 가나안 땅에 들어가기 직전이었다. 그러면 그들은 어떻게 하나님의 음성을 듣고 그의 뜻을 알 수 있는가? 그들은 이교도들이 행하는 일, 점치는 자, 마녀, 점성술가, 점쟁이들에게 가서 물을 수 없었고, 그들의 선지자 모세는 그곳에 존재하지 않을 것이다. 그들은 어떻게 해야 하는가?

주님은 그들을 홀로 남겨두지 않으셨다. 모세도 그들에게 그것을 확실히 말했다. "네 하나님 여호와께서 너희를 위하여 네 형제들 가운데 나와 같은 한 선지자를 일으키실 것이다. 너희는 그의 말을 들어야 한다"(신 18:15). 또 주님은 직접 이렇게 말씀하셨다. "내가 그들을 위하여 그들의 형제들 가운데 너와 같은 선지자 하나를 일으킬 것이다. 내가 나의 말을 그의 입에 넣어주고, 그는 내가 그에게 명한 모든 것을 그들에게 말할 것이다"(신 18:18).

주님은 그 말씀을 지키셨는가? 한편으로 지키셨다. 수백 년 동안 여호수아, 사무엘, 엘리야, 이사야와 같은 선지자들을 일으키셨다. 그러나 다른 한편으로는 뭔가가 빠졌다. 이 말씀을 자세히 보라. "네 하나님 주께서 너희를 위하여 **나와 같은 한 선지자를 일으키실 것이다**… 내가 그들을 위하여 **너와 같은 선지자 하나를 일으킬 것이다**"(신 18:15, 18). 그런데 우리는 신명기의 마지막에서 이런 말씀을 읽는다. 이것은 "구약" 시대 전체에 대하여 말한 것이다.

그 이후로, **이스라엘에서 모세와 같은 선지자가 일어난 적은 없었다**. 그는 주께서 얼굴을 마주보고 아시던 자이며, 주께서 그를 이집트로, 바로와 그의 모든 신하와 그의 온 땅에 보내셔서 행하게 하신 모든 표징과 기적을 행한 자다. 온 이스라엘의 눈 앞에서 모세가 행한 강한 권능을 보이거나 놀라운 일들을 행한 사람은 한 사람도 없었다.

— 신명기 34:10-12[1]

모세와 같은 선지자는 어떻게 된 것인가?

전통 유대교의 생각은 모세와 같은 또 다른 선지자는 절대 없을 것이며, 토라가 약속한 것은 오직 모세와 같은 역할(백성들에게 하나님의 말씀을 대언하는 자)을 하는 선지자(또는 선지자 계열)이고, 실제로 그와 같은 수준은 아니라는 것이다. 이것은 실제로 유대교의 신앙에서 근본적인 원리로 굳어졌다. 그래서 모세 마이모니데스(1135-1204)가 정한 신앙의 열세 가지 원리 중 일곱 번째 원리는 다음과 같다. 모세는 "그의 이전과 이후의 모든 선지자들의 아버지다. 그는 다른 선지자들과는 질적으로 수준이 달랐고, 그의 이전과 이후에 하나님에 대한 지식이 있는 모든 사람들 가운데서 택함을 받았다. 그것은 그

---

1. Prof. Jeffrey H. Tigay는 *The JPS Torah Commentary: Deuteronomy* (Philadelphia: The Jewish Publication Society, 2003)에서 다음과 같이 말했다. "34:10에 기록된 것처럼, 이후의 어떤 선지자도 모세와 '같은' 선지자가 될 수 없을 것이다. 여기서 비교하는 것은 단지 모세가 하나님의 대언자로서 행한 선지자적 **역할**을 말하는 것이다." 그러나 각각에 사용된 *qwm*, 일어나다와 "(모세)와 같은"이라는 표현은 너무나 유사하다. 그래서 유대 백성이 그 선지자를 찾기 시작했다고 생각하는 것이 타당할 것이다. Michael Rydelnik, *The Messianic Hope: Is the Hebrew Bible Really Messianic* (Nashville: B&H Academic), 58-64을 보라. 구약성경의 정경화가 끝난 후에, 이 구절이 어디에 기록되어 있든지 그것의 의미는 분명했다. 만약 구약 시대에 그런 선지자가 일어났다면, 이 구절은 어떤 의미도 없었을 것이다. Tigay는 *Deuteronomy*, 338에서 이렇게 말했다. "그 구절(신 34:10)은 여호수아를 모세와 대비시킨다. 여호수아가 모세의 뒤를 이었지만, 그와 그 후에 어떤 선지자들도 모세와 비교될 수 없었다."

가 하나님을 아는 지식이 가장 탁월했기 때문이다."²

이 평가는 옳은 것인가? 물론 그렇지 않다. 첫째로, 신명기 18장에 나오는 약속은 매우 구체적이며(하나님께서 모세와 같은 한 선지자를 세우실 것이라고 두 번 반복해서 말씀하셨다), 신명기에 기록된 현실은 명백하게 대조를 이루고 있다(모세와 같은 선지자는 없었다). 그래서 이스라엘 사람들이 수백 년 동안 "지금 있는 이 선지자는 모세와 같은 자가 아니다! 그 약속은 어떻게 된 것인가?"라고 말했을 것은 당연한 일이다.

둘째로, 예수님께서 나타나시기 전까지, 많은 유대인들이 한두 명의 메시아적 인물과 함께 위대한 마지막 때의 선지자가 일어날 것을 기대하고 있었다는 강력한 증거가 있다.³ 나는 오늘날 대부분의 유대인들이 이것에 대하여 전혀 알지 못한다고 감히 말할 수 있다. 그러나 2천 년 전에는 우리의 유대인 선조들 가운데 상당수가 이것을 믿었다. 사해문서와 다른 많은 고대 유대교 자료들이 이것을 명확하게 가리키고 있으며, 그 자료들 중에서 적어도 하나는 하나님께서 모세와 같은 한 선지자를 일으키실 것이라고 약속하신 신명기 18장 18-19절을 언급하고 있다.⁴

사해문서에서 가장 유명한 문서 가운데 하나인 공동체 규율(Community Rule, 훈육 지침[Manual of Discipline]이라고 불리기도 한다)에는 이렇게 기록되어 있다. "그들은 율법의 조언에서 떠나 자기 마음의 완악함을 따라 걸어서는 안 된다. 그들은 공동체의 사람들이 처음 배운 기초적인 교훈을 따라야 하며, **그 선지자** 및 아론과 이스라엘의 메시아들이 **오기까지** 그렇게 해야 한다"(1 QS 9:11).⁵

사해문서의 권위자로 인정 받는 예일 대학교의 존 콜린스 교수(John J.

---

2. Shapiro, *The Limits of Orthodox Theology*, 87-90을 참조하라.
3. 12장의 주 2를 보라.
4. 마카비 1서 4:46; 14:41을 참고하라.
5. Collins, *The Scepter and the Star*, 79의 번역.

Collins)는 이렇게 말했다. "이런 기대에 대한 성경적 근거는 (사해문서의 또 다른 문서인) Testimonia에서 볼 수 있으며, 여기에는 여러 성경 구절들이 해석 없이 함께 기록되어 있다."[6] 이 성경 구절들에는 하나님께서 이스라엘에게 그들을 위하여 모세와 같은 한 선지자를 일으키실 것이라고 약속하신 신명기 18장 18-19절과 민수기 24장 15-17절(메시아 왕에 대한 내용으로 보인다)과 신명기 33장 8-11절(이전 장에서 말한 메시아 제사장에 대한 내용으로 보인다)도 포함되어 있다.[7] 이 선지자에 대하여 말하는 흥미로운 내용이 마카비 1서 14장 41절(4:46도 보라)에도 나오는데, 이것은 예슈아의 시대보다 약 백 년 정도 전에 기록되었다. 여기에는 "한 신실한 선지자가 일어날 때까지" 어떤 유대교 지도자가 있을 것이라고 기록되어 있다.

이제 확실한 것은, 예수님의 시대에 이르기까지, 유대인들이 단지 메시아(들)의 오심만을 기다린 것이 아니었다. 그들은 또한 마지막 큰 선지자, 최후의 선지자, 즉 모세와 같은 선지자를 찾고 있었다. 이것에 대하여 신약학자인 대럴 보크는 이렇게 말했다. "유대교에서 마지막 때에 모세와 같은 인물이 나타날 것에 대한 기대는 일반적인 것이었다… 사마리아 사람들은 이 본문(신명기 18장)이 타헵(*Taheb*)으로 알려진 회복자를 가리키는 것이라고 했다."[8]

마지막 때의 선지자

이제 신약성경에 이르면, 우리는 이 마지막 때의 큰 선지자의 개념이 거

---

6. 위의 책; 다음의 내용도 참고하라. Fitzmyer, *The One Who Is to Come*, 89, "**한 선지자**(당연히 신 18:15, 18의 모세와 같은 선지자)…"
7. Collins, *The Scepter and the Star*, 79-80; 더 자세한 내용은 128-131을 보라.
8. Bock, Acts 178-179과 참고문헌을 보라. Howard M. Teeple, *The Mosaic Eschatological Prophet* (Philadelphia: Society of Biblical Literature, 1957)도 참고하라.

의 당연한 것으로 받아들여지고 있다는 것을 보게 된다.

- 요한복음 1장 21절에서 유대교 지도자들은 세례 요한이 누구인지를 알아내려고 했다. 그들이 그에게 그가 메시아인지 묻자 그는 아니라고 대답했다. "그들이 그에게 물었다. '그러면 당신은 누구요? 당신이 엘리야요?' 그가 대답했다. '아니오.' **당신이 그 선지자요?** 그가 대답했다. '아니오.'" 보았는가? "요한, 당신이 그 선지자요?" 그냥 단순한 선지자를 묻는 것이 아니었다.

- 요한복음 6장 14절에 의하면, 예수님께서 수천 명의 사람들에게 먹을 것을 주시는 기적을 베푸신 후에, 사람들이 이렇게 말하기 시작했다. "분명 이 사람이 세상에 오실 **그 선지자다**."

- 요한복음 7장 40절에서 예수의 말씀을 들은 무리 가운데 어떤 사람들이 말했다. "이 사람이 정말로 **그 선지자다**." 그런데 다른 사람들은 그분이 메시아라고 생각했다(41절).

- 누가복음 7장 16절에서도, 예수아께서 죽은 자들 가운데서 과부의 아들을 일으키시자, 사람들이 "두려움에 가득하여 하나님을 찬양하였다. 그들이 말하기를 '**큰 선지자**가 우리 가운데 나타나셨다. 하나님께서 자기 백성을 도우시려고 오셨다.'"

베드로는 이런 기대를 알고 있었다. 그래서 그는 예슈아께서 부활하시고 약 50일 후에 샤부옷(오순절)을 지키기 위하여 성전에 모인 유대인 무리에게 이렇게 선포했다.

모세가 말하기를 "주 너희 하나님이 너희를 위하여 너희 백성 가운데 나와 같은 한 선지자를 일으킬 것이다. 너희는 그가 너희에게 말하는 모든 것을 들어라. 누구든지 그의 말을 듣지 않는 자는 그의 백성 가운데서 완전히 끊어질 것이다" 하였다. 사무엘과 이후의 모든 선지자들이 이 때를 예언하였다.

— 사도행전 3:22-24

그러나 베드로는 다른 것을 알고 있었다. 그 시대의 많은 유대인들이 이 마지막 때의 큰 선지자와 함께 왕 메시아와 제사장 메시아를 기다렸던 반면, 베드로는 이 주요 인물들이 같은 사람이라는 것을 알았다. 그분은 제사장 메시아이고 왕 메시아이며 모세와 같은 선지자인 예슈아다. 그러나 여기서 끝이 아니다. 성경은 분명히 말하기를 메시아께서는 모세보다도 더 크다고 했다. 즉, 우리의 메시아이신 예슈아는 모세와 같은 선지자인 것만이 아니라, 모세보다 더 위대하신 분이다.

메시아닉 유대인 학자인 데이빗 스턴은 이것을 잘 설명했다.

예슈아는 "모세와 같은 선지자"였는가? 그렇다. 그리고 그 이상이다. 선지자는 하나님을 대신하여 말씀을 전한다. 예슈아도 그러셨다. 그러나 그는 또한 하나님으로서 말씀하셨다. 그는 모든 선지자들처럼, 아버지께서 그에게 주신 말씀을 말했다. 그러나 그와 아버지는 하나다(요 10:31). 모세는 속죄를 위한 제사의 체계에 대하여 설명했다. 예슈아는 죄를 해결하기 위한 마지막 제물이었고, 그 속죄의 능력은 영원한 것이었다. 모세는 코하님(제사장) 제도를 만들었고, 그의 형 아론은 성막의 최초의 코헨 가돌(대제사장)이었다. 부활하신 예슈아는 땅의 성막이 모델로 삼은(히 7-10) 하늘의 성막의 영원한 코헨 가돌이다. 예슈아는 모세가 말한 그 어떤 것과도 모순되지 않는다. 오히려 그는 토라를 더 분명하게 적용하고(마 5:21-7:29) 때로는 자신이 직접 그 적용이 됨

으로, 토라를 더 명확하게 하고 더 강화시켰다(마 5:17-20).[9]

그러나 이것이 전부가 아니다. 이사야 52장 13절에 대한 랍비들의 유명한 설교(미드라쉬)가 있다. 이 구절은 전통 유대교의 사상에서도 메시아와 관련된 구절로 자주 언급된다. 그 구절은 "보라, 내 종이 지혜롭게 행할 것이다. 그가 높여지고 들려져서 지극히 존귀하게 될 것이다"[10]라고 기록되어 있다. 미드라쉬는 이 구절에 대하여 이렇게 설명했다.

큰 산아 네가 무엇이냐?(슥 4:7). 이것은 왕 메시아를 말한다. 그는 왜 그를 "큰 산"이라고 불렀는가? 왜냐하면 그는 족장들보다 크기 때문이다. 기록하기를 "**내 종이 높여지고 들림을 받아 지극히 존귀하게 될 것이다**" 하였다. 그는 "내가 내 손을 주께 **높이** 듭니다"(창 14:22)라고 말한 아브라함보다 높아질 것이다. 그는 "**그것을 들어** 주의 품에 품으시고"(민 11:12)라고 말한 모세 위로 들려질 것이다. 그는 "그들의 바퀴는 **높고** 두려우며"(겔 1:18)라고 기록된 섬기는 천사들보다 존귀할 것이다. 그러면 그는 누구에게서 나오는가? 다윗에게서 나온다. (Yalqut Shim'oni, 2:571)[11]

---

9. *Jewish New Testament Commentary*, 231.

10. 이것은 필자가 히브리어를 번역한 것으로 다음에 나오는 미드라쉬의 영어 번역과 더 유사하다. 두 본문의 히브리어 문장은 동일하다.

11. Driver and Neubauer, *The Fifty-Third Chapter of Isaiah According to the Jewish Interpreters*, 2:9의 번역. 여기서 미드라쉬가 사 52:13을 근거로 이런 높임을 메시아에게 돌리는 이유는 무엇인가? 이사야의 다른 곳에서 이런 찬양의 표현(높이다, 들어올리다, 존귀하다)은 오직 하나님께만 사용되었을 것이다. 사실, 이사야서 전체에서 주님을 포함하여 누군가에게 이런 표현을 사용한 곳은 없다고 할 수 있다. 그러므로 이 구절은 당연히 미드라쉬를 설교하고 기록하는 사람들의 관심을 끌었을 것이다. 하나님은 모든 높고 교만한 자들을 심판하실 것이라고 약속하셨지만(사 2:12-14을 보라), 주님은 높고 존귀하신 분이라 일컬음 받기에 합당하다(사 6:1; 57:15을 보라. 또 사 33:10; 5:16을 참고하라).

실제로 많은 권위 있는 랍비 지도자들이 이 미드라쉬의 일부분에 근거하여 모세보다 위대한 선지자는 일어나지 않을 것이라는 마이모니데스의 견해에 반대했다. 그들은 메시아가 하나님에 대한 더 온전한 지식을 가질 것이고 더 높은 수준의 예언을 할 것을 인정했다.[12] 아주 흥미로운 이야기다!

이제 아브라함보다 크고, 모세보다 크며, 심지어 섬기는 천사들보다도 더 큰, 왕 메시아를 집중적으로 살펴보자. 모세와 같은, 그리고 모세보다 위대한 선지자의 비밀은 이것이다. 그는 메시아, 이스라엘의 왕 예슈아다. 이제 그 진리를 파헤쳐 보자.

---

12. Shapiro, *The Limits of Orthodox Theology*, 87-91을 보라. 그는 Nachmanides, Gersonides, Joseph Albo, R. Tsevi Hirsch Chajes를 언급했다.

14

6000년의 비밀

나는 이제 흥미로운 탈무드 전통과 함께 18-19세기에 가장 위대한 랍비 학자인 빌나 가온(Vilna Gaon)의 글에 나오는 그 전승에 대한 더 흥미로운 해석을 나누려고 한다. 탈무드에는 이렇게 기록되어 있다.

> 세상은 6000년 동안 존재할 것이다. 2000년은 황폐함의 시대이고(아담부터 아브라함까지), 2000년은 토라의 시대이며(아브라함부터 대략 기원 원년까지), 2000년은 메시아의 시대다(대략 마지막 2000년). 그러나 우리의 죄악이 심하여, 이 모든 것이 사라지고 말았다(즉, 메시아가 예상하던 때에 오시지 않았다; Sanhedrin 97a-b).

그러므로 꽤 많이 알려진 유대 전통에 의하면, 메시아는 약 2000년 전에 (또는 심각한 오류가 있는 전통 랍비들의 연대에 의하면 약 1750년 전에)[1] 오시기로 되어 있었다. 가장 유명한 탈무드 및 성경 해석가인 유대인 라쉬는 이렇게 설명했다. "토라의 2000년이 지난 후에, 메시아가 오고 악한 나라가 끝나며 이스라엘의 지배가 사라질 것이라는 하나님의 명령이 있었다." 그러나 이스라엘의 죄악이 많아서 "메시아는 바로 지금까지도 오시지 않았다." 2000년

---

1. Mitchell First, *Jewish History in Conflict: A Study of the Major Discrepancy Between Rabbinic and Conventional Chronology* (Northvale, NJ: Aronson, 1997)을 보라. 또 Judah M. Rosenthal, "Seder Olam," *Encyclopedia Judaica* 14:1091-1093을 참고하라. 히브리어 본문과 해석 및 주석은 Heinrich W. Guggenheimer, *Seder Olam: The Rabbinic View of Biblical Chronology* (Northvale, NJ: Aronson, 1998)를 참고하라.

이 지난 지금까지도 말이다.

이제 실제적인 날짜에 대하여 자세히 살펴보자. 대부분의 전통 유대인들은 메시아가 오시는 때를 대략 기원후 250년으로 보는 라쉬의 날짜 계산법을 따른다. 그러나 라쉬의 계산은 탈무드 전통에 있는 매우 심각한 연대기적 오류에 근거를 두고 있다. 이것은 아마도 랍비 문헌에 나온 오류들 가운데 가장 유명한 오류일 것이다. 그리고 그 계산은 거의 200년이나 빗나갔다![2] 그래서 라쉬의 계산에서 약 180년 정도를 조정하면, 우리는 예슈아께서 오신 바로 그 세기에 이르게 된다. 이 얼마나 놀라운 일인가! **그**는 메시아가 오기로 한 그 때에 오신 바로 그분이었다. 게다가 이것은 **랍비들의** 전통에 따른 것이다.[3]

분명히 해 두자면, 이 탈무드 전승은 2천, 2천, 2천이라는 대략적인 수를 사용했다. 나는 예수님이 메시아가 오기로 한 바로 그 해에 이 세상에 오셨다는 정확성에 대해서 논쟁하려는 것이 아니다. 그보다는 이 권위 있는 유대 전통에 의하면 메시아가 적어도 1750년 전에 오기로 되어 있었다는 것을 말하려는 것이다. 그래서 무슨 일이 일어났는가?

빌나 가온은 탈무드에서 잘 알려지지 않은 이야기들 중 하나를 연구했다. 거기에는 유명한 현인인 랍비 예호슈아 벤 하나냐(Rabbi Yehoshua ben Chananyah)가 아테네의 장로들과 대면하고 있었다. 기원후 2세기 초에 살았던 이 그리스의 지식인들이 랍비 예호슈아에게 물었다. "세상의 중심이 어디요?" 그는 그의 손가락을 들고 "이곳이오!"라고 대답했다. 그가 말한 것을 증명해 보라고 하자, 그는 밧줄과 자를 달라고 했다(b. Bechorot 8b). 이것은 무슨 뜻인가?

---

2. 바로 위의 주 1을 보라.

3. 다시 말하지만, 내 요점은 랍비 전승이 예상한 메시아가 오시는 때가 예수님이 나타나신 때와 정확히 같다는 것이 아니라, 연대기적 오류를 조정하면 대략 1900년 전으로 같다는 것이다.

가온에 의하면, 아테네의 장로들은 우리가 방금 산헤드린 97a-b에서 인용한 탈무드의 전통을 알고 있었다. 그들은 랍비 예호슈아와 이렇게 논쟁했다.

> … 현재는 세상의 두 생산적인 시대, 즉 토라의 시대와 마쉬아흐의 시대의 중간일 것이다. 그러나 그는 분명 아직 오지 않았다. 이는 당신들 유대인들이 구원 받지 않았기 때문이다. 우리가 당신들을 부수고 당신들을 폐허와 재앙과 절망의 나라로 만들었다. "세상의 중심"은 명백하게 지나갔고 마쉬아흐의 시대는 아직 시작되지 않았다. 그렇다면 당신들은 어째서 그가 오는 것에 대한 희망을 고집하고 있는 것인가? 그가 정해진 때에 오지 않았는데 어째서 그가 장래에 와야 하는 것인가? 그가 오는 때가 당신들에게 영원히 지나갔다는 것이 확실하지 않은가?[4]

빌나 가온에 의하면 문제는 아테네의 장로들이 다른 탈무드 전통을 몰랐다는 것이다. 거기에는 "다윗의 자손(메시아)은 모든 정권이 이단이 될 때까지 오지 않을 것이다"(b. Sanhedrin 97a)라고 기록되어 있다. 이것은 메시아가 그의 나라를 세우기 전에 전 세계적으로 하나님에 대한 **배교**가 일어난다는 뜻이다. 가온은 이렇게 설명했다.

> 장로들이 "세상의 중심이 어디요?"라고 물었다. 랍비 예호슈아는 그의 손가락을 들고 "이곳이오!"라고 말했다. 그가 말한 것은 유대인들이 비록 그들의 행위로 인하여 마쉬아흐의 오심이라는 유익을 얻지 못했지만, 그럼에도 불구하고 마쉬아흐의 때는 이미 그 정해진 때에 왔다는 것이다. "세상의 중심"의

---

4. 이것은 Aharon Feldman의 *The Juggler and the King: The Jew and the Conquest of Evil. An Elaboration of the Vilna Gaon's Insights Into the Hidden Wisdom of the Sages* (Jerusalem/New York: Feldheim), 146에 나오는 히브리어 본문의 더 확장된 번역이다.

때에 하나님은 다윗의 자손이 마지막 때에 오도록 역사의 바퀴를 움직이기 시작하신 것이다.

다시 말하면, 하나님은 인간이 영적인 어둠과 죄에 빠지게 하는 일을 시작하셨는데 그것은 결국 다음과 같은 상태로 되돌리시려는 것이었다.

사람들은 자신을 다시 지혜와 사랑과 친절과 존귀한 영으로 충만한 하나님을 닮은 존재인 참된 인간으로 돌이키는 유일한 방법은 하나님의 다스림을 받는 것임을 깨닫게 될 것이다. 하나님께서 이 모든 것을 보이시고 사람들이 그것을 깨닫게 될 때 마침내 마쉬아흐께서 오실 것이다.

그러면 이 일은 언제 시작된 것인가? 그것은 "인류 역사의 마지막 삼분의 일과 함께 시작되었다. 마쉬아흐의 시대는 뚜렷하게 보이지 않을 수도 있으나, 그것은 '여기에' 있다."[5] 그렇다. 메시아가 오시지 않더라도, 메시아의 시대는 정확하게 정해진 때에 시작되었으며, 다만 많은 사람들이 예상한 것과 다르게 시작되었을 뿐이다. (어디선가 어렴풋이 들어본 말이 아닌가?)

그런데 랍비 예호슈아가 밧줄과 자를 달라고 한 것은 무엇인가? 가온은 사무엘하 8장 2절에서 다윗 왕이 모압의 포로들을 밧줄로 재서 그들 가운데 삼분의 이는 죽이고 삼분의 일만 남겼다는 구절을 인용하여 이것을 해석했다(슥 13:8-9도 보라, 아래 논의에서도 인용되었다). 그는 이렇게 설명했다.

> 다윗 왕의 밧줄은 인류 역사를 재는 자다. 세계 역사에서 하나님의 다스리심을 인정하지 않은 삼분의 이는 생명을 택하지 않았다. 그러나 마지막 삼분의 일은 유대인들이 점점 하나님을 인정하도록 이끄시는 하나님의 섭리에 의

---

5. 위의 책, 149-150.

하여 영원한 생명으로 인도함을 받을 것이다.

장로들이 물었다. 인류 역사의 마지막 삼분의 일인 "여기"에서 하나님의 자비가 역사하시고 우리가 메시아의 시대에 있다는 당신의 주장의 근거는 무엇이오? 랍비 예호슈아가 답했다. 다윗 왕의 밧줄을 기억하시오. 그러면 당신들은 하나님께서 그분의 세상을 주관하시는 방법을 배우게 될 것이오. 그것은 우리에게 하나님은 절대로 그의 세상을 포기하지 않으시고, 결국에는 하나님께서 세상을 창조하신 목적인 선함이 이루어질 것이라는 것을 가르쳐 주고 있소.[6]

이 표현을 다시 한 번 주목하라. "우리는 메시아의 시대에 있다." 이것은 지금보다 약 1800년 전에 한 말이다. 그렇다. 빌나 가온이 이 탈무드 이야기를 해석한 것에 의하면, **메시아의 시대는 약 1800년 전에 시작되었다**. 그리고 그의 계산의 오류를 조정하면(라쉬의 계산과 관련하여 이전에 지적한 것처럼), 그는 사실상 메시아의 시대가 1세기에 시작되었다고 말하고 있는 것이다.

물론 빌나 가온은 예수님을 믿지 않았는데, 그것은 그가 "마호메트가 최초의 교황이다"라는 말을 믿지 않는 것처럼 당연한 것이었다(가온은 예슈아가 누구신지, 어떤 일을 하셨는지에 대하여 정확히 알지 못했을 가능성이 매우 크다). 그런데 이 위대한 유대인 학자가 메시아의 시대가 그 정해진 때에 실제로 시작되었고 이 시대가 처음에는 **과도기**였다고 인정한 것은 놀라운 일이다. 이것은 "기독교"를 연상시킨다!

우리의 입장과 가장 큰 차이점들은 다음과 같다. (1) 가온은 현재의 과도기를 전체적으로 흑암과 배교가 늘어나는 때로 보았다. 나는 현재를 큰 흑암과 배교 가운데서 계속해서 메시아를 알아가는 시대로 본다. (2) 그는 메시아가 오시지 **않은** 상태에서 메시아의 시대가 시작되었다고 생각했다. 나는 메

---

6. 위의 책, 151-152.

시아가 오심과 **함께** 그 시대가 시작되었다고 생각한다. 당신이 보기에는 어떤 의견이 더 옳은가?

메시아께서는 2천 년 전에 **정말로 오셨지만**, "우리의 죄악이 커서" 우리가 그분을 못 알아봤을 수 있지 않은가? 이것이 빌나 가온의 의견보다 더 타당한 의견이지 않은가? 사실 이 의견은 더 타당한 것만이 아니라 실제로는 더 **성경적이다**. 왜냐하면 히브리 성경에 의하면, 메시아는 2차 성전이 무너지기 전, 즉 적어도 약 1900년 전에 와야 한다는 것이 증명될 수 있기 때문이다.[7]

정해진 때

흥미로운 것은, 존경받는 유대인 학자인 아바 힐렐 실버는 유대 민족 가운데 "새로운 천 년이 곧 시작될 것이기 때문에" 메시아가 "기원후 1세기의 약 4분의 2의 시기(약 25-49년 사이 - 역자 주)에" 올 것이라는 큰 기대가 있었다고 했다.[8] 예수님은 바로 이 시기에 나타나셨다. 그래서 실버는 이렇게 말했다. "예수께서 갈릴리에 오셔서 '하나님 나라의 복음을 전파하며 말씀하시기를 **때가 찼고** 하나님의 나라가 가까이 왔다'(막 1:14-15)고 하신 것은, 사람들이 일반적으로 갖고 있던 개념, 즉 창조의 달력에서 여섯 번째 천년, 곧 하나님 나라의 시대의 시작을 알리는 5000년이 가까이 왔다는 것을 말씀하신 것이다."[9] 그러나 기원후 70년에 성전이 무너지고, 기원후 135년에 거짓 메시

---

7. 나는 이것을 Brown, *Answering Jewish Objections to Jesus, Vol. 1: General and Historical Objections*, 75-80에서 더 자세히 설명했다. 토라 달력의 예언적 의미에 대해서는 같은 책, 80-84을 보라.

8. Abba Hillel Silver, *A History of Messianic Speculation in Israel* (New York: MacMillan, 1927), 7.

9. 위의 책, 6, 원문의 강조.

아인 시므온 바르 코크바를 둘러싼 메시아에 대한 희망이 산산조각 났을 때, 일부 랍비들은 메시아가 왜 정해진 때에 오시지 않았는지 그 이유를 밝혀낼 필요가 있었다. 결국 그들은 그들의 연대표를 뜯어고쳤다.

이 랍비들이 도달한 해결책은 무엇이었는가? 실버는 랍비들이 내놓은 답을 다음과 같이 요약했다. "메시아의 시대는 실제로 성전이 무너지면서(즉, 기원후 70년에) 시작되었지만, 그것의 마지막 대단원에 이르려면 365년이나 400년 또는 그 이상이 걸릴 수 있다."[10] 실버는 말하기를, 이 초기의 랍비들이 그들의 메시아에 대한 기대와 메시아가 정해진 때에 오지 않았다고 보는 그들의 관점 사이의 문제를 해결하기 위한 유일한 방법은, 메시아의 시대는 실제로 제 시간(이 연대표에 의하면 기원후 70년)에 **시작되었지만**, 그것의 대단원에 이르기까지 수백 년이 더 걸릴 수도 있다고 하는 것이었다. 이것은 빌나 가온의 해석과 놀라울 정도로 비슷하며, 둘 다 똑같이 잘못된 것이었다.

메시아가 오시는 때와 그 특징에 대하여 생각해 볼만한 관련된 탈무드 전승들이 있다.

탈무드는 기록하기를 "만약 그들(이스라엘 백성)이 합당하면 (메시아께서) '하늘의 구름들과 함께'(단 7:13) 오실 것이고, 만일 그들이 합당하지 않으면 '겸손히 나귀를 타고'(슥 9:9) 오실 것이다"(b. Sanhedrin 98a).[11] 예슈아께서는 돌아가시기 며칠 전에 나귀를 타고 예루살렘에 입성하셨고, 무리들은 주님을 왕 메시아로서 칭송했다. 그러나 그후에 사람들은 주님을 비난했다. 주님께서 "겸손히 나귀를 타고" 오신 것은 우리가 그분의 오심에 합당하지 않았기 때문이지 않은가? 그리고 우리가 장래에 그분을 메시아로 인정할 때 주님은 하늘의 구름들과 함께 다시 오시지 않겠는가?

---

10. 위의 책, 19.
11. Saadiah Gaon이 쓴 것으로 알려진 단 7:13-14에 대한 주석을 보라. 여기서 이 구절들은 메시아에 대한 것으로 해석되었다. 다니엘서와 스가랴서에서 인용된 구절들에 대한 Rashi의 주석도 보라.

바빌로니아 탈무드 요마(b. Yoma) 39b에 의하면, 하나님은 (2차) 성전이 무너지기 전 40년 동안 속죄일에 드린 제사들을 받지 않으셨다. (이것은 몇 가지의 특별한 표징들로 알 수 있었는데, 이 40년 동안에는 그 표징들이 모두 부정적인 것을 나타냈다; b. Yoma 39a를 보라). 성전이 기원후 70년에 무너졌기 때문에, 기원후 30-70년 사이의 40년의 기간 동안 매년 드린 속죄제사가 받아들여지지 않았던 것이다. 기원후 30년에 어떤 큰 사건이 있었는가? 예슈아께서 거절당하시고 십자가에 못 박히셨다. 하나님께서 더 이상 속죄제사를 받지 않으신 것은 이사야 53장 10절에 기록된 것처럼 메시아께서 스스로 "속건제물"이 되셔서 자신을 온전한, 최후의 제물로 드리셨기 때문이라고 볼 수 있지 않은가?

물론 우리는 탈무드에서 이런 의견이 다양한 의견들 중에 일부분으로 언급되었고, 그 가운데 어느 것도 절대적이거나 결론적인 것은 아니라는 점을 기억해야 한다. 이 전승들은 어딘가에서 나온 것이긴 하지만, 그것들이 **메시아가 2천 년 전에 오실 예정이었으나 어떤 심각한 일이 일어났다**는 중요한 믿음을 갖고 있다는 것을 어렵지 않게 볼 수 있다.

그래서 모든 유대인들은 이렇게 질문한다. 만일 우리가 수천 년을 기다렸는데도 우리가 기대한 메시아가 아직 오지 않았다면, 우리는 잘못된 메시아를 기다리고 있었던 것이 아닌가? 성경의 예언들과 성경의 시간표를 따라 2천 년 전에 진짜 메시아가 나타나서, 고난을 받고 죽은 후에 죽은 자들 가운데서 일어난 것은 아닌가?[12] 그리고 탈무드는 의도하지 않게 이 제대로 된 방향을 가리키는 힌트를 우리에게 남겨준 것은 아닌가?

유대인들의 농담 중에 이런 것이 있다. "메시아가 오시면 우리는 그분에게 물어볼 것이다. 여기에 오신 것이 처음입니까? 아니면 전에도 오신 적이 있습니까?"

12. 주 7을 보라.

그런데 이것이 정말로 농담으로 말할 문제인가? 우리는 이미 정답을 알고 있는 것은 아닌가? 이 하나님의 드라마의 첫 번째 막을 예정대로 마치신 이가 이 시대의 마지막 때에 그 두 번째이자 마지막 막을 완성하실 것이다. 또 다른 비밀이 밝혀졌다.

15

숨겨진 지혜의 비밀

오늘날 많은 유대인들과 이방인들이 영적인 깨달음을 찾으면서 카발라(Kabbalah, 유대교 신비주의)는 대중화된 형태로 큰 관심을 받고 있다.[1] 그들은 특별하고 신비한 깨달음을 얻기 위하여 더 깊은 진리를 추구하고 있다.

이런 것을 추구하는 사람들 가운데 많은 사람들에게 "기독교"는 옛날, 구식의, 전통적인 종교이며, 신약성경의 예수는 성경을 비판하는 근본주의자들과 깊이라고는 없어 보이는 편협한 사람들을 대표한다.

아마 거기에는 신약성경의 진정한 가르침과 예수—예슈아께서 어떤 분인지에 대한 오해들이 있을 수 있다. 어쩌면 눈에 보이는 것 이상의 많은 것들이 있을 것이다.

예슈아께서 종종 자신에 대하여 직접적인 발언을 하셨지만(어떤 때는 그 발언들이 너무나 직설적이어서 청중들의 분노를 일으키기도 했다),[2] 많은 사람들에게 말씀하실 때에는 비유로 자주 말씀하시고, 제자들과 함께 있을 때에만 그 뜻을 설명해 주셨다. 예수님은 왜 이런 방식으로 말씀하셨는가? 주님은 제자들에게 이렇게 말씀하셨다. "하나님 나라의 비밀이 너희에게는 주어졌다. 그러나 밖에 있는 자들에게는 모든 것을 비유로 말한다. 이는 '그들이 보지만 깨닫지 못하고, 듣지만 이해하지 못하게 하려는 것이다. 그렇지 않으면 그들이 돌이켜 용서함을 받을 것이다!'"(막 4:11-12, 사 6:10 인용).

---

1. 쉽게 볼 수 있는 자료로는 Rav Michael Laitman with Collin Canright, *The Complete Idiot's Guide to Kabbalah* (New York: Alpha, 2007)를 보라. 현대의 대중적인 카발라 현상에 대한 설명이 포함되어 있다.
2. 예를 들면, 요 8:56-59; 10:27-31을 보라.

당신은 주님이 말씀하신 "하나님 나라의 비밀"이 무엇을 의미하는지 아는가? 당신은 "밖에" 있는가 아니면 "안에" 있는가?

예슈아께서 그의 하늘에 계신 아버지께 감사드리며 하신 말씀이 있었다. "하늘과 땅의 주이신 아버지를 찬양합니다. 주께서 이 일들을 지혜롭고 배운 자들에게는 숨기시고, 그것들을 어린 아이들에게 보이셨습니다. 그렇습니다, 아버지, 이것이 아버지의 선한 기쁨입니다"(마 11:25-26). 이것은 얄팍한 종교적 근본주의가 아니다. 이것은 진정한 영적 신비주의이며, 그 가운데서도 가장 높은 수준의 것이다. 하나님은 겸손한 자들, "어린 아이들"에게 자신을 나타내셨다. 교만하고 오만한 자들은 자신의 지혜와 학문에 사로잡혔고, 하나님은 그들에게 자신을 숨기셨다.[3]

바울도 이 "숨겨진 지혜"의 원리를 깨닫고 고린도 사람들(그들은 설득력 있는 수사학과 깊은 철학적 사고를 큰 가치로 여기는 헬라인들이었다)에게 쓰는 편지에 이렇게 기록했다. "그러나 우리가 장성한 자들 가운데 지혜의 메시지를 말하고, 이 세대의 지혜나 없어질 이 세대의 통치자들의 지혜를 말하지 않는다. 우리는 하나님의 은밀한 지혜에 대하여 말한다. 그 지혜는 숨겨졌으며 하나님께서 영원 전부터 우리의 영광을 위하여 예정하신 것이다"(고전 2:6-7). 하나님께서 숨기신 비밀? 그것이 신약성경에 기록되어 있다고?

바울은 에베소의 믿는 자들에게 이렇게 썼다.

하나님의 모든 거룩한 자들 가운데 가장 보잘것없는 나에게 메시아의 **측량할 수 없는 부요함**의 복음을 이방인들에게 선포하게 하시고, 모든 사람이 이

---

3. 마 18:1-4도 보라: "그때에 제자들이 예수께 와서 물었다. '천국에서 가장 큰 자는 누구입니까?' 주께서 어린 아이를 불러서 그들 가운데 세우셨다. 그리고 주께서 말씀하셨다. '내가 너희에게 진리를 말하니, 너희가 변하여 어린 아이와 같이 되지 않으면, 너희가 결코 천국에 들어갈 수 없다. 그러므로 누구든지 이 아이와 같이 자기를 낮추는 자가 천국에서 가장 큰 자다.'"

은밀한 계획이 어떻게 이루어지는지를 보게 하는 특권이 주어졌다. 이 계획은 만물의 창조주이신 **하나님께서 오랫동안 숨겨두신** 것으로, 메시아의 공동체의 존재를 통하여 하늘의 통치자들과 권세자들이 **하나님의 지혜가 얼마나 다양한지**를 알게 하려는 것이다.

- 에베소서 3:8-10, CJB 성경

이것은 쉽게 이해할 수 있는 개념이 아니다. 바울이 말하는 것은 하나님의 영원한 계획이 십자가에서 돌아가신 메시아의 약함을 통하여 유대인과 이방인을 하나의 영적인 가족으로 연합시킴으로 온 세상에 하나님의 지혜를 나타낸다는 것이다.[4] 사람의 눈에 너무나 약해 보이는 것이 하나님의 눈에는 무한한 능력인 것이다. 바울이 고린도인들에게 쓴 것과 같다. "이 하나님의 어리석은 계획은 사람의 가장 지혜로운 계획보다 지혜로우며, 하나님의 약하심은 사람의 가장 강한 힘보다 강하다"(고전 1:25, NLT 성경).

그렇다.

하나님은 세상이 미련하다고 여기는 것들을 택하셔서 자기들이 지혜롭다고 생각하는 자들을 부끄럽게 하셨고, 힘 없는 자들을 택하셔서 강한 자들을 부끄럽게 하셨다. 하나님은 세상에서 멸시당하는 것들, 없는 것으로 여겨지는 것들을 택하셔서 그것들을 사용하여 세상이 중요하게 여기는 것들을 없애신다. 그리하여 누구도 하나님 앞에서 자랑할 수 없게 하신다.

- 고린도전서 1:27-29, NLT 성경

이제 여기에 모든 것 가운데 가장 놀라운 사실이 있다. 하나님은 그분의 가장 좋은 보물, 그분의 지혜와 능력을 가장 잘 나타내는 것을 눈에 잘 보이

---

4. 8장을 보라.

는 곳, 그것도 가장 예상할 수 없는 곳에 숨겨두셨다. 그것은 마치 세상에서 가장 비싼 보물을 (온가족이 함께 모이는 - 역자 주) 추수감사절 식사 때에 식탁 위에 "숨겨 두는" 것과 같다. 모두가 그것을 보지만, 아무도 그것이 어떤 것인지 알 수 없을 것이다. 이것이 바로 우리 하나님께서 하신 일이다.

잘 보이는 곳에 숨겨지다

이것은 로버트 자스트로가 한 말을 생각나게 한다. 그는 유명한 천문학자로 우주 창조라는 주제에 대하여 이야기한 적이 있다. "이성의 힘을 믿는 과학자로서, 그 이야기는 악몽과 같이 끝을 맺는다. 그는 무지의 산들을 올라서, 가장 높은 산을 정복하기 직전이었다. 그가 마지막 바위를 올라서자, 그곳에서 수백 년 동안 앉아 있었던 신학자들의 무리가 그를 맞이했다."[5] 어떻게 그럴 수가 있는가? 태초에 있었던 것이 과학이 아니라 하나님이라니?

이것은 하나님의 숨겨진 지혜에 대한 이야기다. 그것은 조하르[6]의 어려운 문장이나 게마트리아(Gematria)와 노타리콘(Notarikon)[7]과 같은 성경의 수에 나오지 않는다. 그것은 힌두교 성인들의 성가나 수피교 신비주의자들의 은밀한 체험으로 알 수 있는 것이 아니다. 그것은 가장 심오한 철학적 논문들이나 가장 복잡한 것들을 생각하는 사상가들에 의하여 발견되는 것이 아니다.

오히려 그것은 나사렛이라는 잘 알려지지 않은 마을에서 자라고, 그의 고향에서 80킬로미터 이상 떨어진 곳으로 여행한 적이 없는 한 유대인 목수에게서 발견된다. 그 유대인은 지금까지 알려진 것 중에 가장 수치스러운 형벌, 즉 벌거벗겨진 채로 손과 발에 못이 박혀서 십자가에 달리고, 살은 채찍

---

5. Robert Jastrow, *God and the Astronomers* (New York: Norton, 1978)을 보라.
6. 더 자세한 자료는 주 1을 보라.
7. 간략한 설명은 Erich Bischoff, *Kabbala: An Introduction to Jewish Mysticism and Its Secret Doctrine* (New York Beach, ME: S. Weiser, 1985), 11-13을 보라.

에 맞아서 뜯겨 나가며, 모든 근육에 고통을 받고 서서히 질식하여 죽어가면서, 그의 죽음에 신경쓰지 않는 사람들에게 줄곧 모욕과 조롱을 당하였다. 거기에, 바로 그 십자가에 달린 유대인 안에 가장 귀한 보물이 숨겨져 있다. 거절당한 메시아이신 예수-예슈아 안에 "지혜와 지식의 모든 보물이 숨겨져 있다"(골 2:3). 그렇다. "지혜와 지식의 **모든** 보물"이다. 누가 그에게서 그런 보물을 발견할 것이라고 생각했는가? 그것은 잘 보이는 곳에 숨겨져 있었다!

하나님의 영광과 권능이 이 나사렛의 유대인 목수에게 숨겨져 있다. 바울은 그에 대하여 "하나님의 모든 충만함이 (그의 안에) 육체의 형태로 거하신다"(골 2:9)고 말할 수 있었다. 우리가 예수-예슈아를 발견하면 우리는 하나님을 발견하는 것이다. 우리가 그 발견에 성공하면, 다른 것들은 중요하지 않다. 우리는 바로 삶의 의미를 발견한 것이다.

당신은 이 위대한 스승이 2천 년 전에 남긴 이 말을 이해하는가? "천국은 마치 밭에 숨겨진 보물과 같다. 사람이 그것을 발견하면 그것을 다시 숨겨 두고, 기뻐하며 가서 자기의 모든 소유를 팔아서 그 밭을 산다. 또 천국은 마치 좋은 진주를 찾는 상인과 같다. 그가 매우 값진 것을 발견하면, 가서 자기의 모든 소유를 팔아서 그것을 산다"(마 13:44-46).

이스라엘의 숨겨진 메시아가 드러났다. 그를 얻기 위하여 모든 것을 잃는 것이 가장 큰 유익이다.

맺음말

단지 이방인들을 위한 빛을 넘어서

많은 유대교 지도자들이 예수님이 이방인들을 위하는 것은 문제가 없고 기독교는 세계적으로 아름다운 종교라고 생각하고 있다. "예수는 유대인들을 위한 사람이 아니다. 유대교가 유대인들을 위한 것이다! 즉, 기독교인들이 예수를 믿고자 한다면 그것은 괜찮지만, 유대인들은 이미 3500년 전에 시내 산에서 하나님과 언약을 맺었다. 이방인들이 예수를 경외하고 그를 믿음으로 그들의 삶이 나아진다면 그들을 응원한다. 단지 유대인들에게 그를 강요하지 말라."[1]

내가 이 책에서 인용한 다수의 유대인 랍비들과 학자들은 이 의견을 고수한다. 랍비 제이콥 엠덴은 1757년에 이런 의견을 썼다.

> … 그 나사렛 사람은 이 세상에 두 가지 은혜를 베풀었다. 하나는 그가 모세의 토라를 권위 있게 강화한 것이다… 다른 하나는 그가 … 이방인들이 그들 가운데서 우상 숭배를 버리고 우상들을 제거하게 함으로… 그들에게 매우 선한 일을 한 것이다. 그는 그들에게 일곱 개의 계명을 지키게 하여 그들이 들짐승들처럼 되지 않게 하였다. 또 그는 그들에게 윤리적인 삶의 방식을 주었다. 그는 이런 부분에 있어서 그들에게 모세의 토라보다 훨씬 더 엄격했다. 이것은 잘 알려진 바다.[2]

---

1. Walter Riggans, *Yeshua Ben David* (Crowborough: MARC, 1995), 79-93을 보라.
2. Falk, *Jesus the Pharisee*, 21의 번역.

요셉 클라우스너는 이렇게 말했다.

보편적 인류애의 관점에서 그는 참으로 "이방인들을 향한 빛"이다. 그의 제자들은 세상의 사방에 있는 이방인들 가운데 (비록 훼손되고 온전하지 않은 형태이긴 하지만) 이스라엘의 율법이라는 횃불을 비추었다. 그러므로 일반적인 역사의 관점에서 볼 때 어떤 유대인도 예수의 가치와 그의 가르침에 대한 평가를 간과할 수 없다. 이것은 마이모니데스와 예후다 하레비도 무시하지 않았던 사실이다.[3]

이스라엘의 학자인 피느하스 라피데는 말하기를 "나는 그리스도 사건이 하나님께서 이방 세계를 이스라엘의 하나님의 공동체로 데리고 오기 위하여 만드신 구원의 길로 이어지는 것이라 생각한다"고 했다.[4] 그러므로 이방인들은 예수님을 통하여 이스라엘의 하나님을 알게 되었지만, 이스라엘 자손은 이미 이스라엘의 하나님을 알고 있었다.

"미국의 랍비"로 알려진 랍비 쉬물리 보테크는 기독교의 장점에 대하여 열심히 얘기했지만, 동시에 기독교의 예수를 믿는 것은 유대인들을 위한 것이 될 수 없음을 분명히 했다.

이 세상의 역사 속에서 기독교는 가장 성공적인 아이디어였다. 어떤 종교나 철학이나 삶의 방식도 그보다 더 많은 지지자를 갖지 못했다… **그러나 유대인들은 예수가 기독교의 신학 안에 존재했기 때문에 그를 받아들이지 않았고 받아들일 수도 없었다.**

내가 이 말을 하는 것은 믿는 기독교인들을 공격하려는 것도, 그들이 기독

---

3. Klausner, *Jesus of Nazareth*, 413.
4. 2장의 주 33을 보라.

교의 삶을 사는 것을 만류하려는 것도 아니다. 오히려 나는 수십억 명의 사람들을 하나님께로 인도한 기독교의 업적에 경의를 표하고 칭찬한다. 기독교인들은 세계에서 가장 큰 병원들과 고아원들과 학교들의 연결된 조직을 운영하고 있다. 현대 사회에서 그들의 선행의 규모는 어마어마하다. 위대한 유대인 철학가인 마이모니데스가 말한 것처럼, 기독교는 하나님을 아는 지식을 먼 해변들과 먼 땅들까지 전한 종교다(Mishneh Torah, Melachim 11:4을 인용한 것이다). 기독교는 자비롭고 경건한 신자들을 낳는 놀라운 힘을 가지고 있다.[5]

그러면 이것은 받아들일 만한 선택지인가? 예수님은 이방인들을 위하지만 유대인들을 위한 예수님은 아닌가? 절대 그렇지 않다. 만약 주님이 유대인들을 위한 분이 아니라면, 주님은 모든 사람을 위한 분이 아니게 된다. 주님은 이것을 확실히 하셨고, 이것은 신약성경 전체의 핵심적이고 근본적인 진리다.

예수님은 기독교라고 불리는 새롭고 근사한 이방인들의 종교를 만들려고 이 세상에 오신 것이 아니다. 주님은 모세와 선지자들의 글에 기록된 것을 이루기 위하여 오셨다. 주님은 이스라엘의 메시아로서 오셨다. 그리고 만약 주님이 이스라엘의 메시아라면, 그분은 이 세상의 구세주시다. 만약 주님이 이스라엘의 메시아가 아니라면, 주님과 그 제자들은 비참하게 속임을 당한 것이며, 주님은 그 누구의 구세주도 아닌 것이다. 월터 리간스 교수는 이렇게 말했다. "만약 예수님이 사기꾼이었다면, 모든 사람이 이것을 알아야 한다. 그것은 유대인이나 비유대인이나 마찬가지다. 그러나 한편으로 이것은, 만약 예수님이 메시아라면, 모든 사람이 이것 또한 알아야 하며, 유대인과 비유대인 모두가 똑같이 알아야 한다는 것을 의미한다."[6]

---

5. Boteach, *Kosher Jesus*, 142, 필자의 강조.
6. Riggans, *Yeshua Ben David*, 93.

물론 기독교인들은 다음과 같은 생각에 쉽게 기분이 상할 수 있다. "우리 유대인들은 그를 믿을 수 없다. 왜냐하면 그는 신약성경이 말하는 그 사람이 아니기 때문이다(게다가 신약성경은 절대로 하나님의 말씀이 아니다). 이것은 예수가 정말로 이 세상의 죄를 위하여 죽은 것이 아니고, 죽은 사람들 가운데서 일어나지 않았으며, 하늘로 올라가지 않았고, 다시 오지 않을 것이며, 하나님의 아들이 아니라는 뜻이다. 그러나 만약 당신들 이방인들이 거짓과 속임수에 기반을 둔 이 종교와 그 사람을 갖기를 원한다면 좋을 대로 해라!"

물론 이런 생각은 이방 세계에 모욕적인 것이다. 그러나 만약 이것에 대한 다른 접근 방식이 있다면 어떻겠는가? 만약 하나님이 땅끝까지 주의 빛을 전하라는 사명으로 예수님을 보내셨고, 그것이 유대인들은 이미 하나님과 언약을 맺었지만 이방인들은 어둠 속에서 길을 잃었기 때문이라면 어떻겠는가? 그러면 그는 **이스라엘의 메시아가 아닐 것**이고, 그것을 주장하지도 않았을 것이며, 그는 **이방 세계의 구세주가 되었을 것**이다. 이것이 가능한 말인가?

다시 말하지만, 절대 그렇지 않다. 그것은 주님이 말씀하신 것이 아니고, 그것은 주님이 오신 이유가 아니며, 그것은 주님의 인생의 사명의 핵심이 아니다. 주님은 이스라엘의 메시아로 오셨고, 주님이 이스라엘의 메시아이기 때문에, 그분은 또한 세상의 빛인 것이다.

증거는 명확하다

주님이 신약성경에서 500번 이상 "그리스도"(히브리어 "메시아"와 같은 뜻의 헬라어)라고 일컬어진 사실에서 시작해서 신약성경의 증거는 너무나도 확실하다.[7] 그렇다. 예수님은 그리스도시다. 또는 원래의 유대적인 용어를 사용

---

7. 바울이 이 표현을 폭넓게 사용한 것에 대해서는 Martin Hengel, *Between Jesus and Paul* (Eng. trans., John Bowden; Philadelphia: Fortress Press, 1983), 65-77을 보라. 그는 말

하면, 예슈아는 메시아다. 이것은 주님의 탄생에서 죽음과 부활과 승천과 약속된 재림에 이르기까지, 신약성경 전체에서 가르치는 내용이다.

간단하게 말하면, 만약 주님이 이스라엘의 메시아가 아니라면, 우리는 신약성경을 던져 버리고 유대인이든 이방인이든 그것의 메시지에 신경쓰지 말아야 할 것이다. 만약 그가 이스라엘의 메시아라면, 그는 먼저는 유대인들을 위한 분이며, 또한 세상의 모든 민족을 위한 분이다. 아래는 신약성경의 증거들 가운데 극히 일부분이다.

- 주님이 태어나시기 전에 천사들이 그가 예슈아라 불리게 될 것이니 "이는 그가 그의 백성을 그들의 죄에서 구원할 것이기 때문이라"(마 1:21)고 전했다.

- 주님은 태어나실 때 "유대인의 왕"("이방인의 왕"이 아니다)으로 선포되었고, 주님이 돌아가실 때 십자가에 주님의 머리 위에 걸려 있던 패에는 "나사렛의 예수, 유대인의 왕"이라고 적혀 있었다.[8]

- 주님은 토라와 선지서를 폐하러 오신 것이 아니라, 그분의 사명은 "그것들을 이루는 것"(마 5:17)이라고 분명히 말씀하셨다.

- 주님의 처음 유대인 제자들 중 일부는 그들이 "우리가 메시아를 만났다"(요 1:41)는 말을 듣고 주님께로 갔다. 나다나엘이라는 주님의 또 다른

하기를 이런 용법은 "오직 십자가에 못박히신 예수만이 마지막 때에 구원을 가져오시는 분이라는 사실을 나타낸다. 예슈아 메시아는 이미 초기 팔레스타인 공동체의 선교에서 가장 중요한 고백이었고, 이것의 아람어 형태는 이것을 이중적인 이름으로 만들려는 경향을 보이기도 했다. 이에 대한 역사적 근거는 예수님이 메시아를 자처한 것으로 십자가에 달리신 사건에서 발견할 수 있다"(위의 책, 77).

8. 마 2:2-3; 요 19:19을 보라. 마 27:37; 막 15:26; 눅 23:38도 참고하라.

제자는 주님이 어떤 분이신지 한눈에 알아보고 "랍비여, 당신은 하나님의 아들이요, 당신은 이스라엘의 왕입니다"(49절)라고 고백했다.

- 얼마 후에 주님이 제자들에게 자신을 누구라고 생각하느냐고 물으시자, 시몬 게바(베드로)는 즉시 "주는 그리스도시요 살아 계신 하나님의 아들입니다"(마 16:16, NLT 성경)라고 선포했다.

- 예수님은 부활하신 후에 낙담하고 있는 두 유대인 제자를 만나셨다. 그 제자들은 주님이 이스라엘을 구원하실 분이라고 기대했으나, 주님이 죽으셔서 모든 희망을 잃어버린 상태였다. 주님은 그들에게 자신을 밝히지 않으시고, 그들을 강하게 꾸짖으셨다. "미련한 자들아! 선지자들이 말한 모든 것을 너무나 믿지 않으려고 하는구나! 메시아가 그의 영광에 들어가기 전에 이렇게 죽어야 하지 않느냐?' 그리고 나서 주께서 모세와 모든 선지자에서 시작하여 자신에 대하여 타나크(성경) 전체에 나온 것을 그들에게 설명하셨다"(눅 24:25-27, CJB 성경).

- 이 일 후에 곧 주님은 열한 제자를 데리고 가셔서 그들을 가르치심으로 그들이 이스라엘과 열방에 메시아가 왔다는 것을 전하는 그들의 사명을 준비하게 하셨다. 주님은 그들에게 말씀하셨다. "내가 너희와 있을 때에 모세의 토라와 선지서와 시편에 나에 관하여 기록된 모든 것이 이루어져야 한다고 너희에게 말한 것이 이것이다"(눅 24:44, CJB 성경).

- 시편 110편 1절(주께서 그의 기름 부음 받은 이에게 말씀하시기를 "내가 네 원수들로 네 발의 발판이 되게 할 때까지 내 오른쪽에 앉아 있으라" 하셨다)을 따라 메시아께서 하늘로 올라가신 후에, 시몬 게바(베드로)는 샤부옷

(오순절) 명절에 예루살렘 성전에 모인 수천 명의 유대인들에게 그들이 로마인들에게 넘겨 주어 십자가에 못 박히게 한 이 예수를 하나님이 "주와 메시아"(행 2:36, NLT 성경)가 되게 하셨다고 선포했다.

• 예슈아의 모든 사도들은 이와 같은 메시지를 계속해서 전했다. 그분은 약속된 메시아이며, 모세와 선지자들이 말한 그분이다.[9] 사도행전 5장 42절에 기록된 것과 같다. "그들은 단 하루도 멈추지 않고 성전 뜰에서든지 집에서든지 예슈아가 메시아라는 복음을 가르치고 전하였다"(CJB 성경).

신약성경 전체의 메시지가 메시아께서 세상의 죄를 위하여 죽으시고 그의 백성 이스라엘을 구원하며 열방에 빛이 되기 위하여 오셨다라는 것은 결코 과장이 아니다. 그리고 반복해서 말하지만, 주님이 이스라엘의 메시아이면, 주님은 세상의 구세주다. 그러나 만약 주님이 이스라엘의 메시아가 아니면, 주님은 누구의 구세주도 아니다. 주님이 이방인들을 위하는 것은 괜찮지만, 주님이 유대인들을 위한 분은 아니라고 말하는 것은 있을 수 없다. 그런 선택은 불가능하다.

누가는 예슈아께서 태어나시고 몇 주 후에 일어난 이 흥미로운 이야기를 기록했다.

예루샬라임에 시므온이라는 사람이 있었다. 이 사람은 짜디크(의인)이고, 경건하며, 그는 하나님께서 이스라엘을 위로하시기를 열심히 기다렸고, 루아흐 하코데쉬(성령)가 그의 위에 계셨다. 루아흐 하코데쉬께서 그가 아도나이(주)의 메시아를 보기 전에는 죽지 않을 것이라고 그에게 알려 주셨다. 그가 성령의 감동으로 성전 뜰에 갔다. 그 부모가 아이 예슈아에게 토라가 요구하는 것

---

9. 예를 들면, 행 3:18, 20; 4:26; 7:52; 8:5; 9:22; 17:3; 18:5, 28; 26:23을 보라.

을 행하기 위하여 그를 데리고 들어가자, 시므온이 그를 자기 팔로 들어서, 하나님께 브라카(축복)를 하며 말했다. "아도나이(주)여, 이제 주의 말씀대로 주께서 종을 놓아 주시니 종이 평안합니다. 이는 내가 내 눈으로 주의 예슈아(구원)를 보게 하셨으니, 이는 주께서 모든 사람 앞에 예비하신 것이며, 고임(이방인들)에게 계시를 주고, 주의 백성 이스라엘에게 영광을 가져올 빛입니다."

– 누가복음 2:25-32, CJB 성경

시므온(히브리어로는 쉬몬)이라는 이름의 나이 많은 유대인이 있었다. 그는 매우 의로운 사람으로 메시아가 오시기를 고대해 왔으며, 성령께서 메시아가 나타나기 전까지 그가 죽지 않을 것이라고 그에게 알려주셨다. 그리고 수십 년의 기다림 끝에 어느 날 그는 성령의 감동으로 성전에 갔는데, 그 날은 바로 미리암(마리아)과 요셉이 율법을 따라 정결례의 예물을 드리기 위하여 그곳에 온 날이었다. 바로 그것이다! 시므온은 이제 평안히 죽을 수 있었다. 왜냐하면 그가 자신의 눈으로 (비록 작은 아이지만) 메시아를 보았기 때문이다. 그는 그 아이를 그의 백성 이스라엘의 영광과 이방의 빛으로 알아보았다.

이것이 바로 이사야가 예언한 것이다. 그는 이스라엘 민족의 운명을 살아낸 한 이스라엘 사람인 주의 종이 그의 사명에 실패한 것처럼 보이게 될 것을 예언했다. 그는 자신에게 말하기를 "내가 헛되이 수고하였고, 내가 허무하게 쓸모없이 나의 힘을 사용했다. 나에 대한 판단이 주께 있고, 나의 보응이 나의 하나님께 있다"(사 49:4) 하였다.

하나님은 이렇게 대답하셨다.

이제 주께서 말씀하신다. 그는 내가 그의 종이 되어 야곱이 그에게 돌아오게 하고 이스라엘이 그에게 모이게 하기 위하여 태에서 나를 지으신 이다. 내가 주의 눈에 영화롭게 되었고 나의 하나님이 나의 힘이 되셨다. 그가 말씀하시기를 "네가 나의 종이 되어 야곱의 지파들을 회복하고 내가 이스라엘에서 남겨둔 자들을 돌아오게 하는 것은 너무나 작은 일이다. 내가 또한 너를 이방인들을 위한 빛으로 삼아 네가 나의 구원을 땅 끝까지 이르게 할 것이다."

— 이사야 49:5-6

진정으로 율법에 맞는 예수님
(The Real Kosher Jesus)

그렇다. 이스라엘의 지도자들이 주님을 거부하고, 그의 유대인 백성 대부분이 오랫동안 주님을 믿지 않았기 때문에 예수님의 이스라엘에 대한 사명은 실패한 것으로 보일 수도 있다. 그러나 선지자들이 이 일이 일어날 것을 예언했고, 주께서도 이 확실한 말씀을 주셨다. "네가 결국에 네 백성 이스라엘을 향한 너의 사명을 완수하는 것만이 아니라, 너는 또한 이방을 향한 빛이 되어 나의 구원을 땅 끝까지 이르게 할 것이다."

그렇다. "예수님이 이방인들을 위한 분"인 이유는 "예수님이 유대인들을 위한 분"이기 때문이다. 진정으로 율법에 맞는 예수님("리얼 코셔 예수")이 이스라엘의 메시아이며 세상의 구세주시다. 사실 주님이 그의 이스라엘에 대한 사명에 실패한 것처럼 보이고, 그 후에 이방의 구원자가 되셨기 **때문에** 우리는 주님이 유대 백성의 메시아라는 것을 확신할 수 있다. 이것은 선지자들이 예언한 순서와 정확히 일치한다. 시편 118편 22-23절에 기록된 것과 같다. "건축자들이 버린 돌이 모퉁이의 머릿돌이 되었다. 이것은 주께서 행하신 것이며, 우리 눈에 기이한 일이다"(NJV 성경).

또 성경에서 가장 감동적인 구절 중에 하나로, 이사야는 그의 백성, 즉 메시아의 백성인 유대인들이 예수님이 죽으셨을 때 그분이 자기 죄가 아니라 그들의 죄를 위하여 죽으셨다는 것을 깨닫게 되는 날에 일어날 일에 대하여 말했다(사 53:3-6).

이사야는 예슈아의 고난과 죽음에 관하여 아주 자세하게 말했다. "그는 사람들에게 멸시와 거절을 당하였고, 크게 슬퍼하며, 고통을 잘 아는 사람이었다. 사람들이 그에 대하여 얼굴을 가리는 것처럼 그는 멸시를 당하였으나, 우리는 그를 귀하게 여기지 않았다"(사 53:3). 메시아는 거절당하고 쫓겨나셨으나, 우리 유대 백성은 그것을 신경쓰지 않았고, 그분이 누구이고 왜 고난을 당하셨는지 알지 못했다. "참으로 그가 우리의 질병을 가져가고, 우리의 슬픔을 겪었지만, 우리는 그가 하나님께 벌을 받아서 맞고 고난을 당한다고 생각했다"(4절). 우리는 그가 분명 잔혹하고 비참한 죽음을 당할 만한 일을 했다고 생각했다. 그는 극악무도한 범죄를 저지른 큰 죄인이었을 것이라 생각했다.

그런데 어떤 일이 일어났다. 빛이 비춰졌다. 우리가 돌이켜보니, 무슨 일이 일어났는지 깨닫게 되었다. 우리는 그 일을 완전히 새롭게 보게 되었다! "그가 찔림은 우리의 허물 때문이요, 그가 상함은 우리의 죄악 때문이다. 그에게 임한 징벌로 인하여 우리에게 평화가 왔고, 그가 받은 상처로 우리가 낫게 되었다"(5절). 그는 그의 죄 때문에 죽은 것이 아니라, 우리의 죄를 위하여 죽은 것이다. 우리에게 죄가 있지만 그가 그 값을 치렀다. 이제 우리는 메시아께서 우리를 얼마나 사랑하시는지를 알게 되었다.

"우리가 모두 양처럼 길을 잃고 각자가 자기 길로 갔으나, 주께서는 우리 모두의 죄악을 그에게 지우셨다"(6절). 우리 각자는 죄를 범한 죄인들이었다. 우리는 하나님의 눈에 흉악한 죄를 지었다. 그러나 주께서는 우리의 징벌을 그분이 지게 하셨고, 그분이 우리를 대신하여 죽으심으로 이제 우리는 살 수 있게 되었다.

이것이 바로 예슈아의 이야기가 "좋은 소식"(복음)이라고 불리는 이유다. 그 좋은 소식은 메시아께서 정해진 때에 오셔서, 우리의 죄를 위하여 죽으시고, 죽은 자들 가운데서 부활하시며, 하늘에 오르시고, 처음에는 그의 동족들에게 거절당하셨으나, 온 세상의 민족들에게 환영을 받으시고, 장차 이스라엘이 그들의 숨겨진 메시아를 다시 발견하게 될 그 날이 온다는 것으로, 선지자들이 예언한 바와 같다. 그리고 주님은 그 선지자들의 약속을 따라 그 날에 하늘의 구름 가운데 다시 오셔서 이 땅에 메시아의 나라를 세우실 것이다. 그날에 주께서 말씀하시기를 "그들이 나의 거룩한 산(즉, 예루살렘) 모든 곳에서 해하거나 멸하지 않을 것이니, 이는 물들이 바다를 덮음 같이 주를 아는 지식이 땅에 가득할 것이기 때문이다"(사 11:9).

예수님은 이스라엘의 메시아시요, 세상의 구세주시다. 정말로 놀랍고 기쁜 소식이다!

부록 A

신약성경은 신뢰할 수 없는 반유대주의적인 책이다?

내가 쓴 시리즈인 『예수님을 반대하는 유대인들에 대한 답변』에서, 나는 31쪽에 걸쳐서 "반유대주의의 기원은 신약성경으로 거슬러 올라갈 수 있다. 바리새인들을 부정적으로 묘사한 것에서 시작해서 신을 죽였다는 혐의에 이르기까지, 반유대주의는 기독교의 전염병이다"[1]라는 주장에 대하여 다루었다. 나는 이것에 대하여 구체적인 답변을 했는데, 많은 세계적인 유대교 및 기독교 학자들이 그것을 인용했다. 거기서 나는 세 가지 중요한 점을 강조했다.

1. 반유대주의는 신약성경이 기록되기 수백 년 전부터 고대 세계에서 다양한 형태로 존재했다. 그러므로 "반유대주의의 기원은 신약성경으로 거슬러 올라갈 수 있다"는 주장은 전혀 진실성이 없다. 이것에 관하여 열띤 논쟁이 진행 중이며 프린스턴 대학교에서 유대학 분야의 로날드 페렐만 석좌 교수와 종교학 교수를 역임하고 있는 피터 쉐퍼 박사와 같은 명성 있는 학자들이 이것을 문서화되었다.[2]

2. 사해문서에 서로 다른 유대인 집단 사이의 법적 및 종교적 논쟁이 기록된 것처럼, 복음서에 기록된 종교적 갈등은 유대인 무리들 사이, 즉 예슈아를

---

1. Brown, *Answering Jewish Objections to Jesus, Vol. 1: General and Historical Objections*, 145-175.
2. 특히 Peter Schäfer, *Judeophobia: Attitudes Toward the Jews in the Ancient World* (Cambridge, MA: Harvard University Press, 1997)을 보라.

믿는 유대인들과 다른 유대인들(대표적으로 바리새인들과 사두개인들) 사이의 갈등을 반영한 것이다. 신약성경에서 후대 역사에 등장하는 "기독교의" 반유대주의를 읽어내는 것은 실수하는 것이다. 유대교와 기독교 모두에서 많은 학자들이 이것을 인정했다.[3]

3. 기독교의 반유대주의에 기름을 붓는데 도움을 준 신약성경의 구절들에 관해서는, 그것을 제대로 번역하고 이해한다면 그 구절들은 전혀 반유대주의적이지 않으며, 유대인들을 증오하거나 박해한 일을 정당화하는데 사용될 수 없다. 이것이 바로 오늘날 이스라엘에 대한 가장 큰 도움이, 신약성경을 문자 그대로 하나님의 말씀으로 읽는 기독교인들로부터 오는 이유 중 하나다. 그들에게 있어서 신약성경은 반유대주의적 자료가 아니라, 친유대주의적 자료다.[4] 더 자세한 논의 내용은 『예수님을 반대하는 유대인들에 대한 답변』 1권의 관련된 내용을 공부하면 된다. 이 책은 교회사에 있어서의 반유대주의에 관한 질문을 다루고 있으며 다수의 참고 문헌을 제공하고 있다.[5]

그렇지만 이 책을 읽는 독자들 가운데 일부는 "신약성경은 유대인들을 마귀의 자식들과 그리스도를 죽인 자들로 묘사하지 않았는가?"라고 생각할 수 있다. 그렇다면 짧게나마 이런 우려를 솔직하고 공정하게 다루는 것이 의미가 있을 것이다.

---

3. 주 1의 책에 언급된 자료들을 보라.
4. 랍비 쉬물리가 *Kosher Jesus*에서 유대인과 기독교인의 관계에 새로운 날이 있을 것이라고 쓰도록 자극한 것 중 하나가 바로 이 복음주의적 기독교인들의 사랑이었다.
5. Brown, *Our Hands Are Stained With Blood*를 참고하라.

신약성경은 유대적인 책이다!

구체적인 질문으로 들어가기 전에, 나는 먼저 예히엘 리흐텐슈타인(Yechiel Lichtenstein)의 이야기를 나누고자 한다. 그는 19세기 헝가리의 랍비로 기독교를 경멸했던 사람이다. 그의 말을 그대로 인용하자면 그는 "그리스도는 유대인들을 괴롭게 하는 자이고 저주이며, 우리에게 슬픔과 박해를 준 근원이자 그것을 장려한 자다"라고 말했다. 그는 자칭 기독교인이라는 자들이 그리스도의 이름으로 그분의 백성에게 살인적인 행위를 일삼는 것을 그의 두 눈으로 목격했다. 그렇지만 그는 반유대주의를 완전히 부정하고 자기들을 기독교인이라고 부르는 다른 사람들이 열심히 유대 백성을 변호하는 글을 읽었는데, 그들도 그리스도의 이름으로 그런 일을 했다.

이 일로 그는 40년 전에 그가 화를 내며 그의 서재 구석으로 던져버려서 땅바닥에 먼지가 쌓인 채로 놓여 있던 신약성경을 집어 들게 되었다. 그는 그의 인생에서 충격적인 순간을 맞이했다. 그는 이렇게 기록했다.

> 나는 신약성경이 불순하며, 교만과 이기심과 증오와 가장 흉악한 폭력의 근원이 되는 책이라고 생각했다. 그러나 내가 그 책을 펼쳤을 때 나는 특이하고도 신기하게 그 책에 사로잡히게 되었다. 갑자기 영광의 빛이 나를 스쳐 지나갔다. 나는 가시를 찾으려고 했으나 장미를 발견했다. 나는 자갈이 아니라 진주를, 증오가 아니라 사랑을, 복수가 아니라 용서를, 구속이 아니라 자유를, 교만이 아니라 겸손을, 적대가 아니라 화해를, 죽음이 아니라 생명과 구원과 부활과 하늘의 보화를 발견하게 되었다.[6]

---

[6] Jacob Gartenhaus, *Famous Jewish Christians* (Grand Rapids, MI: Baker, 1979), 124을 보라.

그러면 신약성경의 **유대적인 성격**은 무엇인가? 이 랍비의 자세한 묘사를 한 번 더 읽어보라.

> 신약성경의 모든 구절, 모든 단어에서 유대적 정신이 빛과 생명과 권능과 인내와 믿음과 소망과 사랑과 자비와, 하나님에 대한 무한하고 소멸되지 않는 믿음과, 방탕에 대한 인자함과, 자기 부인을 위한 절제와, 모든 부족함에 대한 만족과, 다른 사람에 대한 배려와, 자신에 대한 극도의 엄격함으로 흘러나온다. 이 모든 것들이 이 책의 구석구석에 녹아들어 있는 것을 볼 수 있다.[7]

이 고상한 랍비가 그의 동료 유대인들의 지속적인 박해에도 불구하고 공개적으로 메시아 예슈아를 믿는 사람이 된 것은 그렇게 놀랄 일이 아니다. 그리고 이 랍비가 신약성경의 기록이 얼마나 유대적인 것인가를 인정한 것 또한 크게 놀랄 일이 아니다. 우리가 2장 "유대인들이 예수님을 되찾으려는 것이 그렇게 새로운 일인가?"에서 살펴본 것처럼, 점점 더 많은 유대인 학자들이 예수님과 신약 성경의 유대적 뿌리를 재발견하는 일에 동참하고 있으며, 예슈아와 그의 제자들은 오직 1세기의 유대적 배경 속에서만 제대로 이해할 수 있다고 주장하고 있다.

신약성경은 모든 유대인들을 마귀의 자식들이라고 말하고 있는가?

나의 논쟁 상대인 랍비 쉬물리 보테크는 『코셔 예수』에 이렇게 썼다.

---

7. 위의 책, 125.

예수는 유대인들을 사탄의 자식들이라고 부르기까지 했다. "너희가 너희 아비 마귀에게 속하여 너희 아비의 욕망을 행하려고 한다. 그는 처음부터 살인자였다"(요 8:44). 또 예수는 유대인들이 하나님을 모른다고 했다. "그들이 그에게 물었다. '네 아버지가 어디 있느냐?' 예수가 대답했다. '너희는 나와 내 아버지를 알지 못한다'"(요 8:19). 예수는 유대인들을 저주하며, 그들이 죄 가운데서 죽을 것이라고 말했다. "내가 떠나갈 것이고, 너희가 나를 찾을 것이나, 너희는 너희 죄 가운에 죽을 것이다. 내가 가는 곳에 너희는 올 수 없다"(요 8:21).

이 구절들은 지금까지 기록된 것 중에 유대인들에 대한 가장 심한 비난에 속한다. 이 구절들은 이후 수백 년에 걸쳐서 유대인에 대한 무시무시한 범죄를 정당화하는데 사용되었을 것이다. 신약성경의 편집자들은 유대의 현인이자 그의 백성을 사랑하는 한 사람을 데려다가, 그의 머리에 하얀 모자를 씌우고 팔에는 나치의 완장을 채워서, 그의 동족을 향하여 독설을 쏟아내도록 했다. 이것은 역사 속에서 큰 역설적이고 비극적인 일들 가운데 하나다. 그 결과로 예수의 이미지는 너무나 달라져서, 사람들이 더 이상 그를 평화의 왕으로 알아볼 수 없게 되었다.[8]

신약성경의 편집자들에게 이와 같은 잘못이 있는가? 절대 그렇지 않다. 나는 지난 40년 동안 예수님을 헌신적으로 믿은 유대인으로서, 그리고 신약성경을 열심히 공부한 사람으로서, 랍비 쉬물리가 "신약성경의 편집자들이 유대의 현인이자 그의 백성을 사랑하는 한 사람을 데려다가, 그의 머리에 하얀 모자를 씌우고 팔에는 나치의 완장을 채워서, 그의 동족을 향하여 독설을 쏟아내도록 했다"고 한 주장은 완전히 모욕적인 것이라고 생각한다. 그리고 나의 동료인 그의 책의 주요 논지가 예수님이 기독교인들이 믿는 평화의 왕

---

8. Boteach, *Kosher Jesus*, 128.

이 **아니라** 사람들을 속이는 랍비 람보라는 것인 반면, 그가 "그 결과로 예수의 이미지는 너무나 달라져서, 사람들이 더 이상 그를 평화의 왕으로 알아볼 수 없게 되었다"고 주장하는 것은 매우 모순되는 것이다.[9]

기독교인이라고 하는 자들이 신약성경의 특정 구절들을 유대인들을 박해하는 것을 정당화하는데 **악용했다**는 주장은 어떠한가? 물론 스스로 기독교인이라고 하는 자들이 이런 죄를 저지른 것은 **맞다**. 나는 이 비극적인 역사를 내가 1992년에 낸 책 『우리의 손이 피로 물들었나이다』(*Our Hands Are Stained With Blood*)에 썼다. 이 책은 절판되지 않고 계속해서 나왔고 내가 쓴 책들 가운데 가장 많은 언어로 번역되었다. 그런데 나는 **악용했다**는 부분을 강조했다. 그것은 자칭 기독교인이라는 자들이 히브리 성경에서 하나님이 그분의 백성 이스라엘을 목이 뻣뻣하고, 마음이 굳고, 반역하는 자들이라고 하신 구절들을 악용한 것처럼, 그들은 오직 (신약성경의 특정한 - 역자 주) 그 구절들을 악용하는 것으로만 유대인들에 대한 박해를 정당화할 수 있기 때문이다.[10] 알아야 할 것은, 그들이 요한복음에서 예수님이 "모든 유대인은 마귀의 자식들이다"라고 말씀하셨다고 주장하지만, 같은 복음서에서 예수님은 "구원이 유대인에게서 난다"(요 4:22)고 가르치셨다는 것이다.

그러면 우리는 랍비 쉬물리가 인용한 구절들을 어떻게 이해해야 하는가? 먼저 그 구절들의 문맥을 보면, 그 구절들은 예수님이 메시아로서의 주님을 거절하거나 주님을 따른다고 하지만 진정한 제자가 아니었던 유대인들을 향하여 말씀하신 것이었다. 우리가 4장 "지배층에 대한 위협"에서 본 것처럼, 이스라엘의 선지자들은 그 시대의 사람들이 하나님을 거역하거나 종교적으로 위선적인 삶을 살면 그들에게 매우 거친 말을 했다. 예를 들면, 이사야서

---

9. 5장을 보라.
10. 만약 4장 "지배층에 대한 위협"을 읽지 않았다면, 앞으로 가서 주의깊게 읽어 보라. 거기서 예수님의 말씀을 반유대적이라고 한다면 모세와 이스라엘의 다른 선지자들만이 아니라 하나님도 반유대적이라 할 수 있다는 것을 알게 될 것이다.

의 **첫 장**에서 선지자는 예루살렘의 유대인 지도자들을 "소돔의 관원들"이라 부르고, 그 백성들을 "고모라의 백성들"(사 1:10)이라 부르며, 그들에게 "범죄한 나라요 허물이 가득한 백성이요 행악자의 새끼들이요 부패한 자식들이라! 그들이 여호와를 버렸다. 그들이 이스라엘의 거룩하신 이를 거부하고 그에게 등을 돌렸다"(사 1:4)라고 표현했다. 만약 **이런** 표현이 요한복음에 있었다면 비판하는 사람들이 어떤 말을 했을지 생각해 보라. 이사야는 자신이 하나님의 말씀을 대언하고 있다고 했다.

이사야는 그 시대의 유대인 동료들에 관하여 "그들이 독사들의 알을 품고 거미줄을 쳤다"(사 59:5)고 했고, 우리 조상들을 "무당의 아들… 간음하는 자와 창녀의 자식… 반역자의 새끼… 거짓을 말하는 자들의 자손"(사 57:3-4)이라 불렀다. 그는 심지어 이런 말도 했다. "너희 죄악이 너희와 너희 하나님 사이를 갈라 놓았고, 너희 죄들이 너희에게서 그의 얼굴을 가려서, 그가 듣지 않으실 것이다. 이는 너희 손이 피로, 너희 손가락이 죄악으로 더러워졌으며, 너희 입술이 거짓을 말하고, 너희 혀가 악한 일들을 속삭이기 때문이다"(사 59:2-3). 랍비 쉬물리가 인용한 예수님의 말씀은 이에 비하면 상당히 부드러운 표현이다.

가톨릭 학자인 어반 본 왈데는 신약 성경에서 "유대인들"(Jews)로 번역된 헬라어가 어떤 경우에는 "유대 사람들"(Judeans, 즉 유대 지역에 거주하는 유대인들) 또는 "유대인 지도자들"(Jewish leaders)을 의미한다는 것을 지적했다.[11] 또 그는 말하기를 "가장 적대적인 표현을 사용한 경우라 하더라도, 그것은 민족 전체가 아니라 종교 지도자들을 가리켜 사용한 것이다"라고 했다.[12] 그는 그

---

11. Urban C. von Wahlde, "The Gospel of John and the Presentation of Jews and Judaism," in David Efroymson, Eugene J. Fischer, and Leon Klenicki, eds., *Within Context: Essays on Jews and Judaism in the New Testament* (Collegeville, MN: Liturgical Press, 1993), 74.

12. 위의 책, 81.

런 언어적 표현이 1세기의 유대인들 사이의 논쟁에서는 일반적인 것이었다고 했다. 실제로 그는 요한복음에서 예수님이 적대적인 유대인 지도자들에게 그들이 흑암 가운데 걷고 있으며, 눈이 멀고, 마귀의 자식들(특히 요 8:44를 보라)이라고 하신 표현과, 사해문서에서 경쟁 관계의 유대인 집단을 사탄의 지배하에서 그의 일을 행하는 "어둠의 자식들"과 "구덩이의 자식들"이라고 묘사한 표현이 거의 유사하다는 것을 발견했다![13] 그는 이런 관점에서 "우리는 20세기의 귀가 아니라 1세기의 귀로 (요한복음에 나오는 비판적인 구절들을) 듣는 법을 배워야 한다"[14]는 것을 제대로 상기시켜 주었다.

존경받는 신약성경 및 아람어 학자인 크레이그 에반스 교수는 사해문서와 신약성경에 나오는 언어와 어조를 비교하고 나서, 우리가 생각해 볼 만한 의견을 제시했다.

쿰란 문서에 나오는 비판은 그 강도에 있어서 신약성경에 나오는 것을 능가한다. 쿰란의 폐쇄적이고 배타적인 입장과 반대로, 초대교회는 그들의 메시지를 선포하고 모든 믿는 자들이 그들의 교제에 참여하도록 초대했다. 신약성경은 결코 기독교인들에게 불신자들이나 반대자들을 저주하라고 명령하지 않았다. 신약성경은 절대로 하나님께 교회의 원수들을 저주해 달라고 간청하지 않았다. 그러나 쿰란은 그렇게 했다. 만약 이 공동체가 계속 존재해서 수백 년이 지나면서 그 구성원들이 점점 이방화 되고, 그들의 독특한 문서들이 그 공동체의 성경이 되었다면, 위에서 인용한 구절들 대부분이 반유대주의적 표현으로 보였을지도 모른다. 그러나 이 공동체는 없어졌고 이방인들의 종교가 되지 않았기 때문에, 그들이 했던 비판들이 반유대적이라고 여겨진

---

13. 위의 책, 80(레위의 유언 참고)을 참조하라. Lawrence H. Schiffman, *Reclaiming the Dead Sea Scrolls* (Philadelphia: Jewish Publication Society, 1994), 249-252도 참조하라.
14. Von Wahlde, 위의 책, 82.

적은 없었다. 이후에 쿰란 공동체에 특별한 역사는 없었다. 우리는 쿰란 공동체를 있는 그대로 해석했다. 우리가 그들을 유대적 맥락에서 해석한 것은, 그들에게 그외에 다른 어떤 배경도 존재하지 않았기 때문이다. 그래서 누구도 그들의 비판을 반유대주의적인 것으로 설명한 적이 없다.[15]

에반스는 1세기의 가장 유명한 유대 역사가인 플라비우스 요세푸스(Flavius Josephus)의 글도 언급하며 이렇게 말했다. "요세푸스가 동료 유대인들에게 한 비판은 신약성경에 나오는 그 어떤 표현보다 더 심하다."[16] 이 위대한 역사가는 유대인들을 비방한 이방인들을 비방하는 공격적인 말을 했을 뿐만 아니라(그들에 대하여 "경박하고 지각없는 사람의 표본… 시기로 가득하고… 어리석고 편협하다"고 했다), 그는 또한 자기 동족 사람들을 비난하기도 했다. 그는 열심당에 대하여 이렇게 썼다. "너희는 약탈과 살인으로 서로 경쟁한다… 성전은 시궁창이 되었고, 그들의 손이 이 거룩한 곳을 더럽혔다." 그리고 시카리당(Sicarii, 단검을 숨기고 다니며 유대 지역에서 로마인들을 몰아내려고 했던 유대인들 - 역자 주)에 대하여 그들이 "사기꾼들과 도적들… 노예들, 사회와 민족의 쓰레기들"이라고 했다. 이런 글들을 더 많이 인용할 수 있지만, 누구도 요세푸스를 반유대주의자라고 비난한 적은 없었다.

존경받는 유대 역사가인 엘리스 리브킨 교수는 그들을 정확한 관점에서 바라보았다.

---

15. Craig A. Evans, 위의 책; Donald A. Hagner, eds., *Anti-Semitism and Early Christianity* (Minneapolis: Fortress, 1993), 8.
16. 위의 책, Johnson, "The New Testament's Anti-Jewish Slander and the Conventions of Ancient Polemic," *Journal of Biblical Literature* 108 (1989), 419-441을 참고했다. 요세푸스는 로마인들과 유대인들 모두를 위하여 기록했고, 그렇기 때문에 그가 유대인으로서 오직 유대인들을 위하여 유대인의 일만을 기록했다는 주장은 불가능하다. 오히려 요세푸스와 요한은 유대인들과 이방인들 모두를 위하여 기록했으며, 중요한 차이점은 요한은 유대인이든 이방인이든 관계없이 메시아를 믿는 자들을 가장 염두에 두고 기록했다는 것이다.

나는 종교적 영역과 인간의 영역 사이의 상호작용을 이해하기 위하여 일생을 바치고, 특히 반유대주의의 방식과 원인에 몰두했던 역사가로서, 요한복음이 후대에 반유대주의에 아무리 많이 사용되었다 하더라도, 우리가 다른 종교의 내부적 논쟁에 같은 척도를 적용하지 않는다면, 그것은 그 역사적 틀 안에서 반유대주의적인 것이라 볼 수 없다. 요세푸스가 투키디데스나 플라톤이나 스토아 학파를 반대했기 때문에 여러 신을 믿는 종교를 조롱했는가? 아니면 그가 다신교의 주장이 명백히 틀렸다고 생각했기 때문에 그들을 비웃었는가? 유대인들 또는 기독교인들이 아랍이나 페르시아 사람들을 반대하기 때문에 무슬림들과 싸웠는가? 무슬림들이 믿는 하나님과 그의 계시에 대한 가르침에 대하여 유대인들과 기독교인들이 그것이 거짓된 것이라고 생각했기 때문에 그들이 서로 싸웠는가? 종교 내부적 논쟁과 종교 간의 논쟁이 심지어 가장 자유로운 종교의 역사도 훼손시킨다는 것은 슬픈 일이다. 그러나 비록 겉보기에는 그렇지 않더라도 종교적 열심으로 생긴 내부적 논쟁과, 반유대주의적 사건, 즉 내 책의 표현을 빌리자면, **유대인들에게 해를 입히는 것을 통하여 경제와 사회와 정치와 교회의 문제들을 해결하려는 목적으로 종교 경전을 의도적으로 조작하는 일**은 엄연히 다른 것이다.[17]

신약성경에 의하면, 하나님과 바른 관계에 있지 않은 모든 인간(이것은 이방인과 유대인에게 똑같이 적용된다)은 흑암 가운데 걷고 있으며, 어떤 면에서는 실제로 사탄의 권세 아래에 있다는 것을 기억하자.[18] 간단히 말하면, 예수님은 모든 유대인이 마귀의 자식들이라고 말씀하시지 **않았다**(예수님의 제자들

---

17. Ellis Rivkin, "Anti-Semitism in the New Testament," 위의 책, Ellis Rivkin, "A Jew Look at the New Testament," 위의 책, *What Crucified Jesus: Messianism, Pharisaism, and the Development of Christianity* (New York: UAHC Press, 1997), 124 (전체 내용은 107-129), 원문의 강조; 요세푸스에 대해서는 Johnson, "Anti-Jewish Slander," 434-436을 보라.
18. 예를 들면, 엡 2:1-3; 고후 4:6; 골 3:13; 요일 5:19을 보라.

이 모두 유대인이었다는 것을 기억하라!). 오히려 주님은 하나님께서 세상에 구원을 전하는 자들로 유대인들을 택하셨다는 것을 재차 확인하셨다. 주님의 말씀을 그것의 역사와 문화적 맥락에서 떼어내면, 그것은 "반유대적인 것"으로 오해될 수 있다.

신약성경에서 반유대적이라고 비판 받는 또 다른 구절들이 있다. 거기에는 바울이 쓴 데살로니가전서 2장 14-16절도 포함된다. 랍비 쉬물리는 이 구절을 심각하게 비판했다. "바울의 말은 유대인들을 향한 적대감으로 가득하다."[19] 이 논쟁적 구절들에 대한 더 자세한 논의는 『예수님을 반대하는 유대인들에 대한 답변』 1권에 나와 있다.[20]

신약성경은 "유대인들이 그리스도를 죽였다"고 가르치고 있는가?

2004년에 멜 깁슨이 감독을 맡은 영화 〈패션 오브 크라이스트〉가 개봉되기 전에, 유대인 공동체의 유대인들은 자기들이 다시 "그리스도를 죽인 자들"이라는 낙인이 찍히게 되어, 미국에서 포그롬(러시아에서 있었던 유대인 학

---

19. Boteach, *Kosher Jesus*, 116. 그는 심지어 부정확하고 과장된 말로 이렇게 주장했다. "예수는 유대인들을 로마로부터 구해내기를 원했다. 바울은 오직 그들을 유대교로부터 구해내기를 원했다. 게다가, 예수는 오로지 유대 백성에게 관심을 두었으나, 바울은 이방인들을 개종시키는 것에 집착했다." 우리가 살펴본 것처럼 여기 나오는 주장은 모두 명백한 거짓말이다. 간략히 말하면, 예수님은 로마에 대항하여 싸운 자유 전사(즉, 허구적 인물인 랍비 람보)가 아니었다. 바울은 예수님을 믿는 유대인들에게 계속해서 유대인으로 살아야 한다고 가르쳤다. 예수님은 부활하신 후에 제자들에게 모든 민족에게 주님의 메시지를 전하라고 명령하셨다. 주님은 돌아가시기 전에 자신이 세상의 죄를 위하여 죽는다고 분명히 말씀하셨다. 그리고 바울은 이방인들을 사랑하고 그들이 자신의 사랑과 고된 노력을 받기에 합당하다고 여겼지만, 자기 동족 유대인들을 향하여 평생 큰 부담을 지니며 그들을 위한 기도를 멈춘 적이 없었다.

20. 더 자세한 내용은 주 1을 보라.

살-역자 주)과 같은 것, 또는 그보다 더 심한 일이 발생할 수도 있다는 심각한 우려가 있었다. 물론 그런 일은 일어나지 않았다. 그리고 그 영화의 좋은 점이나 나쁜 점과 관계 없이, 현대의 미국 유대인들은 모든 진정한 기독교인들이 알고 있는 것을 다시금 알게 되었다. 그것은 진정으로 예수님을 믿는 사람들은 예슈아께서 십자가에서 죽으신 일에 대하여 유대인들이나 로마인들이나 다른 사람들을 탓하지 않는다. 오히려 그들은 주님의 희생적 죽음에 대하여 하나님께 감사하고, "주님을 십자가에 못 박은 것은 우리의 죄 때문이다"라고 고백한다.

정리하면 다음과 같다.

(1) 신약성경의 주된 강조점은 **하나님께서 그분의 아들을 보내셔서 우리의 죄를 위하여 죽게 하심으로 사랑을 행하셨다**는 것이다. 성경에서 가장 유명한 구절인 요한복음 3장 16절에도 이렇게 기록되었다. "하나님께서 세상을 너무나 사랑하셔서 그의 독생자를 주셔서 누구든지 그를 믿는 자들은 멸망하지 않고 영생을 얻게 하셨다." 다시 말하지만, 진정한 기독교인들은 예수님의 죽음에 대하여 다른 사람들을 탓하지 않는다. 그들은 하나님께서 그를 보내셔서 우리를 대신하여 죽게 하신 일로 하나님께 감사한다.

(2) 같은 맥락에서, 신약성경은 **누구도 예수님으로부터 그분의 생명을 빼앗지 않았고, 선한 목자가 자기 양들을 위하여 자기 목숨을 내어 놓듯이, 주님께서 자신의 의지로 목숨을 버리셨다**는 것을 강조한다. 이것은 요한일서 3장 16절에 나와 있다. "우리가 사랑이 무엇인지 알 수 있는 것은 이것이니, 예수(메시아)께서 우리를 위하여 자기 목숨을 버리신 것이다." 예슈아께서도 이렇게 말씀하셨다. "이보다 더 큰 사랑은 없으니, 그것은 사람이 자기 친구들을 위하여 자기 목숨을 버리는 것이다"(요 15:13; 요 10:11, 17-18도 보라).

(3) 복음(메시아에 관한 좋은 소식)의 핵심 메시지는 **예수께서 우리의 죄를 위하여 죽으셨다**, 즉 어떤 의미에서, 모든 사람이 그분의 죽음에 책임이 있

다는 것이다. 찬송가 "나 같은 죄인 살리신"(Amazing Grace)으로 유명한 존 뉴튼(John Newton)은 이렇게 표현했다.

> 나의 양심이 죄책감을 느끼고 그것을 인정하며,
> 나를 절망 속에 빠뜨렸다.
> 나의 죄가 주님의 피를 쏟게 했고
> 주님을 그곳에 못박게 하였다.

이것은 기독교인들이 예수님의 죽으심에 깊이 감사하고, 주님을 십자가에 못박는 일에 동참한 자들을 비난하지 않으며, 오히려 거룩하신 하나님 앞에서 자기들의 죄를 인정하고, 그 결과로 예수님을 통한 그분의 용서가 얼마나 놀라운 것인지를 깨닫게 되었다는 것을 의미한다. 바울은 이렇게 기록했다. "의로운 사람을 위하여 죽는 자가 매우 드물고, 선한 사람을 위하여 죽는 자가 간혹 있을 수 있다. 그러나 하나님께서는 이것으로 우리에 대한 그분의 사랑을 보이셨으니, 그것은 우리가 아직 죄인이었을 때에, 그리스도께서 우리를 위하여 죽으신 것이다"(롬 5:7-8). 메시아의 유대 백성은 주님께서 그분의 죄가 아니라 자기들의 죄를 위하여 죽으셨다는 것을 깨닫고 이렇게 감사의 말을 할 것이다.

> 그가 찔림은 우리의 죄 때문이요,
> 그가 상함은 우리의 죄악 때문이다.
> 그가 당한 징벌로 우리가 온전하게 되었고,
> 그가 받은 상처로 우리가 낫게 되었다.
> 우리가 모두 양처럼 길을 잃고
> 각자가 자기 길로 갔으나,

주께서는 우리 모두의 죄악을
그에게 지우셨다.
— 이사야 53:5-6, NJV 성경

(4) 예수님께서 자신을 십자가에 못박은 사람들, 직접적으로 보면 로마 군인들에 대하여 품으신 마음은 일종의 **용서**였다. 누가는 예수님께서 말씀하시기를 "아버지, 저들을 용서하소서. 저들은 자기들이 하는 것을 알지 못합니다"(눅 22:34)라고 기록했다. 스데반이라는 주님의 유대인 제자는 그분의 발자취를 따라서, 그의 동료 유대인들에게 돌아 맞아 죽으면서(마치 이스라엘 사람들이 과거에 선지자들을 죽인 것처럼; 4장 "지배층에 대한 위협"을 보라), "그의 무릎을 꿇고 크게 외치기를 '주여, 이 죄를 그들에게 돌리지 마소서' 하였다"(행 7:60). 그러므로 신약성경이 유대인들이 그리스도를 죽였다고 **가르치더라도**, 예수님을 믿는 사람들은 당연히 "아버지, 저들을 용서하소서!"라고 반응할 것이다.

(5) 예수님의 죽으심과 부활하심 직후에, 핵심적인 제자들(그들은 모두 유대인이었다)의 우두머리인 베드로(시몬 게바)는 그의 동료 유대인들, 특히 주님의 죽으심과 관련된 유대교 지도자들에게 말했다. "하나님께서 너희가 십자가에 못박은 이 예수를 주와 메시아가 되게 하셨다"(행 2:36). "너희가 그가 죽임을 당하도록 그를 넘겨주고, 빌라도가 그를 놓아주기로 했음에도, 너희가 빌라도 앞에서 그를 버렸다. 너희가 거룩하고 의로운 이를 거부하고 살인자를 놓아달라고 구하였다. 너희가 생명의 창조자를 죽였으나, 하나님께서 죽은 자 가운데서 그를 일으키셨다. 우리가 이 일의 증인이다"(행 3:13-15).[21]

그러나 베드로가 말한 것은 이것이 전부가 아니다. 그는 계속해서 말했다. "이제 형제들이여, **나는 너희가 너희 지도자들처럼 알지 못하고 행한 것**

---

21. 행 4:25-28; 5:27-31; 13:26-30, 32, 38-39을 참고하라.

을 안다. 그러나 이것은 하나님께서 모든 선지자들을 통하여 그의 메시아가 고난을 받을 것이라고 예언하신 것이 이루어진 것이다. 그러므로 회개하고 하나님께 돌이켜서, 너희 죄가 없어지게 하고, 주께로부터 새롭게 되는 때가 오게 하라"(행 3:17-19, 필자의 강조). 그리고 베드로는 그의 설교에서 반복해서 말하기를 하나님께서 예수를 죽은 자들 가운데서 일으키셔서, 그의 죽음은 이야기의 끝이 아니라 시작이며, 하나님은 그의 백성 이스라엘이 그분에게 돌아올 때 그들에게 복 주시기를 원하셨다.

신약성경의 저자들이 종교 지도자들 가운데 일부가 예수님에 대한 음모를 꾸며서 로마 당국에 넘겼다고 기록한 것은 사실이다. 그러나 놀랄 일이 아닌 것은, 이스라엘 백성이 그들에게 보내진 예언을 전하는 사자들을 거부한 일은 자주 있었고, 그것을 주도한 사람들이 종교 지도자들인 경우가 많았기 때문이다(4장을 보라). 랍비 쉬물리와 같은 급진적 재건주의자들은 "유대교 대제사장"의 반 예수적 성향에 대하여 말하며 이렇게 기록했다. "그의 아랫사람들은 부패한 제사장들과 그들의 로마 지배자들에 대하여 반대하려고 하는 말썽꾼들을 항상 경계하는 배신자들이다. 유대인들 중에서 로마의 최고 집행자였던 대제사장은 황제의 주먹과 같은 역할을 했다. 그래서 예루살렘에서 반란이 일어나면 그에게 책임이 있기 때문에 그는 그런 일을 용납할 수 없었다."[22] 쉬물리는 심지어 반유대적이라고 할 수 있는 발언을 했는데, 왜냐하면 사두개인들도 토라를 경외하는 사람들이었기 때문이다. "바리새인들과 사두개인들의 차이는 매우 명확해 보인다. 바리새인들은 유대인의 전통에 충실했고, 사두개인들은 그들의 로마 주인들에게 충성했다."[23]

신약성경의 저자들이 예슈아의 죽음에 유대인들이 관련된 것을 말할 때에, 그들을 묘사하는데 있어서 상당히 정확하고 신중했다. 그들은 하나님께

---

22. Boteach, *Kosher Jesus*, 7.
23. 위의 책, 18.

드리는 기도에서 예수님의 죽음에 근본적으로 책임이 있는 자들에 대하여 이렇게 말했다. "헤롯과 본디오 빌라도가 이방인들과 이스라엘 백성과 함께 주께서 기름 부으신 주의 거룩한 종 예수에 대하여 모의하려고 이 성에 모였습니다. 그들은 주의 권능과 뜻이 미리 정하신 일이 이루어지도록 행한 것입니다"(행 4:27-28; 이 구절은 "공동 연대"를 강조하며 지도자들의 죄를 이스라엘의 죄로 말하고 있다).[24]

예수님을 로마인들에게 넘긴 책임이 일부 유대교 지도자들에게 있다고 보는 복음서가 주님이 많은 유대인들에게 무척 인기가 있었다는 것을 계속해서 알려주고 있다는 점을 아는 것 또한 상당히 중요하다(막 15:10에 의하면, 빌라도도 "대제사장들이 시기로 인하여 예수를 그에게 넘겨준 것"을 알고 있었다). 사도행전에서도, 즉 예슈아께서 부활하신 후에도, 예수님의 제자들이 박해를 받았던 이유 중 하나는 많은 사람들이 그들의 메시지와 기적을 보고 그들에게 몰려 들어서 사두개인들이 그들을 시기했기 때문이다(행 5:12-17을 보라).

그러나 핵심은 다음과 같다. 이것은 아무리 강조해도 지나치지 않을 것이다. 신약성경에서 (동료 유대인들이) 유대 백성에게 메시아의 죽음에 대한 책임을 물을 때에 그것과 함께 하는 말이 있는데, 그것은 그들이 알지 못하여 그 일을 행하였고, 하나님께서 죽은 자들 가운데서 예수를 일으키셔서, 그의 죽음이 이스라엘과 세상에 구원을 가져왔으며, 하나님은 저주가 아니라 죄를 온전히 용서하는 복을 주기를 원하신다는 것이다. 그리고 심지어 이 메시지는 "좋은 소식(복음)"이라고 불렀다.[25]

유대인들을 박해하고 그들을 그리스도를 죽인 자들이라고 부를 사람들은 배교자들과 가짜 기독교인들이다. 이런 일이 수백 년 동안 일어났다는 것은

---

24. 이것에 대한 뛰어나면서도 간략한 논의는 Walter C. Kaiser Jr., *Toward Old Testament Ethics* (Grand Rapids, MI: Zondervan, 1993), 67-72을 보라.

25. 2004년에 이 주제와 관련하여 랍비 쉬물리와 벌인 열띤 토론의 DVD는 https://tinyurl.com/y9x6hjdy에서 구할 수 있다.

아마도 교회사에 있어서 가장 수치스러운 일일 것이다.[26]

신약성경은 역사적으로 신뢰할 수 없는 책인가?

이 책에서 신약성경 문서들의 신뢰성에 대한 구체적인 변론을 다루지는 않을 것이다. 이미 학식이 깊고 뛰어난 많은 학자들이 오랜 기간 그 일들을 해 왔기 때문이다. 그러나 이 주제를 잘 알지 못하는 사람들을 위하여 네 가지 중요한 점을 설명하겠다.

1. 신약성경은 고대 그리스로마 세계에서 가장 잘 보존된 문서이며, 그 외에 이 정도로 잘 보존된 문서는 존재하지 않는다.[27] 또 이 문서는 고대의 번역본들(시리아어와 라틴어 번역본 등)로도 보존되어 있고 초기에 수백 년 동안 기독교의 기록들에 수천 번 인용되어 있다. 다시 말하지만, 고대의 역사와 철학과 종교와 시 등 어떤 문서들도 신약성경과 비교가 되지 않는다.[28]

2. 헬라어 신약성경의 부분 또는 전체를 기록한 5천 개 이상의 고대 사본들에 나오는 많은 상이한 본문들 중에서, 대부분은 그 차이에 있어서 매우 사소한 것들이며, 교리나 역사적 의미에 거의 영향을 끼치지 못하는 것들이다.[29] 그리고 그런 사소한 차이들은 그렇게 많은 사본들이 존재하는 것을

---

26. 더 자세한 내용 및 다양한 참고문헌은 *Answering Jewish Objections to Jesus, Vol. 1: General and Historical Objections*, 101-145, 175-176을 보라.

27. 더 광범위한 내용은 Brown, *Answering Jewish Objections to Jesus, Vol. 4: New Testament Objections*, 41-59을 보라.

28. F. F. Bruce, *The New Testament Documents: Are They Reliable?*, 6th ed. (Downers Grove, IL: InterVarsity, 2001)은 큰 도움이 된다. 이와 관련하여 발췌한 내용은 Brown, Answering Jewish Objections to Jesus, Vol. 4: New Testament Objections, 42-47을 보라.

29. 예를 들면, Daniel B. Wallace, ed., *Revisiting the Corruption of the New Testament:*

감안하면 당연히 발생되는 것들이다. 대다수의 유대인 독자들은 모를 수도 있지만, 사실 히브리 성경의 중세 마소라 사본들(타나크의 표준본문을 마소라 본문이라고 부른다)에는 본문의 작은 변형들이 수천 개나 존재한다.[30]

3. 히브리 성경에는 신약성경에 있는 것보다 더욱 분명한 모순들이 존재한다. 그리고 그 모순들을 해결하는 방법은 똑같다. 그것은 저자들과 편집자들의 기록이 정확한 것이라고 여기고(즉, 그들이 뻔히 보이는 모순되는 이야기들을 보존해서 전할 정도로 어리석지 않을 것이라 생각하고) 그 이야기들을 연결시킬 수 있는 현실적인 방법을 모색하는 것이다. 사실 여러 증인들이 같은 사건에 대하여 서로 모순되는 이야기를 하는 것처럼 보이는 경우가 자주 있다. 그러나 자세히 들여다보면, 그들이 실제로는 다른 관점에서 본 것을 정확하게 전하고 있었다는 것이 명확하게 보인다.[31] 신약성경 문서들의 신뢰성을 공격하고자 하는 비판적인 유대인 독자들은 같은 방법으로 랍비들의 기록은 말할 것도 없고, 히브리 성경이 더 많은 공격을 받을 수 있다는 것을 알아야 한다.[32]

4. 최고의 역사가들과 고고학자들이 신약성경의 많은 세부적인 부분들이 사실임을 확인했고, 최근에 나온 세 권의 책들에는 거의 2,500쪽에 걸쳐 관련

Manuscript, Patristic, and Apocryphal Evidence (Grand Rapids, MI: Kregel, 2011)을 보라.

30. Christian D. Ginsburg, *Introduction to the Massoretico-critical Edition of the Hebrew Bible* (New York: Ktav, 1966)의 중판에 나오는 Harry M. Orlinsky의 서문을 보라.

31. Richard Bauckham, *Jesus and the Eyewitnesses: The Gospels as Eyewitness Testimony* (Grand Rapids, MI: Eerdmans, 2006)을 보라.

32. Michael L. Brown, *Answering Jewish Objections to Jesus, Vol. 5: Traditional Jewish Objections*, 269-277에 부록으로 들어간 "Unequal Weights and Measures: A Critique of the Methodology of the Anti-Missionaries"를 보라. 다음의 웹사이트에서도 볼 수 있다. https://www.realmessiah.com/index.php/en/unequal-weights-and-measures (2012년 2월 25일 접속).

된 논의들로 빼곡하게 기록되어 있는데, 복음서의 중요한 역사들의 신뢰성을 다시금 확인해 주었다.[33] 지난 세기의 진정한 석학 중 한 사람인 F. F. 브루스는 이렇게 말했다. "가장 초기의 기독교 전도자들은 그들이 전하는 메시지에 대한 면밀한 검증을 기꺼이 받아들였다. 그들은 사울이 아그립바 왕에게 말할 때처럼, (복음을) 전할 때 외진 곳에서 하지 않았고, 그들에게 던져지는 모든 질문과 반론들을 잘 감당할 수 있었다."[34]

이와 관련하여, 오클랜드 대학교의 고전학 교수인 블레이크록(E. M. Blaiklock)은 이렇게 말했다. "나는 스스로를 역사가라고 자처한다. 내가 고전에 접근하는 방식은 역사적인 것이다. 그리스도의 삶과 죽음과 부활에 대한 증거는 고대 역사의 대부분의 사실들보다도 더 확실하게 증명되었다."[35] 또 브루스는 다음과 같이 말했다. "만약 신약성경이 비종교적인 문서들을 모은 책이었다면, 일반적으로 그것의 진위성은 전혀 의심받지 않을 것이다."[36]

만약 당신이 성경의 일부로서 신약성경을 갖고 있지 않다면, 나는 당신에게 이렇게 할 것을 권한다. 그 책을 한 권 구해서, 거기에 기록된 것을 있는 그대로 읽으며, 그것을 읽을 때에 하나님께서 깨닫게 해 주시고, 진리로 인도하시며 잘못된 길로 가지 않도록 지켜달라고 구하라. 그리고 자신에게 이렇

---

33. 다음의 자료들을 보라. Keener, *The Historical Jesus of the Gospels*; Bock and Webb, *Key Events in the Life of the Historical Jesus*; Paul Rhodes Eddy and Gregory A. Boyd, *The Jesus Legend: A Case for the Historical Reliability of the Synoptic Jesus Tradition* (Grand Rapids, MI: Baker Academic, 2007); 다음의 자료들도 참조하라. Bauckham, *Jesus and the Eyewitnesses*; Craig L. Blomberg, *The Historical Reliability of the Gospels*, 2nd ed. (Downers Grove, IL: IVP Academic, 2007); 같은 저자, *The Historical Reliability of John's Gospel: Issues and Commentary* (Downers Grove, IL: InterVarsity, 2001).

34. Bruce, *The New Testament Documents*, 122.

35. Josh McDowell, *Skeptics Who Demanded a Verdict* (Wheaton, IL: Tyndale House, 1989), 85에 인용되었다.

36. Bruce, *The New Testament Documents*, 15.

게 물어보라. "이것이 사실인가? 만약 그렇다면, 나는 어떻게 해야 하는가?"

예수님은 실제로 그 시대의 유대인들에게 다음과 같은 권유를 하셨는데, 이것은 지난 2천 년 동안 훌륭한 조언이었다는 것이 증명되었다. "너희가 계속 나의 가르침을 따르면, 너희는 나의 진정한 제자이고 너희가 진리를 알게 될 것이며, 진리가 너희를 자유롭게 할 것이다"(요 8:31-32, NET 성경).

부록 B

코셔 예수, 그리고 "유대인들이 예수님을 받아들일 수 없는 이유"

랍비 쉬물리의 책 『코셔 예수』의 중요한 목표 중 하나는 유대인들이 받아들이고 존경하며 경외할 수 있는, 새롭고, 이전과는 다른 예수, 즉 정통 유대 랍비이자 로마에 저항한 자유 전사이며 위대한 종교적 스승인 예수를 제시하는 것이었다. 그와 동시에 랍비 쉬물리는 유대인들이 신약성경의 예수를 받아들일 수 없다고 주장했다.

그는 전세계에서 수억 명의 기독교인들이 하나님의 말씀을 받아들인 신약성경의 기록과 반대로, 다음과 같은 무척 대담한 발언을 했다. "나에게 있어서 예수의 이미지는… (그를) 훨씬 더 찬송 받을 만한 인물로 만들었다."[1] 나의 소중한 동료인 그는 신약성경에 나오는 예수가 역사 속에 존재한 예수가 아니라, 자신이 만들어낸 예수, 즉 내가 랍비 람보라고 부르는 그 예수가 진짜 예수–예슈아라고 주장한 것이다.

그는 그의 책에서 예수님과 신약성경을 지나칠 정도로 재구성하였는데, 나는 이것을 5장과 6장에 많이 언급했다. 나는 또한 바울이 유대교로 개종한 이방인이며, 진정한 예수 운동에서 떠나서 기독교라는 새로운 종교를 만들었다고 하는 그의 주장에 대해서도 언급했다(특히 7, 8장을 보라). 나는 이 부록에서 랍비 쉬물리가 그의 책의 4부 "유대인들이 예수를 받아들일 수 없는 이유"에서 주장한 것들을 반박하는 자료들을 제시하려고 한다.

예수님의 처음 제자들은 모두 유대인들이었고, 그들은 수백 년 동안 적은

---

1. Boteach, *Kosher Jesus*, 139.

수지만 꾸준히 이어졌으며, 오늘날에는 약 20만명의 유대인들이 예수아를 믿고 있다.[2] 그러므로 **그렇게 많은 유대인들이 예수님을 메시아로 믿는 이유는 무엇인가**라고 묻는 것은 합당한 질문이다.

그런데 랍비 쉬물리에 따르면 유대인들이 예수님을 메시아로, 특히 하나님의 메시아로 믿지 못하게 만드는 이유가 몇 가지 있다. 나는 그러한 반대들(그리고 그 외에 더 많은 반대들)에 답하는 다섯 권의 책(그 분량을 합하면 1,500쪽이 넘는다)과, 교회와 유대 백성의 비극적인 역사를 기록한 책 한 권을 쓴 저자로서, 아래에 이 책들에서 관련된 부분들을 간단하게 언급하도록 하겠다.

쉬물리가 그의 책의 4부에서 자신의 의도는 "기독교를 폄하하려는 것이 아니라, 사람을 신으로 숭배하는 것이나 메시아에 대한 예언을 성취하지 못한 메시아를 믿는 것이 우리 유대인들에게 가증스러운 이유를 알도록 권하려는 것"[3]이라고 말하긴 했지만, 만약 그의 주장이 사실이라면 그는 "기독교"가 거짓이며 아무도 예수님을 믿지 않았을 것이라는 점을 알아야 한다. 반면에, 그의 주장이 거짓이라면, 사실은 유대인들이 메시아로서의 예수님을 거절할 타당한 이유가 없는 것이다.[4]

랍비 쉬물리가 신약성경의 예수님을 반대하는 것에 대한 반박

1. 유대인들이 메시아의 신성을 믿을 수 없다거나 그의 신성을 믿는 것이 유

---

2. 이것은 보수적인 수치다. Schoeman, *Salvation Is from the Jews*, 351에 의하면, "타임지는 1970년대 중반까지 미국의 메시아닉 유대인의 수를 5만명 이상으로 보았고, 1993년에 이르러서 이 수는 미국 내에서 16만명, 전 세계적으로는 약 35만명(1989년 추정치)으로 늘어났다… 현재 전 세계적으로 메시아닉 유대인의 회당 수는 400개 이상이고, 미국에만 최소 150개가 있다."

3. Boteach, *Kosher Jesus*, 150.

4. 맺음말 "단지 이방인들을 위한 빛을 넘어서"를 보라.

일신 사상에 위배된다고 하는 반대에 대해서는,[5] 9장 "보이지 않으나 볼 수 있는 하나님의 비밀"을 보라. 더 자세한 내용은 『예수님을 반대하는 유대인들에 대한 답변, 제2권 신학적 반대』의 3.1에서 3.4, 그리고 3.22를 보라.[6]

2. 동정녀의 출산이 영적인 근거가 없고 다른 종교에 기반을 두고 있다는 반대에 대해서는,[7] 『예수님을 반대하는 유대인들에 대한 답변, 제4권 신약성경에 대한 반대』의 5.9를 보라.

3. 원죄의 개념이 비성경적이고 비유대적이라는 반대에 대해서는,[8] 『예수님을 반대하는 유대인들에 대한 답변, 제2권 신학적 반대』의 3.20을 보라.

4. 신약성경의 구원과 회개와 피의 속죄의 개념이 타나크의 가르침에서 벗어났다는 반대에 대해서는,[9] 『예수님을 반대하는 유대인들에 대한 답변, 제2권 신학적 반대』의 3.8에서 3.18을 보라.

5. 예수님이 다윗의 자손이 아니기 때문에 메시아로서의 자격이 없다는 반대에 대해서는,[10] 『예수님을 반대하는 유대인들에 대한 답변, 제4권 신약성경에 대한 반대』의 5.10에서 5.12를 보라.

---

5. Boteach, *Kosher Jesus*, chapters 23-25, 27.
6. 이 숫자들은 쪽 번호가 아니라 답변을 한 반대들의 목록 번호다.
7. Boteach, *Kosher Jesus*, chapter 23.
8. 위의 책, chapter 28.
9. 위의 책, chapter 29.
10. 위의 책, chapter 30.

6. 예수님이 메시아에 대한 예언들을 성취하지 못했다는 반대에 대해서는,[11] 『예수님을 반대하는 유대인들에 대한 답변, 제3권 메시아에 관한 예언에 대한 반대』전체를 보라.

7. 신약성경이 하나님께서 이스라엘과 맺으신 영원한 언약이 폐기되었다고 말한다는 반대에 대해서는, 『우리의 손이 피로 물들었나이다』의 12-14, 16장을 보라. 또한 유대 백성과 구전 율법과 유대 전통에 대한 질문에 관해서는 『예수님을 반대하는 유대인들에 대한 답변, 제5권 전통 유대인들의 반대』를 보라.

8. "선교사들은 유대인들이 기독교의 구성원에 합류하도록 설득하기 위하여 감정적 싸움과 죄책감을 주는 말이나 겁을 주는 방법을 자주 사용한다"는 반대에 대해서는,[12] 『예수님을 반대하는 유대인들에 대한 답변, 제1권 일반적 및 역사적 반대』의 1.10에서 1.15를 보라.

확신과 희망의 맺음말

(랍비 쉬물리와 나 사이에 - 역자 주) 서로의 의견이 일치하지 않는다라는 결론으로 끝내는 것은 나의 용기 있는 친구에게 부당한 일일 것이다. 그래서 나는 그가 기독교를 "세계의 역사에서 가장 성공적인 아이디어"[13]라 부르고, 유대인들과 기독교인들이 "예수님에 대하여 더 많은 공통점을 발견하게 될 것"[14]이라고 한 것과, "우리는 유대인 예수의 발견으로 미국의 유대-기독교

---

11. 위의 책, chapter 31.
12. 위의 책, chapter 33.
13. 위의 책, 149.
14. 위의 책, 207.

의 가치를 강화한다"[15]고 말한 것을 칭찬한다. 게다가 그는 그의 책의 마지막을 유대인들과 기독교인들이 "서로 예수님을 완전히 다른 방식으로 이해하고 있긴 하지만, 예수라는 인물을 통해서 하나님의 뜻을 이루고 좋은 결말을 맺기 위하여 하나가 되기를" 바란다는 말로 마무리했다.[16]

나는 쉬물리가 가진 숭고한 목표를 칭찬하며, 비록 아직 가야 할 길은 멀지만, 그가 확실히 바른 길을 가고 있다는 것을 말하고 싶다. 왜냐하면 유대인들과 이방인들을 하나의 영적인 가족으로 연합시키는 열쇠는 이스라엘의 메시아이며 세상의 구세주이신 진짜 예수-예슈아이기 때문이다. 그리고 그렇게 함으로 우리는 함께 이 세상에 강력하고 긍정적인 영향력을 미칠 수 있게 된다. 예슈아께서 그의 질문에 잘 대답한 그 시대의 토라 선생에게 하신 말씀을 내가 이제 쉬물리에게 말한다. "네가 하나님의 나라에서 멀지 않다"(막 12:34).

내가 『코셔 예수』 책을 위하여 보낸 추천사에서 마지막 한 문장은 인쇄되지 않았다. 그것은 인쇄할 공간이 부족했기 때문일 것이다. 그 마지막 문장의 내용은 이것이다. "『코셔 예수』가 전 세계의 유대인들이 예수-예슈아를 자기들에게 속한 사람으로 되찾는데 있어서 중요한 한 걸음이 되기를 기원한다!"

나는 『리얼 코셔 예수』의 출판으로 우리가 그 목표에 한 걸음 더 가까이 나아갈 수 있게 되기를 소망하고 기도한다.

---

15. 위의 책, 212.
16. 위의 책, 218.

리얼 코셔 예수

초판 1쇄 발행 2019년 4월 10일
초판 2쇄 발행 2021년 8월 26일

지은이   마이클 L. 브라운
옮긴이   이상준
펴낸이   이상준
펴낸곳   이스트윈드
등록   제2014-000067호
주소   서울시 서초구 서초대로54길 39 지하
홈페이지 버드나무 아래 birdnamoo.com
페이스북 facebook.com/eastwindwall

값 15,000원
ISBN 979-11-88607-03-7 03230

Available in other languages from Charisma Media,
600 Rinehart Road, Lake Mary, FL 32746, USA
email: rights@charismamedia.com